LE POUVOIR
DE LA
COULEUR

Données de catalogage avant publication (Canada)

Birren, Faber

    Le pouvoir de la couleur: vaincre la monotonie, réduire la fatigue, stimuler l'appétit sexuel

    Traduction de: The power of color.

    1. Couleur – Aspect psychologique.
2. Chromothérapie.   3. Couleur.   I. Titre.

BF789.C7B4914   1998   155.9'1145   C98-940287-8

Illustrations: Raymond Lufkin

L'ouvrage original américain a été publié
par Citadel Press Book,
une division de Carol Communications, Inc.
sous le titre The Power of Color

Dépôt légal: 2e trimestre 1998
Bibliothèque nationale du Québec

ISBN 2-7619-1411-2

DISTRIBUTEURS EXCLUSIFS:

• Pour le Canada et les États-Unis:
MESSAGERIES ADP*
955, rue Amherst,
Montréal, Québec
H2L 3K4
Tél.: (514) 523-1182
Télécopieur: (514) 939-0406
* Filiale de Sogides ltée

• Pour la France et les autres pays:
INTER FORUM
Immeuble Paryseine, 3, Allée de la Seine
94854 Ivry Cedex
Tél.: 01 49 59 11 89/91
Télécopieur: 01 49 59 11 96
Commandes: Tél.: 02 38 32 71 00
                    Télécopieur: 02 38 32 71 28

• Pour la Suisse:
DIFFUSION: ACCES-DIRECT SA
Case postale 69 - 1701 Fribourg - Suisse
Tél.: (41-26) 460-80-60
Télécopieur: (41-26) 460-80-68
DISTRIBUTION: OLF SA
Z.I. 3, Corminbœuf
Case postale 1061
CH-1701 FRIBOURG
Commandes: Tél.: (41-26) 467-53-33
                    Télécopieur: (41-26) 467-54-66

• Pour la Belgique et le Luxembourg:
PRESSES DE BELGIQUE S.A.
Boulevard de l'Europe 117
B-1301 Wavre
Tél.: (010) 42-03-20
Télécopieur: (010) 41-20-24

Faber Birren

LE POUVOIR
DE LA
COULEUR

- vaincre
  la monotonie

- réduire
  la fatigue

- stimuler
  l'appétit sexuel

*Traduit de l'américain
par Rosemarie Bélisle*

LES ÉDITIONS DE
L'HOMME

À Deane B. Judd

Introduction à l'édition révisée

Faber Birren n'est pas un théoricien mais plutôt un artisan à l'esprit très pratique. Qu'il lise les grands textes mystiques ou les ouvrages scientifiques des biologistes ou des psychologues, il les étudie non pas tant pour s'initier à leurs notions théoriques et, je dirais même, sans vraiment chercher à savoir s'ils disent vrai ou non, mais simplement pour y trouver des éléments qui l'aideront à choisir la palette de couleurs qui conviendra le mieux à un hôpital psychiatrique, à un navire de guerre, à une base de missiles, ou encore celle qui permettra de créer une nouvelle gamme de papier d'imprimerie, de rendre une maison neuve plus attrayante ou de mettre en marché de nouvelles variétés de briques et de parements extérieurs.

La plupart d'entre nous abordons le monde armés de préjugés et d'idées préconçues. Nous sommes comme les chevaux auxquels on met des œillères et qui n'avancent que dans la direction où on les oriente. Ce qu'il y a d'extraordinaire dans le sens pratique dont fait preuve Faber Birren, c'est qu'il le pousse à fureter absolument partout, sans le moindre préjugé. Contrairement à la plupart d'entre nous, Faber Birren, aujourd'hui autant que dans sa jeunesse, est disposé à apprendre auprès de n'importe qui. Il tire ses leçons des gens les plus divers: de personnes qui se contredisent entre elles, qui se dénoncent mutuellement, auprès de mystiques et d'amateurs d'occultisme tout autant que de biologistes et de scientifiques agnostiques. En fait, il *ose* apprendre tant chez les uns que chez les autres.

Il importe de le dire, car sinon, toute la première partie de ce livre, sous la rubrique «LA DIMENSION HISTORIQUE», risque d'apparaître comme un condensé superficiel de notions très anciennes, à lire en diagonale avant d'aborder la partie plus scientifique et plus sérieuse de l'ouvrage. Il est vrai que Faber Birren parle de «super-stitions», de «cultes» et utilise ainsi un vocabulaire un peu péjoratif pour montrer qu'il n'est pas crédule. Mais il ne faudrait pas en conclure qu'il estime n'avoir rien appris des arts mystiques. Il faut dire aussi que la première section du livre est beaucoup trop courte et qu'en la parcourant, le lecteur risque de ne pas pouvoir réellement apprécier tout le savoir qui s'y trouve répertorié. Par exemple, il sera bien difficile d'évaluer à partir d'une unique citation toute la valeur de l'ouvrage de E.A.W. Budge sur les amulettes. Une des sections les plus complètes de cette première partie porte sur l'ouvrage d'Edwin D. Babbitt, mais là encore, le lecteur aura du mal à déterminer quels éléments Birren a retenus, et lesquels il récuse. (Signalons que Birren nous a promis une édition abrégée de THE PRINCIPLES OF LIGHT AND COLOR de Babbitt.) Le lecteur mis en appétit doit comprendre qu'il vaut mieux aborder cette première partie du livre de Faber Birren comme une initiation aux ouvrages qui y sont mentionnés plutôt que comme un substitut.

Faber Birren s'est inscrit à l'université de Chicago en 1920, pour y étudier la pédagogie. Mais il a vite décidé de consacrer sa vie à la couleur. Aucun établissement d'enseignement ne donnant de formation sur ce sujet, il a quitté l'université au bout de deux ans et a créé son propre programme d'études. Il a lu tous les livres qu'il a pu trouver à la bibliothèque municipale de Chicago et à la bibliothèque de l'American Medical Association sur la question de la lumière et de la couleur, et il s'est mis à correspondre avec de grands psychologues, physiciens et ophtalmologistes européens. Il a aussi fait ses propres expériences sur le thème de la couleur.

Pour vérifier le vieil adage: «Peignez le donjon en rouge et le prisonnier deviendra fou», il a peint les murs, le plancher et le plafond de sa chambre en vermillon, fait mettre de la glassine rouge aux fenêtres et placé dans toutes ses lampes des ampoules électriques rouges. Après avoir passé plusieurs semaines dans cette pièce, il a constaté qu'il s'y sentait «très confortable et de bonne humeur».

Pour assurer sa subsistance pendant les premières années de sa recherche, Faber Birren travaillait dans une maison d'édition et publiait occasionnellement des articles sur le thème de la couleur dans des revues médicales ou scientifiques. En 1934, il s'est loué un bureau à Chicago et a offert ses services comme expert conseil en couleurs. Mais c'est lorsqu'il a su résoudre un problème pour la société Brunswick-Balke-Collender que les fabricants ont commencé à s'intéresser à son travail.

La société fabriquait des tables de billard destinées à l'usage domestique. Mais les consommateurs ne les achetaient pas. Birren a constaté qu'il s'agissait essentiellement d'un problème de couleur. Les ménagères américaines ne voulaient pas d'une table de billard à dessus vert dans leur sous-sol, parce qu'elles associaient cette couleur aux tavernes et aux «salles de pool» louches et mal famées. Birren a conseillé à l'entreprise de modifier la couleur de la table et de remplacer le vert par du mauve. Le fabricant a suivi son conseil et les ventes ont monté en flèche.

En 1935, Birren a décidé d'installer ses bureaux à New York parce qu'il devait s'y rendre sans arrêt.

Dans les usines de textile de la société Marshall Field, Birren a proposé de peindre les murs d'extrémité en vert pâle pour soulager la fatigue des travailleurs. Pour rompre la monotonie dans l'environnement des téléphonistes, il a introduit des touches de jaune dans la décoration des standards téléphoniques. Il a proposé une palette de couleurs pour l'immense usine de fabrication de tracteurs de Caterpillar dans le but de réduire le nombre d'accidents. À l'avènement des tubes fluorescents, Birren a décroché une foule de nouveaux contrats puisqu'il fallait concevoir de nouveaux agencements de couleur pour épargner la fatigue oculaire aux employés et éviter que les objets ne prennent une allure spectrale.

Pour comprendre toute la dette que Faber Birren doit aux occultistes, comparons leurs opinions, telles qu'elles sont rapportées dans la première partie de ce livre, à celles de Faber Birren lui-même, qui figurent au chapitre 20 sous la rubrique «Une prescription de couleur» (page 253 et suivantes). Je ne donnerai qu'un exemple.

Pour le sorcier Pawnee, le rouge est la couleur de la vie. Les Égyptiens se réservaient à eux-mêmes la couleur rouge; ils rédigeaient leurs rites et leurs cérémonies à l'encre rouge et depuis lors, les formules du magicien sont toujours écrites à l'encre rouge. Dans la fabrication des amulettes, la couleur préférée est toujours le rouge. «Parmi les couleurs auxquelles on attribue un pouvoir magique de guérison, la couleur rouge est sans doute la plus intéressante.» Voyez tout particulièrement le résumé que fait Faber Birren sur cet aspect de la question aux pages 47 à 49.

Passons maintenant à la page 256. Faber Birren donne maintenant des conseils en son propre nom. Je ne citerai que le premier paragraphe de la section portant sur la couleur rouge: «Le rouge est sans doute la couleur la plus forte et la plus dynamique. Son énergie exerce un effet considérable sur la croissance des plantes. Le rouge accélère le développement de certains animaux de règnes inférieurs, accroît l'activité hormonale et sexuelle et favorise la cicatrisation.»

Entre ces deux passages, Faber Birren nous a fourni un très grand nombre de données scientifiques pour soutenir ses affirmations. Mais à tous ces éléments scientifiques il ajoute – lorsqu'il parle en son propre nom – une force d'affirmation apprise auprès des occultistes.

Faber Birren n'essaie jamais d'expliquer l'inexplicable. Il dit avec raison: «Il n'est pas toujours facile d'expliquer certains phénomènes psychologiques et psychiques – et ce n'est pas toujours nécessaire. En ce qui concerne la couleur, il y a chez l'être humain un grand nombre de mystères étranges et inexplicables.» (page 200)

Gardez à l'esprit que Faber Birren est un esprit pratique qui doit beaucoup à l'occultisme. Ce livre vous paraîtra alors plus instructif encore.

J'ai maintenant le plaisir de vous dire à quel point tout ce savoir a bénéficié à Faber Birren. Car il l'a mis à l'épreuve tout au long de sa vie et dans l'univers très compétitif des échanges commerciaux.

Faber Birren gagne sa vie à prescrire des couleurs. Il adresse ses prescriptions aux gouvernements, aux établissements d'enseignement, aux Forces armées, aux architectes, aux industries et aux établissements de commerce.

Faber Birren est l'un des trois enfants de Joseph P. et Crescentia (Lang) Birren. Son père, qui venait du Luxembourg, était un peintre paysagiste de talent. Dès l'enfance, Faber s'est montré doué pour le dessin et l'agencement des couleurs. Plus tard, il a décoré les murs de la maison familiale de fresques représentant des petites scènes de la vie quotidienne. En 1918, il a terminé ses études secondaires à l'école Nicholas Senn de Chicago et a pris des cours de dessin et de peinture aux Beaux-Arts de Chicago.

Des millions de travailleurs sans expérience ont commencé à travailler en usine dès le début de la Deuxième Guerre mondiale. Le taux d'accidents a vite grimpé. Birren visitait un très grand nombre d'usines, parfois deux par jour, et la nuit il dictait ses suggestions. Les usines s'empressaient alors de faire entrer des équipes de peintres pour suivre ses conseils et le nombre des accidents diminuait de façon radicale. Selon les Forces armées américaines, le code de couleur élaboré par Faber Birren et appliqué dans les usines gouvernementales pendant la guerre a permis de réduire la fréquence des accidents de 46,14 à 5,58 par 1000 travailleurs.

Le travail qu'il a réalisé pour la Marine américaine est considéré comme «le plus important contrat de coordination de couleurs jamais réalisé». C'est en effet Faber Birren qui a déterminé la couleur de tous les objets qui se trouvent dans les établissements terrestres de la Marine. Il a même changé la couleur du casque de sécurité que portent les travailleurs sur les navires et les quais. En trois ans, la fréquence des accidents dans la Marine est passée de 6,4 à 4,6 – une diminution de 28 p. 100.

Le code de couleur mis au point par Faber Birren à des fins de sécurité a été accepté à l'échelle internationale par des pays aussi différents les uns des autres que l'Angleterre, le Japon, l'Italie, l'Argentine et l'Uruguay.

Faber Birren a aujourd'hui un bureau à Londres à partir duquel ses prescriptions de couleur sont appliquées aux peintures, aux tuiles et aux plastiques en usage dans les immeubles industriels, commerciaux et institutionnels.

Son travail est reconnu et recommandé par le Conseil de santé industrielle de l'American Medical Association.

En 1955, le gouvernement américain l'a envoyé participer à un congrès international à Rome sur la productivité, la sécurité et la santé industrielle. Il y figurait en qualité de principale autorité mondiale en matière de couleurs.

Au nombre de ses clients actuels, signalons les sociétés Du Pont, Hoover, General Electric, Masonite, Minnesota Mining,

National Lead, la revue *House & Garden*, et l'usine de pâtes et papiers West Virginia.

On comprendra que Faber Birren se fait souvent demander quelle est sa couleur préférée: sachez que c'est la couleur bordeaux.

FELIX MORROW

Préface

Deux désirs m'ont poussé à écrire ce livre. D'une part, je voulais rassembler un grand nombre de données sur la psychologie des couleurs et la thérapie par la couleur, des données crédibles parce que fondées sur des faits concrets plutôt que sur la fantaisie. La couleur se prête facilement à l'hyperbole et même au charlatanisme. Trop de livres font passer l'émotion avant la raison et ont ainsi contribué à répandre la confusion. Pour que la couleur puisse guérir les maux humains, physiques ou mentaux, il faut trouver plus de preuves de son efficacité et ne pas se fier uniquement à l'enthousiasme.

J'ai donc voulu dans un premier temps parcourir la documentation scientifique afin de rassembler — sans doute pour la première fois — un éventail complet de données de recherche dignes de foi. Et j'ai voulu aussi lancer un appel aux scientifiques et aux professionnels de la santé afin qu'ils renoncent à leurs préjugés et donnent à la couleur la place qu'elle mérite. De trop nombreux éléments de savoir ont été perdus parce que des hommes de bonne volonté choisissaient de ne pas écouter les prétentions qui leur étaient faites et ont préféré se désintéresser complètement de la question.

Je suis convaincu qu'en accordant à la couleur l'intérêt qu'elle mérite, on pourra lui restaurer son prestige aux yeux de la médecine moderne pour le plus grand bénéfice de l'humanité. Si mon livre réussit à favoriser une plus grande ouverture d'esprit et plus de tolérance, j'aurai la satisfaction d'avoir atteint mon but.

FABER BIRREN

Partie 1

LA DIMENSION HISTORIQUE

Chapitre premier

LES GRANDS MYSTIQUES

Presque toutes les premières expressions de couleur se rapportent au mysticisme et à l'énigme de la vie et de la mort. Il est sans doute erroné de croire que l'intérêt de l'homme pour la couleur a d'abord été mû par un quelconque sentiment esthétique. Tout porte à croire au contraire que la couleur a toujours paru se rattacher au surnaturel et par conséquent a pris des significations allant bien au-delà du seul plaisir des sens.

À l'aube de la civilisation, l'homme reconnaissait déjà que le soleil est essentiel à la vie. Or la couleur étant une manifestation de la lumière, elle a pris très tôt une signification divine. Les premiers textes dans lesquels on trouve des allusions à la couleur témoignent de peu d'intérêt pour sa nature physique ou sa beauté abstraite, mais renvoient plutôt à un symbolisme qui tente de résoudre les mystères de la création en lui donnant une signification personnelle et humaine.

L'ŒIL DE DIEU

Dans les écritures zoroastriennes, on peut lire: «Nous sacrifions au Soleil immortel, magnifique, aux chevaux rapides. Quand le Soleil luit et s'échauffe, quand la lumière du Soleil s'échauffe, les Génies célestes se lèvent par centaines et par milliers; ils ramassent sa Gloire, ils transmettent sa Gloire, ils distribuent sa Gloire à la terre créée par Mazda, pour l'accroissement du monde, du Bien, pour l'accroissement des créatures du Bien.»

L'adoration du soleil est aussi vieille que le monde. L'Égyptien Ra, qui se serait créé lui-même, vivait autrefois sur la terre. Alors qu'il aurait été repoussé vers le ciel par l'iniquité des hommes, son œil serait devenu le soleil.

Dans bien des cas, le soleil représente les vertus masculines de la divinité, et la lune son aspect féminin. Les Égyptiens avaient mis au point une palette de couleurs très expressive et très symbolique qui se retrouve partout dans leur art et leur culture. Les couleurs de l'arc-en-ciel avaient pour eux autant de signification qu'un langage et faisaient en général partie des hiéroglyphes. Les temples, les talismans, les charmes, les ornements des sépultures, tout était richement coloré aux teintes prescrites par les magiciens qui eux-mêmes portaient au cou une plaque bleue indiquant le caractère sacré de leurs jugements.

Les Grecs aussi associaient la couleur à l'harmonie universelle. Dans leur façon de représenter les dieux, le corps était la vertu et le vêtement symbolisait les réalisations. Athéna portait une tunique d'or. Le coquelicot rouge était sacré aux yeux de Cérès. Pour rendre l'*Odyssée*, le chantre portait du violet pour signifier le périple d'Ulysse sur les mers. Mais pour réciter l'*Iliade*, il portait plutôt une tunique écarlate symbolisant l'affrontement sanglant raconté dans le poème.

En Angleterre, les druides, qui construisaient aussi des temples au soleil et dont la culture est antérieure à la conquête romaine, entretenaient aussi un certain nombre de superstitions. Éliphas Lévi, dans son *Histoire de la magie*, écrit: «Les druides étaient prêtres et médecins; ils guérissaient par le magnétisme, et ils attachaient leur influence fluidique à des amulettes. Le gui de chêne et l'œuf de serpent étaient leurs panacées universelles, parce que ces substances attirent d'une manière toute particulière la lumière astrale.» (Pour plus de renseignements sur cet ouvrage, et sur d'autres ouvrages cités dans ces pages, voir la bibliographie, page 277.)

En Orient, le brahmanisme considère le jaune comme une couleur sacrée. Au sujet de l'homme lui-même, les Upanishad hindous disent: «Il y a dans son corps les veines appelées Hita aussi fines qu'un cheveu réduit au millième, et remplies de blanc, de bleu, de jaune, de vert et de rouge.»

La couleur du Bouddha était aussi le jaune ou l'or. Mais lorsqu'il réfléchissait aux vicissitudes de l'homme, il portait du rouge. «Et le bienheureux, revêtant sa tunique de tissu rouge, serrant sa ceinture et repliant le haut de sa tunique par-dessus son épaule droite, s'avance et vient s'asseoir, et pour un moment demeure solitaire, plongé dans la méditation.»

Confucius, qui est aussi identifié à la couleur jaune, portait du noir et du blanc. Selon l'ouvrage *Heang Tang*: «L'homme supérieur ne doit pas porter de violet ou de puce dans les couleurs de son vêtement... Sur une fourrure d'agneau il porte un vêtement noir, sur une fourrure de faon, un vêtement blanc; sur une fourrure de renard, un vêtement jaune.» Confucius témoigne très clairement dans ses propres écrits de son aversion pour le mauve. «Je déteste le mauve, parce qu'il crée la confusion au sujet du rouge. Je n'aime pas les dévots parce qu'ils sèment la confusion au sujet des êtres véritablement vertueux.»

Pour les musulmans, cependant, la couleur par excellence est le vert. Dans le Coran on peut lire: «Quant à ceux qui croient et font de bonnes œuvres... pour eux on réserve les jardins d'une résidence éternelle... ils y porteront des bracelets d'or, seront vêtus de soie fine et de brocart vert, et se reposeront sur des trônes.»

Dans la tradition hébraïque et chrétienne, le symbolisme des couleurs est tout aussi présent. Le bleu est la couleur de Jéhovah. Dans l'Exode on peut lire: «Et Moïse monta, ainsi qu'Aaron, Nadav et Avihou, et soixante-dix des anciens d'Israël. Ils virent le Dieu d'Israël et sous ses pieds, c'était comme une sorte de pavement de lazulite, d'une limpidité semblable au fond du ciel.»

Pour le judaïsme, les couleurs divines sont le rouge, le bleu, le violet et le blanc. Flavius Josèphe écrit: «Il y avait au devant un tapis babylonien de pareille grandeur, où l'azur, le pourpre, l'écarlate et le lin étaient mêlés avec tant d'art qu'on ne le pouvait voir sans admiration, et ils représentaient les quatre éléments, soit par leurs couleurs ou par les choses dont ils tiraient leur origine; car l'écarlate représentait le feu, le lin, la terre qui le produit, l'azur, l'air et le pourpre, la mer d'où il procède.»

Pour les chrétiens, toutefois, le bleu a moins de signification que le vert et est rarement utilisé dans les rites religieux. Le saint Graal était de couleur émeraude. Et selon saint Jean, l'apôtre bien-aimé: «Celui qui siégeait avait l'aspect d'une pierre de jaspe et de sardoine. Une gloire nimbait le trône de reflets d'émeraude.»

LES RACES HUMAINES

Les prêtres Pawnee d'Amérique chantent: «L'étoile du matin est semblable à un homme, peint en rouge sur tout le corps; c'est la couleur de la vie.»

Parmi les peuples de la terre, la couleur a toujours été associée à la fierté raciale. Tout l'art du maquillage trouve son origine dans l'Égypte ancienne où les teintures rouges servaient à souligner les distinctions raciales. Darwin écrit: «Nous savons... que la couleur de la peau est considérée par toutes les races comme un élément important de la beauté.» La blancheur extrême de la peau chez les peuples nordiques, la couleur jaune ou or chez les Orientaux, et le brun très prononcé chez les races noires sont l'emblème de l'idéal de la race.

Les Égyptiens connaissaient l'existence de quatre races. Le rouge leur était réservé, le jaune était pour les Asiatiques, le blanc pour les peuples de l'autre côté de la Méditerranée, et le brun pour la race noire. Les Assyriens s'en tenaient aux mêmes désignations. Les Arabes, cependant, reconnaissaient deux races: une race rouge et une race noire. Dans la mythologie africaine, les descendants de ceux qui avaient consommé les poumons et le sang du premier bœuf sacrifié avaient créé la race rouge. Ceux qui au contraire s'étaient nourris du foie avaient engendré la race noire.

En Inde, les quatre castes initiales sont associées aux couleurs. Selon la légende, l'humanité était à l'origine formée de quatre races. De la bouche du créateur sont issus les brahmanes, dont la couleur est le blanc et qui sont destinés à être les prêtres. De ses bras sont venus les Ksatriyas, dont la couleur est le rouge et qui sont destinés à être des soldats. De ses cuisses sont venus les Vaisyas, qui sont jaunes et destinés à être des marchands. De ses pieds sont venus les Sûdras, noirs, et destinés à servir. Voilà les quatre varnas, un mot qui désigne la couleur en sanskrit.

Dans les *Mille et une nuits*, le conte du «Roi des îles noires» raconte comment l'épouse mauvaise du prince a jeté un sort sur les habitants d'une ville. «À l'époque, la population qu'elle abritait comptait quatre communautés en ses murs: des musulmans, des mages, des chrétiens et des juifs. Elle les transforma tous en poissons... ces poissons que tu as vus: les blancs sont des musulmans, les rouges des mages, les bleus des chrétiens et les jaunes des juifs.»

LES QUARTIERS DE LA TERRE

La croyance dans le pouvoir de guérison de la couleur se retrouve dans tous les symbolismes anciens, religieux ou autres. La survie de l'homme, on le sait, était menacée par des dangers innombrables. Il fallait lutter contre des forces visibles et invisibles pour s'arracher péniblement à la misère et à l'ignorance.

Presque toutes les civilisations associent la couleur aux quatre quartiers de la terre. En Égypte, le pharaon portait une couronne blanche pour symboliser son empire sur la Haute-Égypte, et une couronne rouge pour témoigner de son pouvoir sur la Basse-Égypte. Les plafonds des temples étaient généralement peints en bleu et ornés de représentations des constellations. Les planchers étaient souvent verts, de la couleur des prés qui longeaient le Nil.

Pour les peuples du Tibet, en Asie centrale, le monde est une très haute montagne appelée Sumur. À mesure que grandit la terre, depuis l'origine des temps, son sommet s'élève dans les cieux et procure une résidence convenable aux dieux. La montagne de Sumur a la forme d'une pyramide au sommet tronqué. Les quatre côtés sont de couleurs différentes et brillent comme des joyaux. Au nord se trouve le jaune, au sud le bleu, à l'est le blanc et à l'ouest le rouge. Dans chaque direction se trouve un continent entouré d'eau salée et habité par des peuples de races différentes dont le visage est carré, ovale, rond ou en forme de croissant.

Ce même symbolisme se retrouve dans des contrées aussi éloignées les unes des autres que l'Égypte, l'Irlande, la Chine et l'Amérique. Dans l'ancienne Irlande, le noir correspond au nord, le blanc au sud, le violet à l'est et le brun à l'ouest. En Chine, le noir est la manifestation du nord, le rouge celle du sud, le vert celle de l'est et le blanc celle de l'ouest.

En Amérique, il existe des traditions semblables. Il y a des milliers d'années, si l'on en croit une légende navaho, les hommes vivaient dans un pays entouré de très hautes montagnes. Les mouvements ascendant et descendant de ces montagnes créaient le jour et la nuit. Les montagnes du Sud étaient bleues et créaient l'aurore. Les montagnes de l'Est étaient blanches et créaient le jour. Les montagnes de l'Ouest étaient jaunes et apportaient le crépuscule. Les montagnes du Nord étaient noires et plongeaient la terre dans l'obscurité.

Les Amérindiens attribuaient aussi une couleur à un monde inférieur, qui était le plus souvent noir, de même qu'à un monde supérieur où se trouvaient un grand nombre de couleurs. Les couleurs qu'ils inscrivaient dans les tatouages de leur peau, sur leurs masques, leurs effigies et leurs huttes étaient pleines de signification mystique. Ils associaient aussi des couleurs à leurs chants, à leurs cérémonies, à leurs prières et à leurs jeux. La vie et la mort étaient en quelque sorte influencées par la couleur.

LES PLANÈTES

L'homme a toujours été convaincu que son destin est régi par des forces divines venues des cieux. Le macrocosme de l'univers et le microcosme de l'âme individuelle ont été tirés des ténèbres pour entrer dans la lumière. Le savoir appartient aux dieux qui vivent dans le firmament; le soleil, les planètes et les étoiles détiennent des réponses aux mystères de la vie.

Plus de 2000 ans avant Jésus-Christ, l'astrologie était une science très importante. Les Égyptiens nommaient le temps «le vert éternel». Les Chaldéens observaient le ciel et suivaient le mouvement des planètes et du soleil. Ils y voyaient l'inscription de lois immuables. Les planètes contrôlaient la terre et tout ce qui y vit. Chacune avait son moment d'ascendance, période au cours de laquelle elle régnait sur les hommes, façonnait leur esprit, distribuait la santé et la fortune, la maladie, le malheur ou la mort.

Une grande partie de l'architecture ancienne se caractérisait par un symbolisme de couleurs faisant allusion au soleil et aux planètes. C. Leonard Woolley, dans *Ur en Chaldée*, parle de la «montagne de Dieu» découverte entre Bagdad et le golfe Persique actuels. C'est sans doute l'un des plus vieux immeubles de l'histoire: sa construction remonte à l'an 2300 avant Jésus-Christ et on croit qu'il s'agit de l'antique demeure d'Abraham.

La tour a été construite en quatre étapes. Sa partie inférieure est noire et sa partie la plus élevée, rouge. Le sanctuaire est orné de tuiles bleues, et le toit de métal doré. Woolley écrit: «Ces couleurs avaient leur signification mystique et représentaient les différentes parties de l'univers: le sombre monde souterrain, la terre habitée, le soleil et le firmament.»

Au sujet de ces tours, ou ziggourats, Hérodote écrit au ve siècle avant Jésus-Christ: «Les Mèdes (firent) ... élever une vaste et solide place forte, l'actuelle Ectabane, qui présente plusieurs lignes de murailles concentriques... Il y a sept enceintes, et la dernière renferme le palais du roi et ses trésors... Les créneaux sont blancs pour la première enceinte, noirs pour la seconde, pourpres pour la troisième, bleus pour la quatrième, orangés pour la cinquième. Les cinq premières enceintes sont donc revêtues de couleurs diverses, mais les deux dernières ont leurs créneaux argentés pour l'une, dorés pour l'autre.»

Tout semble indiquer qu'Hérodote décrit ainsi le grand temple de Nabuchodonosor à Barsippe, récemment découvert, dont les briques portent l'empreinte du monarque de Babylone. James Fergusson en a fait une description très précise et en a traduit le symbolisme astrologique: «Ce temple, comme nous l'avons appris en déchiffrant les rouleaux trouvés dans ses angles, était dédié aux sept planètes ou aux sept sphères célestes et c'est pourquoi il est orné des couleurs de chacune. Le mur le plus bas, très richement orné, est de couleur noire, la couleur de Saturne; le suivant, orange, la couleur de Jupiter; le troisième, rouge, symbolise Mars; le quatrième, jaune, représente le Soleil; le cinquième et le sixième, respectivement vert et bleu, sont consacrés à Vénus et à Mercure; la partie la plus élevée était probablement blanche, puisqu'il s'agit de la couleur de la Lune que les Chaldéens placent au sommet de leur système symbolique.»

L'ASTROLOGIE CHINOISE

Cependant l'astrologie ne s'intéresse pas toujours aux mystères intangibles et inexplicables de la destinée humaine. Les Chinois, par exemple, lisent dans les cieux des messages très pratiques. Dans son *Outlines of Chinese Symbolism*, C.A.S. Williams écrit: «L'apparition des comètes de même que les éclipses de soleil et de lune sont considérées comme ayant une influence maligne sur les affaires humaines.» Les superstitions, bien que d'origine ancienne, troublent encore le cœur des Asiatiques d'aujourd'hui.

Mars domine la saison de l'été, est l'auteur des châtiments et engendre les états soudains de confusion.

Saturne représente la terre et lorsqu'elle se trouve dans la même «maison» que Jupiter, elle favorise les destinées de l'empire. Cependant, si Saturne apparaît blanche et ronde, la sécheresse et le deuil sont à craindre. Si la planète est rouge, il faut s'attendre à des perturbations sociales et même à des mouvements de troupes. Si la planète est verte, alors il y aura des inondations. Si elle est noire, la maladie et la mort s'abattront sur le pays. Si elle est jaune, la Chine connaîtra la prospérité.

Mercure, lorsqu'elle est blanche, annonce la sécheresse. Si elle est jaune, les récoltes seront brûlées par le soleil. Si elle est rouge, l'ennemi attaquera. Si elle est noire, l'inondation est imminente. Si elle paraît de grande taille et blanche, à l'est, les troupes massées sur la frontière se disperseront. Si elle est rouge dans l'est, le royaume du milieu vaincra.

La présence de nuages verts dans le ciel est annonciatrice d'une invasion de sauterelles. Des nuages rouges sont signes de catastrophe ou de guerre. Des nuages noirs apportent l'inondation. Les nuages jaunes annoncent la prospérité.

LE ZODIAQUE

Le mot «zodiaque» vient du Grec *zodiakos kuklos*, qui signifie «cercle de petits animaux». L'astrologie et le zodiaque recèlent les secrets de la divination, de la vie et de la mort. Manly P. Hall, dans son ouvrage monumental sur le symbolisme, écrit: «Il est difficile à notre époque de saisir exactement les effets très profonds de l'étude des planètes, des luminaires et des constellations sur les religions, les philosophies et les sciences de l'antiquité.» À vrai dire, l'astrologie continue encore aujourd'hui de nous fasciner, d'être acceptée aveuglément par de nombreux adeptes et d'être considérée par ces derniers comme un facteur dominant, capable de régir la vie humaine.

Le zodiaque suppose l'existence d'une zone dans les cieux traversée par le soleil, la lune et les planètes. Les 12 constellations sont les «maisons» que le soleil traverse tous les ans. Chaque signe du zodiaque possède donc son symbole et sa couleur: rouge pour le Bélier, vert pour le Taureau, brun pour les Gémeaux, argent pour le Cancer, or pour le Lion, diapré pour la Vierge, vert pâle pour la Balance, vermillon pour le Scorpion, bleu ciel pour le Sagittaire, noir pour le Capricorne, gris pour le Verseau et bleu marine pour le Poisson.

Même si l'on peut avoir toutes sortes de bonnes raisons de douter de l'empire des planètes sur la destinée humaine, il reste impossible de rejeter entièrement toute la science antique de l'astrologie. L'astrologue était un homme sérieux et son travail se fondait sur une observation attentive des êtres humains – de millions d'êtres humains. Ses «études de cas» lui procuraient des indices, des moyennes, à partir desquelles il pouvait tirer des conclusions dont les probabilités de véracité tenaient à plus qu'au seul hasard.

Bien des scientifiques modernes accordent aujourd'hui de la crédibilité à certaines hypothèses des astrologues, même s'ils ne s'intéressent pas directement à l'influence des planètes et des étoiles. Le Dr Ellsworth Huntington, de l'Université Yale, par exemple, propose l'existence d'un lien possible entre la saison de la naissance et la personnalité, une opinion vieille comme le monde. Il se pourrait aussi que le mois de la conception ait une grande valeur significative.

Bien des génies, des imbéciles et des criminels sont nés en février, en mars et en avril, ayant été conçus en mai, juin et juillet. Les conceptions printanières sont peut-être l'effet d'une «pulsion naturelle» plus violente qui engendrerait des rejetons plus impulsifs. On trouve donc dans les temples de la renommée – et dans les prisons – un nombre relativement élevé de personnes nées en février, mars et avril! Les dossiers de 3000 personnes souffrant de sénilité ont révélé un nombre prépondérant de naissances en février et mars. Dans le *Who's Who*, cependant, on constate une prédominance de naissances en septembre et octobre, les mois de conception étant alors décembre et janvier. Une naissance en janvier semble pousser vers le clergé, tandis qu'une naissance au mois d'août pousse vers la chimie. Les naissances multiples se produisent surtout en mai, juin et juillet, et c'est en juin et juillet que les naissances sont le moins nombreuses.

L'ÂGE D'OR

Pour l'homme de l'Antiquité, la couleur n'exprimait pas tant l'esthétique que le mysticisme. L'homme d'autrefois était superstitieux et craintif. Il savait peu de choses sur la nature et le fonctionnement de l'univers. Il savait que sa survie résulterait de sa capacité de vivre en harmonie avec les forces divines et que tout échec à cet égard entraînerait sa mort.

La couleur procurait alors des symboles rassurants d'unité, de maîtrise de la nature et de régénération personnelle. Parce que la vie continuait sans cesse, de grandes époques pouvaient se construire: âges d'or ou de fer, hauts en couleur ou ternes, selon la volonté de l'homme. Les Grecs croyaient qu'un âge d'or avait déjà régné sur la terre. Saturne dominait alors, le mal n'existait pas et l'humanité vivait dans la piété et le contentement, à l'abri du vieillissement. Mais l'homme a eu accès à la connaissance du mal et est passé de l'âge d'or à l'âge d'argent. Sous la domination de Jupiter, la nature s'est rebellée, a cessé de donner libéralement ses fruits, et l'agriculture est née. Le mal a pris de l'ampleur. L'homme devenant de plus en plus sauvage, la terre est entrée dans l'âge de cuivre, dominée par Mars. Puis, passant de la vertu au péché, l'homme est entré dans l'âge de fer du désespoir, marqué par la décadence que nous connaissons encore aujourd'hui.

Comment reconquérir l'âge d'or? Il faut tendre vers la perfection d'autrefois. Il faut revêtir la tunique blanche de la pureté, la tunique rouge du sacrifice et de l'amour, la tunique bleue de la vérité et de l'intégrité, il faut se vêtir comme le faisaient les nobles dieux.

Chapitre 2

LES PHILOSOPHES PERPLEXES

LE MOT «SCIENTIFIQUE» dans son sens actuel ne fait partie du langage que depuis les temps modernes. Autrefois, la philosophie représentait la totalité du savoir et le philosophe était le détenteur de la sagesse humaine. Le philosophe connaissait la morale, la religion, les lois, l'histoire naturelle, l'alchimie, les mathématiques, l'art de guérir et tout le reste du savoir. Il fut un temps en effet où l'intellectuel patient et assidu pouvait en arriver à posséder toute la somme du savoir académique. Il en est tout autrement à notre époque où un homme peut consacrer toute sa vie à un microbe unique sans jamais cesser de penser que son sujet d'étude est vaste et complexe et peut faire encore l'objet du travail de toute une génération. Le savant de l'Antiquité, n'ayant pas à se préoccuper d'autant de détails, pouvait se permettre de penser en termes généraux et englobants.

Selon la légende, Hermès Trismégiste, le trois fois grand, maître de tous les arts et de toutes les sciences, a fondé l'art de guérir – de même que toutes les autres branches du savoir relatives à l'humanité. La célèbre Table d'émeraude, trouvée dans la vallée de Hébron, résume les enseignements du célèbre Égyptien.

Elle contient une formule alchimique qui fait appel à la couleur simplement parce que la couleur faisait partie de l'alchimie et obéissait par conséquent à une entité divine associée à la lumière. Hermès cherchait très certainement à guérir au moyen de la couleur. Un papyrus contient l'exhortation suivante: «Viens, pommade vert-de-grisée! Viens, entité verdoyante!»

De nombreux ouvrages médicaux et chirurgicaux d'origine égyptienne ont été découverts au cours de fouilles archéologiques. Signalons notamment le papyrus Ebers qui remonte à 1500 ans avant Jésus-Christ et dont on dit qu'il est «le plus ancien livre [complet] en notre possession». Le manuscrit, très bien conservé, se déroule sur une longueur d'environ 22 mètres et comprend tout un ensemble de prescriptions médicales. En introduction, le traducteur écrit: «Tout au long du manuscrit, les titres de chapitre, les noms de maladie, les instructions de traitement et dans bien des cas les poids et les dosages de médicaments sont écrits en rouge vif.»

C'est dans cet ouvrage qu'est recommandée pour la première fois l'application de viande crue sur un œil au beurre noir!

Des minéraux de couleur – la malachite, l'ocre rouge et jaune, l'hématite (une sorte d'argile rouge) – sont considérés efficaces, sans doute à cause de leur couleur. Pour la constipation, on recommande des galettes blanches ou rouges.

L'encre vermeille mêlée à de la graisse de chèvre et à du miel devient une prescription de pommade.

Pour d'autres maladies, on recommande d'autres substances colorées, organiques ou inorganiques, y compris le sang d'un chat noir.

Un autre très ancien papyrus égyptien aborde la question du sexe de l'enfant à naître: «Si tu vois que son visage est vert... elle donnera naissance à un enfant mâle, mais si tu vois des choses dans ses yeux, elle n'enfantera jamais.»

Les Égyptiens portaient sur eux une amulette violette pour se défendre contre le malheur. Ils avaient aussi élaboré un rituel très complexe au moment du décès. Dans le Livre des morts égyptien, on trouve l'inscription suivante: «Tu fabriqueras un scarabée de pierre verte qui sera placé dans la poitrine de l'homme et pratiquera pour lui "l'ouverture de la bouche".» C'est ainsi que la parole était rendue au défunt.

Le Djed, une pierre rouge, transmettait au mort les vertus du sang d'Isis. L'Ab, ou amulette cœur, de couleur rouge, conservait l'âme du corps physique. L'Udjat, une amulette d'or, apportait la santé et la protection. L'amulette Sma était de couleur brunâtre et permettait au défunt de respirer de nouveau.

REMÈDES ANCIENS

On sait aujourd'hui qu'un grand nombre de remèdes anciens possèdent de véritables propriétés curatives, en dépit des mystères dont ils ont longuement été entourés. Les papyrus égyptiens qui prescrivent la consommation de foie pour certaines maladies associées à l'anémie ou à une faiblesse de la vue mettent en place un traitement qui est encore utilisé 4000 ans plus tard. Hippocrate aussi mentionne l'efficacité du foie, de même que Pline l'Ancien.

Dans *Germs and Man*, Justina Hill signale l'usage très ancien des composés de mercure, d'argent et de cuivre. «Ces teintures ont chacune une action antiseptique distincte, applicable à des groupes d'organismes différents.» Le cinabre (sulfure de mercure de couleur rouge), surnommé sang du dragon, était prescrit autrefois pour des affections de l'œil et de la paupière. Sous forme de mercurochrome, on l'utilise encore aujourd'hui.

Dans certains cas, les Anciens attribuaient l'efficacité de la substance à sa couleur plutôt qu'à ses propriétés chimiques. C'est ainsi que la teinture violette de la coquille de murex servait à contrer la formation de tissu de granulation et à tirer le pus des furoncles. Ce que les Anciens ne comprenaient pas cependant, c'est que «son efficacité n'était pas due à sa magnifique couleur mais à la formation d'oxyde de calcium, un des premiers composés qui conduiraient 2000 ans plus tard à l'élaboration du soluté de Dakin».

COULEURS PRINCIPALES

En Asie mineure, les Perses pratiquaient une forme de thérapie par la couleur fondée sur les émanations de lumière. Les Grecs cependant ont tenté d'aborder la question de façon plus pratique.

La médecine moderne remonte à Hippocrate, au IVe siècle avant Jésus-Christ. Mais il faut dire que si les Grecs ont contribué aux progrès de la médecine, ils ont aussi inventé un système de logique qui a maintenu l'intelligence humaine dans une sorte de labyrinthe pendant plusieurs siècles.

C'est sans doute à l'époque des Grecs que l'on s'est mis à penser au caractère physique de la couleur plutôt qu'à son aspect métaphysique. Avant les Grecs, les Anciens considéraient la couleur comme un phénomène associé à la spiritualité plutôt qu'à la réalité concrète. La lumière émanait d'un dieu très puissant. Elle descendait des cieux et imprégnait tout l'espace. Elle pénétrait dans le corps des hommes et produisait alors un phénomène lumineux appelé l'aura. Les métaphores, dans ce contexte, avaient plus d'importance que les explications. Quelles étaient les significations des couleurs que les dieux avaient créées? Quel sens profond avaient-elles?

Une des premières allusions à une «science» rationnelle de la couleur se trouve dans les ouvrages de Démocrite. Dans un effort pour expliquer les diverses couleurs qui se trouvent dans la nature, Démocrite considérait le noir, le rouge, le vert et le blanc comme des couleurs primaires. Les autres couleurs résultaient du mélange de ces quatre couleurs de base.

Pour Aristote, le blanc et le noir étaient primaires. «Les diverses nuances de rouge et de violet dépendent de la force relative de leurs éléments constituants, tandis que le mélange prend modèle sur le mélange du blanc et du noir qui donne le rouge. Car l'observation nous enseigne que le noir mélangé à la lumière du soleil ou du feu tourne toujours au rouge, et que les objets noirs chauffés au feu prennent une couleur rouge, comme par exemple les langues de feu ou le charbon soumis à la chaleur intense qui prennent tous une couleur rouge. Le violet par contre s'obtient en mélangeant une faible lueur solaire avec du blanc cassé.»

Pline n'avait pas la même opinion. Il écrit: «Je constate que les trois couleurs principales sont les suivantes: le rouge, celui du kermès par exemple, qui commence par des teintes de rose et reflète, lorsqu'il est regardé à l'oblique et tenu dans la lumière, les nuances qui se trouvent dans le pourpre de Tyr; la couleur améthyste, qui est tirée du violet; ... et une troisième que l'on appelle la couleur "conchyliée" mais qui comprend une variété de nuances comme, par exemple, les teintes de l'héliotrope et d'autres de couleur plus profonde, les nuances de la mauve qui tend vers le pourpre, et les couleurs de la violette tardive.»

Dans un effort pour trouver une place au jaune or, Pline renonce abruptement à ces observations de la nature et propose le raisonnement un peu bizarre suivant: «Je trouve écrit que, dans les temps très anciens, le jaune était très estimé, mais réservé exclusivement au voile nuptial des femmes; c'est peut-être pour cette raison que le jaune ne se trouve pas parmi les couleurs principales, celles-ci étant communes aux mâles et aux femelles, car en effet c'est d'être présentes indifféremment dans les deux sexes qui donne aux couleurs leur rang de couleurs principales.» Voilà une forme de logique ancienne poussée jusqu'à son extrême. Même le grand Pline semble vouloir laisser la coutume l'emporter sur la nature.

LES ÉLÉMENTS

La science a pris un bon départ (bien qu'un peu curieux) lorsqu'elle a proposé une conception du monde fondée sur les éléments. Et dès le début, ces éléments ont été symbolisés par des couleurs.

Dans les Upanishad hindous, qui remontent au VIIe ou au VIIIe siècle avant Jésus-Christ, on peut lire: «La couleur rouge du feu qui brûle est la couleur du feu, la couleur blanche du feu est la couleur de l'eau, la couleur noire du feu est la couleur de la terre... Les grands propriétaires terriens et les grands théologiens d'autrefois qui possédaient ce savoir déclaraient la même chose en disant: "Personne désormais ne peut nous dire quelque chose que nous n'avons pas entendu, perçu ou appris." Car de ce savoir émanait toute connaissance. Ils savaient, en effet, que tout ce qui leur paraissait rouge était de la couleur du feu, que tout ce qui leur paraissait blanc était de la couleur de l'eau, que tout ce qui leur paraissait noir était de la couleur de la terre, et que tout ce qui leur paraissait inconnu était une combinaison de ces trois êtres premiers.»

Pythagore pensait que les éléments étaient au nombre de quatre: la terre, l'eau, le feu et l'air, et les philosophes grecs qui sont venus après lui pensaient de même. Aristote leur a attribué des couleurs. «Les couleurs simples sont les couleurs les plus appropriées pour les éléments, c'est-à-dire le feu, l'air, l'eau et la terre. L'air et la terre sont purs et sont par nature blancs, le feu (et le soleil) sont jaunes, et la terre est naturellement blanche. Toutes les nuances de couleurs que nous voyons sur la terre sont dues à des teintures, comme on peut le voir en observant les cendres tourner au blanc lorsque l'humidité qu'elles contenaient est entièrement brûlée. Il est vrai qu'elles ne tournent pas au blanc pur, mais il en est ainsi parce qu'elles sont à nouveau teintées, pendant la combustion, par la fumée qui est noire... Le noir est la couleur des éléments en cours de transmutation. Les autres couleurs, comme on peut le voir facilement, viennent du mélange de ces couleurs premières.» Toutes les couleurs, concluait donc le grand Aristote, étaient dérivées du mélange du blanc et du noir – une idée qui a persisté pendant des siècles.

Pour les Chinois, les éléments étaient au nombre de cinq: le jaune pour la terre, le noir pour l'eau, le rouge pour le feu, le vert pour le bois et le blanc pour le métal. (Les éléments reconnus par certaines tribus amérindiennes sont le feu, le vent, l'eau et la terre.)

HIPPOCRATE ET SA SUITE

La croyance dans les éléments a duré plusieurs siècles, jusqu'après la fin de la Renaissance. Léonard de Vinci a même écrit: «Nous poserons le blanc comme représentant de la lumière, sans laquelle aucune couleur ne pourrait être vue; le jaune pour la terre; le vert pour l'eau; le bleu pour l'air; le rouge pour le feu; et le noir pour l'obscurité totale.»

Dans les centuries, cependant, les blessés portaient des vêtements blancs pour faire des rêves agréables. Pythagore avait recours à la musique, à la poésie et à la couleur pour guérir les maladies. Mais c'est le grand Hippocrate qui a abandonné le mysticisme, a jeté un regard de suspicion sur les habitudes et les dissipations des hommes, a écouté les battements de leur cœur et a posé les fondements du jugement critique et de l'approche diagnostique qui fait encore partie de la médecine moderne.

À cette époque, la façon d'envisager la couleur en médecine conduit vers deux voies distinctes: la voie mystique et la voie clinique. Dans les siècles suivants, certains continueront de s'intéresser aux secrets de la vie dans l'œuvre du Créateur, tandis que d'autres, peut-être moins crédules, aborderont la maladie par l'investigation de causes entièrement naturelles. Ces deux groupes vont s'opposer l'un à l'autre pendant des générations avant de trouver enfin l'harmonie et la réconciliation au cours du présent siècle grâce aux travaux des psychologues et des psychiatres.

Celse, qui vivait au début de l'ère chrétienne, a suivi la doctrine établie par le clinicien Hippocrate.

Son attitude face à la couleur était aussi plus pratique qu'occulte bien qu'il se soit à l'occasion laissé influencer par la superstition. Par exemple, il prescrivait des médicaments en gardant à l'esprit des notions de couleur: violette blanche, violette mauve, lys, iris, narcisse, rose, safran. Les emplâtres qu'il utilisait pour guérir les plaies étaient noirs, verts, rouges, et blancs. Du rouge il écrit: «Il existe un emplâtre de couleur presque rouge qui semble amener les plaies à cicatriser plus rapidement.»

Celse estimait que le printemps était la saison la plus propice à la santé, suivi de l'hiver et de l'été alors que l'automne était la saison la plus insalubre. Au sujet du fou il écrit: «Ce qu'il y a de mieux à faire, c'est ... de rendre à la lumière celui qui redoute l'obscurité, et de tenir dans les ténèbres celui que la clarté épouvante.» Une de ses potions était de couleur jaune: «Pour les faire dormir, et remédier en même temps au désordre de l'intelligence, on applique sur la tête l'onguent de safran mêlé à celui d'iris.»

Galien, célèbre médecin gréco-romain (130 à 200 après Jésus-Christ), appartenait aussi à l'école clinique et réprouvait durement les médecins de son époque. Avec Hippocrate, il est sans doute le plus grand médecin de l'Antiquité. Il s'intéressait au mouvement et au changement dans son travail diagnostique. «Si, de blanc qu'il était, ce corps devient noir, ou si, étant noir, il devient blanc, il éprouve un mouvement relativement à sa *couleur*.» Il a mis au point une théorie complexe qui cherche à tenir compte de ces transformations visibles. Il se pose d'ailleurs à cet égard une question amusante: «Comment donc le sang produirait-il un os si d'abord il ne s'épaississait et ne blanchissait considérablement? Et comment le pain deviendrait-il du sang si peu à peu il ne dépouillait sa blancheur, et peu à peu ne prenait une teinte rouge?»

AVICENNE, LE MÉDECIN ARABE

Pendant le Moyen Âge, les progrès de la médecine ont été principalement réalisés dans le monde arabe et plus particulièrement par le grand penseur Avicenne (980 - 1037?). Dans son *Canon de la médecine*, un des ouvrages médicaux les plus vénérables, il rend hommage à la couleur qu'il considère comme un guide précieux tant du diagnostic que du traitement. L'attitude d'Avicenne est plus curieuse et passionnée que celle d'Hippocrate, de Celse ou de Galien. La couleur était pour lui d'une importance capitale et méritait d'être étudiée en profondeur. Il en traite donc très librement et l'inscrit dans presque toutes les pages de son *Canon*.

Avicenne se considérait lui-même comme un disciple d'Aristote. Le monde pour lui se composait de certains éléments qu'il alliait aux sens, à l'esprit et aux émotions. Ces éléments étaient à l'origine de tendances qui façonnaient le corps et l'âme de l'homme. La respiration de l'homme avait également des phases distinctes, plus fortes et plus faibles, et les vibrations du souffle étaient reliées aux éléments. Le souffle de la terre était lent, le souffle de l'éther était plus fin et plus rapide.

Dans son travail diagnostique, Avicenne était attentif à la couleur. La couleur des cheveux et de la peau, des yeux, des selles et de l'urine avait de l'importance à ses yeux. «Dans la jaunisse, si l'urine prend une couleur rouge foncée et devient presque noire, et si sa marque sur le linge devient indélébile, c'est bon signe – plus le rouge est profond mieux c'est. Mais si l'urine tourne au blanc ou au rouge pâle, et que la jaunisse persiste, il faut craindre l'hydropisie.»

Si la peau du patient tournait au jaune, il soupçonnait une maladie du foie. Si elle tournait au blanc, il s'agissait plutôt d'un trouble de la rate. Toutes ces couleurs devaient être soigneusement observées.

Avicenne a consacré beaucoup de temps à l'étude des fluides et des humeurs du corps. Il a établi un tableau étonnant dans lequel la couleur se rapporte au tempérament et à l'état physique du corps.

Les prédécesseurs du grand médecin arabe avaient aussi constaté que la couleur était un symptôme observable dans les états de maladie. Mais Avicenne voyait les choses dans une perspective plus mystique. La couleur pour lui n'était pas seulement un signe de maladie – elle pouvait aussi parfois être le remède! D'abord, le tempérament inné des hommes se trouvait inscrit dans la couleur de leurs cheveux. Les cheveux noirs témoignaient d'un tempérament chaud, tandis que les cheveux bruns étaient la marque d'un tempérament froid. Les personnes aux cheveux roux étaient équilibrées. Ici, il y avait un excès de «chaleur imbrûlée», ce qui risquait de créer une certaine tendance à la colère. Le tempérament des blonds était froid et très humide; celui des personnes à cheveux gris était froid et très sec. Dans les deux cas, Avicenne voyait des signes de faiblesse et de dégénérescence physique. Les hommes, comme les plantes, perdaient leur couleur en séchant!

Au sujet des humeurs, il écrit: «Même l'imagination, les états émotionnels et d'autres agents peuvent créer des mouvements d'humeur. Ainsi, si l'on regarde intensément quelque chose de rouge, l'humeur sanguine peut être appelée à bouger. Voilà pourquoi il ne faut pas laisser une personne qui saigne du nez voir un objet d'un rouge très vif.» Il considérait aussi le rouge et le jaune comme des couleurs blessantes pour l'œil. La lumière bleue calmait les mouvements du sang; le rouge les stimulait. La lumière claire du matin favorisait la nutrition.

Avicenne plaçait donc une grande confiance dans le pouvoir thérapeutique de la couleur. Parce qu'il croyait que le rouge favorisait le mouvement du sang, il recommandait que cette couleur soit abondamment utilisée et il la prescrivait dans un grand nombre de remèdes. Le blanc, par contre, avait un pouvoir réfrigérant. Des potions de fleurs rouges servaient à guérir les maladies du sang. Les fleurs jaunes guérissaient les troubles biliaires, et réduisaient la douleur et l'inflammation.

LES ALCHIMISTES

Après la chute de Rome et du vivant d'Avicenne, l'Europe traversait une sombre époque. Les philosophes, séparés les uns des autres, épluchaient les œuvres du grand Aristote. Lorsque l'art de guérir se remit à marquer des progrès, au début de la Renaissance, ce fut principalement grâce aux mystères et aux secrets de l'alchimie.

En Europe, l'alchimie devint la plus importante des sciences, réunissant dans un vaste amalgame des notions païennes, chrétiennes et occultes. Nommons parmi ses principaux adeptes des gens comme Albertus Magnus, Roger Bacon, Thomas d'Aquin, Nicolas Flamel, Raymond Lully, Paracelse, Jakob Böhme et Ben Jonson. Au xve siècle, les alchimistes, regroupés dans une organisation à caractère religieux et politique, pénétraient les sanctuaires de la nature, prophétisaient l'avenir, guérissaient la maladie, dissimulaient leurs formules dans des écritures secrètes, et faisaient de leur mieux pour éviter le couperet de l'église.

Si certains se consacrent exclusivement à la transmutation des métaux, d'autres voient dans l'alchimie une panacée universelle. La pierre philosophale, élixir de vie, avait le pouvoir de guérir tous les maux. Il s'agissait de réunir le sel, le soufre, le mercure et l'azote, autant de substances particulières qui, au terme de travaux laborieux et complexes, donnaient une potion magique.

PARACELSE

L'un des plus grands alchimistes – et des plus grands guérisseurs – s'appelait Theophrastus Bombastus von Hohenheim (1493 - 1541), dit Paracelse. Il aurait déclaré que le but réel de l'alchimie n'était pas de fabriquer de l'or mais de préparer des médicaments efficaces. Un sang faible et contaminé était à l'origine de toutes les maladies. Pour rétablir un sang de bonne qualité, il fallait nourrir les malades de «chaleur digérée». Dans la maladie, la chaleur naturelle du corps se trouvait altérée; la nourriture était mal digérée. Il fallait donc donner au patient la chaleur du soleil et de la lune. Cette «chaleur» devait être extraite de la nature par un art à la fois mystérieux et occulte. Il écrit: «L'effet de la chaleur sur l'humidité engendre la couleur noire et, sur le sec, la couleur blanche à l'intérieur de laquelle le rouge se trouve dissimulé.»

Paracelse prescrivait très libéralement son «or potable». L'adulte en recevait huit gouttes, l'enfant une goutte. Il semble avoir ainsi guéri un très grand nombre d'affections: apoplexie, épilepsie, maux de tête, insomnie, paralysie, mélancolie, fièvre, douleur de l'estomac et des reins, ulcères, palpitations du cœur, évanouissements, vers, rhume, plaies ouvertes, gangrène, peste.

Paracelse condamnait avec virulence les cliniciens de son temps. Il voulait ramener la médecine à s'intéresser aux choses spirituelles et divines. Le Soleil régissait le cœur de l'homme, la Lune son esprit, Saturne sa rate, Mercure ses poumons, Vénus ses reins, Jupiter son foie, et Mars sa vésicule biliaire.

Un jour, avant de prononcer lui-même une série de conférences à Bâle, Paracelse aurait brûlé publiquement les ouvrages de Galien et d'Avicenne, indiquant ainsi tout son mépris pour la médecine du passé et de son temps. La maladie était causée par le manque d'harmonie. La couleur et la lumière avaient une importance vitale. Il écrit: «Tout ce qui colore d'une teinte de blanc a la nature de la vie, de même que les propriétés et le pouvoir de la lumière, qui engendre la vie. Inversement, tout ce qui colore dans des teintes de noir, ou produit le noir, a une nature commune avec la mort, les propriétés de l'obscurité et les forces qui engendrent la mort.»

Paracelse recourait aux invocations, aux vibrations de la musique et de la couleur, aux élixirs divins, aux talismans et aux charmes, aux herbes et à la régulation de la diète, aux saignements et aux purgations. Ses remèdes étaient considérés miraculeux par ses contemporains, et son génie était connu dans toute l'Europe.

L'ÂGE DES LUMIÈRES

Aujourd'hui, un grand nombre d'occultistes continuent de croire que Paracelse est le plus grand guérisseur de tous les temps. Mais ses théories n'ont pas eu d'influence durable sur les progrès de la médecine. Après lui vinrent l'anatomiste Vésale, Leeuwenhoek et son microscope, puis des hommes comme Pasteur et Koch. La maladie, selon eux, était causée par une invasion de microbes. Il semblait devenu infantile de parler d'harmonie entre les forces naturelles et surnaturelles devant la manifestation concrète des bactéries. L'homme voyait enfin poindre le jour où il dominerait les forces qui l'avaient jusqu'alors anéanti. Le pouvoir se trouvait désormais en son sein et non quelque part hors de lui, dans l'immensité du cosmos.

Chapitre 3

LES PORTEURS D'AMULETTES

L'HOMME RÉGÉNÉRÉ, le demi-dieu des alchimistes, est décrit de façon bien séduisante dans le Cantique des Cantiques de Salomon: «Mon bien-aimé est clair et rose, il est insigne plus que dix mille. Sa tête est un lingot d'or fin. Ses boucles sont des panicules, noires comme un corbeau. Ses yeux sont comme des colombes sur des bassins à eau, se lavant dans du lait, se posant sur des vasques. Ses joues sont comme un parterre embaumé produisant des aromates. Ses lèvres sont des lis distillant de la myrrhe fluide. Ses mains sont des bracelets d'or remplis de topazes. Son ventre est une plaque d'ivoire couverte de saphirs. Ses jambes sont des piliers d'albâtre fondés sur des socles d'or fin. Son visage est comme le Liban: c'est l'élite, comme les cèdres. Son palais est la douceur même; et tout son être est l'objet même du désir. Tel est mon bien-aimé, tel est mon compagnon, filles de Jérusalem!»

La vision occulte et mystique de la vie trouve encore de nombreux preneurs dans les temps modernes. Les adeptes de l'astrologie scrutent encore le ciel pour y trouver des réponses à la destinée humaine. Bien que la tradition d'Hippocrate et des cliniciens ait dominé la médecine après Paracelse – et continue encore de dominer aujourd'hui –, la tradition mystique n'a pas cessé pour autant de s'épanouir.

PHLOGISTIQUE ET ÉTHER

Le but premier de ce livre est de présenter une histoire de la thérapie par la couleur telle qu'elle s'est développée grâce aux méthodes de recherche reconnues par la science moderne. La dimension occulte de la thérapie par la couleur se trouve répertoriée dans des dizaines de livres accessibles dans la plupart des bibliothèques. Mais dans l'ensemble, ces ouvrages sont décevants, d'une part parce qu'ils sont très empiriques et d'autre part, parce que leur contenu varie considérablement d'un livre à l'autre et parfois se contredit.

Il devient facile d'écrire un livre sur l'efficacité de la couleur si, pour tout témoignage, l'auteur s'en tient à des généralités absconses. L'étude de ces textes est de peu d'utilité, car on n'y trouve presque rien au-delà du vague et de l'ésotérique.

Il ne faudrait pas pour autant accorder aux cliniciens plus de crédit qu'ils n'en méritent. L'histoire de la science officielle a aussi ses ratés. On en trouve un exemple classique dans la notion de «phlogistique» qui a déjà eu cours dans le domaine scientifique. Toutes les substances qui pouvaient être brûlées par le feu contenaient de la phlogistique, croyait-on. Plus une substance brûlait facilement, plus elle contenait de phlogistique; dans le cas contraire, c'est que la phlogistique était absente. Il a fallu attendre les travaux de Lavoisier, vers la fin du XVIIIe siècle, sur la théorie calorique de la chaleur pour que la notion de phlogistique soit abandonnée comme n'ayant jamais été autre chose qu'une idée creuse.

On peut en dire autant aujourd'hui sur la notion d'éther, la «substance» dans laquelle la lumière est censée se déplacer. Bien que la science présume de l'existence de l'éther, personne n'a encore été capable de la prouver. Sir James Jeans, lui-même physicien éminent, a déjà déclaré que: «L'éther et ses ondulations sont fort probablement fictifs.» Et parlant presque comme un alchimiste, il ajoute: «Il ne faut pas oublier que l'existence de l'éther n'est qu'une hypothèse, introduite dans le champ de la science par des physiciens qui, tenant pour acquis que tout doit pouvoir être expliqué de façon mécanique, estiment qu'il doit exister un médium concret pour transmettre les ondes de la lumière et les autres phénomènes électriques et magnétiques.»

LES ADEPTES DE LA DÉVOTION

Les aspects mystiques de la couleur, cependant, procurent des lectures très intéressantes. C'est pourquoi, dans ce chapitre de même que dans les autres chapitres de cette section, nous passerons en revue un certain nombre de superstitions et de pratiques qui se situent tout à fait hors du domaine de la science médicale reconnue. Dans le reste du livre, toutefois, nous nous en tiendrons aux études cliniques et aux données qui s'appuient sur des travaux rigoureux et des résultats mesurables.

L'homme d'autrefois était mû par le désir insatiable de prévoir l'avenir. Il vivait dans la terreur de la mort. Il était convaincu que s'il existe des dieux capables de le récompenser pour ses actes vertueux, il doit bien exister aussi des dieux méchants et des démons voués à sa perte et à sa destruction. Pour se gagner les faveurs des dieux justes, l'homme d'autrefois se livrait à des bonnes œuvres.

L'une des peurs les plus anciennes de l'humanité est sans doute la peur du mauvais œil. Il suffisait d'un regard pour qu'un homme soit condamné au malheur, à la folie ou à la maladie. Le mauvais œil était en quelque sorte l'incarnation de la méchante sorcière qui s'employait à détruire la vie, les amours, les travaux et la santé mentale des hommes.

Certains primitifs portaient au cou un disque de couleur bleue orné de perles sur lequel était représenté un œil. En Perse, on incrustait un morceau de turquoise dans l'œil de l'agneau sacrificiel avant de le faire griller. Ensuite la pierre était placée dans un sachet d'amulette et cousue au bonnet d'un enfant.

Pline raconte que les magiciens se protégeaient autrefois à l'aide de jais. En Inde, les mères hindoues appliquent une pommade de couleur noire sur le nez, le front ou les paupières de leur bébé. Elles fixent aussi une pièce de tissu blanc ou bleu à leur robe. À Jérusalem, la «main du pouvoir», presque toujours de couleur bleue, était portée sous forme de bracelet. En Écosse, on protégeait les nouveau-nés du mauvais œil en attachant un ruban rouge autour de leur cou. Dans certaines parties d'Angleterre, on portait un anneau ou une amulette de calcédoine rouge. En Italie, le pouvoir de protection était attribué à un morceau de corail.

AMULETTES ET CHARMES

La couleur a beaucoup d'importance dans le domaine de la magie. D'abord, les formules des magiciens sont généralement écrites à l'encre rouge. Il en est ainsi, par exemple, des rites et des cérémonies décrites dans le célèbre Livre des morts égyptien. On reconnaissait à la couleur la force de résister au mal et de terrasser les démons. Et lorsqu'elle était le produit de la nature, et résistait par conséquent à la décoloration progressive, comme dans le cas des pierres précieuses et semi-précieuses, son pouvoir était considéré suprême.

Les inscriptions égyptiennes et babyloniennes révèlent que les gens portaient des pierres de certaines couleurs, constituées en amulettes, dans l'espoir qu'elles leur procureraient les faveurs des dieux et leur permettraient d'entrer en contact quotidien avec des êtres divins. Certaines de ces pierres portaient des marques étranges, semblables à des veines. D'autres avaient la forme d'un œil. Elles devaient être portées contre le cuir chevelu, ou près du front, près de l'oreille, du cœur, des organes génitaux, du poignet, de la colonne vertébrale. Certaines devaient être fixées à des piquets dans un champ, ou aux cornes du bétail, ou encore attachées au lit des malades. La couleur avait, croyait-on, le pouvoir de faire réussir les activités commerciales, de prévenir la maladie, de protéger contre le naufrage, la foudre, les attaques des animaux, de garantir une récolte abondante et de protéger contre les éléments.

N'oublions pas que les Anciens vénéraient la couleur à cause de sa signification divine et non parce qu'il s'agissait d'une «belle» décoration ou d'un ornement. Les bagues, les colliers et les bracelets étaient porteurs de signification. Dans son *Amulets and Talismans*, Budge écrit: «Dans les bazars du Caire et de Tantah, de grosses perles de terre cuite à glaçure bleue, ayant au moins un demi-pouce de diamètre, étaient vendues aux caravaniers qui en faisaient des bandelettes qu'ils attachaient au front de leur chameau avant d'entreprendre la traversée du désert. Ils espéraient ainsi détourner le mauvais œil vers les perles et en protéger leurs animaux... Il est raisonnablement sûr que les ornements de cuivre qui décorent le harnais des chevaux de trait et des chevaux de ferme, tout comme les grandes cornes de cuivre qui se trouvent sur leur collier, avaient à l'origine pour but de protéger les animaux contre le mauvais œil; mais cette fonction a été oubliée et les amulettes se sont transformées peu à peu en simples ornements.»

Dans la fabrication des amulettes, les couleurs de choix sont le rouge, le bleu, le jaune, le vert et le blanc. Les pierres rouges étaient jugées efficaces dans le traitement de la maladie et protégeaient ceux qui les portaient contre le feu et la foudre. Les pierres bleues et violettes sont associées à la vertu et à la foi. On les pendait au cou des enfants non seulement pour obtenir la protection des cieux, mais aussi pour rendre les jeunes plus obéissants à leurs parents. Les pierres de couleur jaune devaient apporter le bonheur et la prospérité. Les pierres vertes garantissaient la fécondité des humains et des animaux et avaient des rapports mystérieux avec la végétation, la pluie et la force, dans son sens général. Les pierres blanches protégeaient contre le mauvais œil et parce qu'on croyait qu'elles venaient des cieux, elles assuraient d'une protection divine.

L'EFFICACITÉ DES PIERRES PRÉCIEUSES

Comme la maladie venait mystérieusement de la nature, les couleurs les plus efficaces pour la combattre devaient elles aussi provenir de la nature. C'est pourquoi on accordait aux pierres précieuses et semi-précieuses une grande efficacité thérapeutique.

L'agate brune chassait la fièvre, l'épilepsie et la folie. Elle empêchait l'écoulement du rheum dans l'œil, réduisait le débit des menstruations, dispersait l'eau chez l'hydropisique.

L'ambre, mêlé à du miel, combattait les maux d'oreille ou la faiblesse de la vue. La poussière d'ambre soulageait les douleurs d'estomac et aidait au bon fonctionnement des reins, du foie et des intestins. L'odeur de l'ambre brûlé aidait les femmes en travail. Une boule d'ambre, tenue dans la main, faisait baisser la fièvre et protégeait contre les coups de chaleur pendant les journées les plus chaudes. Les perles d'ambre protégeaient du rhumatisme, du mal de dent, du mal de tête, du rachitisme et de la jaunisse. Un petit morceau d'ambre logé dans le nez stoppait les saignements. Porté au cou, l'ambre faisait disparaître le goître. Les médecins arabes utilisaient l'ambre en poudre pour prévenir les fausses couches et soigner les furoncles, l'anthrax et les ulcères.

L'améthyste servait à guérir de la goutte. Placée sous l'oreiller, elle procurait au dormeur des rêves agréables.

L'asphalte, ou le bitume, devait protéger des foulures, des fractures, des coups, des maux de tête, de l'épilepsie, des étourdissements et des palpitations.

Le béryl vert, par magie sympathique, permettait de guérir les maladies de l'œil. Le béryl jaune était prescrit dans les cas de jaunisse ou de troubles du foie.

La cornaline, ou «pierre de sang», avait, croyait-on, le pouvoir d'arrêter l'hémorragie et d'éliminer de l'épiderme les taches, les boutons et les lésions.

L'œil-de-chat, selon Budge, devait être lavé dans du lait, le liquide résultant de cette opération devant être bu par le mari. Si sa femme commettait l'adultère pendant son absence, aucun enfant ne naîtrait de cette union illicite.

La calcédoine faisait tomber la fièvre et facilitait le passage des calculs biliaires.

Le cristal sous forme de poudre guérissait l'inflammation des glandes, les maladies des yeux, les maladies de cœur, la fièvre et les douleurs intestinales. Mélangé à du miel, il donnait aux nourrices un lait plus abondant.

Le corail guérissait la stérilité.

Le diamant fortifiait l'esprit et le corps. Il avait le pouvoir de guérir presque tout. Trempé dans l'eau et le vin, il créait un élixir qui guérissait de la goutte, de la jaunisse et de l'apoplexie.

L'émeraude était prescrite en cas de maladie des yeux.

Le grenat soulageait les éruptions cutanées.

L'hématite soulageait les yeux injectés de sang, stoppait l'hémorragie des poumons et de l'utérus, prévenait les insolations et les maux de tête.

Le jade facilitait l'accouchement. Il guérissait l'hydropisie, calmait la soif, soulageait les palpitations du cœur.

Le jaspe facilitait la grossesse.

Le jais guérissait l'épilepsie, les maux de dent, les maux de tête, et les inflammations glandulaires.

Le lapis-lazuli avait, semble-t-il, le pouvoir de prévenir les fausses couches.

L'opale guérissait les maladies de l'œil.

Le péridot était un palliatif pour diverses maladies du foie.

Le rubis était trempé dans l'eau en cas de calculs gastriques et réduit en poudre pour mettre fin aux fluxions de poitrine.

Le saphir était utilisé pour combattre la maladie et la peste.

La turquoise protégeait contre le poison, les morsures de serpent, les maladies des yeux. Trempée ou lavée à l'eau, elle chargeait le liquide qui devenait ainsi un palliatif pour ceux qui souffraient de rétention d'urine.

Ces superstitions n'ont pas complètement disparu de nos jours. Robert Branson, journaliste pour UPI, faisait état en 1948 de l'utilisation de joyaux et de métaux précieux à l'hôpital Unani, dans la ville de Hyderâbâd (Inde). Des remèdes préparés dans une grande «pharmacie» comprenaient des prescriptions comme de l'or et des perles réduits en poudre comme tonique en cas de rhumatisme, de bronchite ou d'épilepsie; les émeraudes servaient au traitement du diabète; les rubis étaient réservés au cœur et au cerveau; les lézards séchés à l'anémie; l'eau de rose aux maladies des viscères. Le Dr Falurrahman Kahn aurait déclaré au journaliste: «Nous nous en remettons à des secrets médicaux dont la valeur est prouvée par des siècles d'usage. Nos théories reposent sur les connaissances médicales des Mongols, des Perses, des Grecs, des Romains, des Égyptiens, des Hindous et des Arabes. Parfois, nous ne pouvons pas expliquer nous-mêmes pourquoi nos remèdes ont les effets qu'ils ont. Mais on les utilise depuis des siècles et ils ont les effets attendus.»

Selon Branson, l'hôpital Unani n'était en aucune façon un hôpital arriéré ou un antre de magiciens. «À bien des égards, l'hôpital Unani est semblable aux hôpitaux les plus modernes. Ses salles sont spacieuses et bien ventilées. Les infirmières y portent des uniformes blancs impeccables. Tout reluit de propreté.»

LES PLANTES ET LES HERBES

Dans un vieux recueil de magie de l'époque teutonique, on peut lire: «Puis Wodan prit neuf brindilles magiques, en frappa alors le serpent qui fut morcelé en neuf parties. Maintenant ces neuf herbes luttent contre neuf esprits mauvais, contre neuf venins et neuf apparitions ailées.»

Les plantes et les herbes figurent aussi parmi nos plus anciens remèdes. Plusieurs de ces herbes ont des effets bénéfiques réels et ont sans doute été découvertes un peu par accident. Mais dans bien des cas, un pouvoir magique leur est attribué en raison d'associations un peu bizarres. À l'aide de substances de toutes sortes: champignons prélevés sur une tombe, gouttes de rosée, on fabrique des concoctions fabuleuses et souvent nocives. Le guérisseur associe très souvent la forme de la plante avec la maladie à guérir. Le jus des fougères et des mousses est bon pour les cheveux. Une plante en forme de main servait à guérir les maladies de la main. Une autre, en forme de dent, soulageait les maux de dent. L'oignon, étant donné ses pelures et ses anneaux, se faisait attribuer des vertus curatives parce qu'on le croyait conçu comme le monde lui-même. La forte odeur de l'ail lui valait la réputation de chasser la maladie. Certaines pierres avaient le pouvoir de rendre les hommes fous, d'empêcher les chiens d'aboyer, de chasser les démons, ou de tourner au noir dans les mains d'un faux témoin.

Le pouvoir curatif des couleurs relève d'un symbolisme généralement très direct. Les couleurs sont associées à la maladie parce que la maladie produit des couleurs. Les plantes, les fleurs, les minéraux, les élixirs présumés efficaces sont ceux dont la couleur ressemble à la pâleur de la chair ou à la couleur des lésions qui s'y trouvent. C'est ainsi que le rouge, le jaune et le noir sont censés avoir une grande valeur médicinale, car ils sont associés respectivement à la fièvre, à la peste et à la mort.

LE SYMBOLISME DU ROUGE

Parmi les couleurs auxquelles on attribue un pouvoir magique de guérison, la couleur rouge est sans doute la plus intéressante.

On la trouve présente non seulement dans les traités de médecine ancienne, mais aussi dans les superstitions des temps modernes. Le tissu rouge sert depuis des siècles à arrêter les saignements. Avicenne, au XIe siècle, couvrait ses patients de rouge et leur faisait des pansements rouges. Le médecin d'Edward II, pour combattre la variole, avait prescrit de tapisser toute la chambre en rouge. François Ier a été enveloppé dans une couverture écarlate pour traiter la même maladie. Les enfants de l'un des Mikados ont été entourés de meubles rouges au cours d'une épidémie de variole.

Certains médecins allaient jusqu'à prescrire des remèdes et des aliments rouges pour que le malade ne voie que du rouge. La coutume était si répandue que les médecins anglais ont déjà porté des capes rouges pour bien marquer leur profession. Dans les régions rurales du Massachusetts, on a déjà utilisé un drapeau rouge pour appeler le médecin lorsqu'il faisait sa ronde.

En Irlande et en Russie, la flanelle rouge servait de remède en cas de scarlatine. La laine rouge servait à guérir les foulures en Écosse et les maux de gorge en Irlande, ainsi qu'à prévenir la fièvre en Macédoine. On utilisait un fil rouge pour arracher les dents des enfants anglais.

Le souffle d'un bœuf roux était considéré comme un bon remède contre les convulsions. La cire à cacheter rouge avait des pouvoirs étranges sur certaines éruptions. Le corail rouge prévenait le déchaussement des dents en Angleterre et soulageait les troubles de la tête au Portugal. Le rouge combattait les cauchemars au Japon. En Macédoine, on attachait un fil rouge à la porte de la chambre après la naissance d'un enfant, pour éloigner le mal.

En Chine, on portait un rubis pour promouvoir la longévité. On attachait un ruban rouge à la tresse d'un enfant pour la même raison. On attribuait au grenat des pouvoirs semblables en Inde et en Perse. Le corail romain et la cornaline rouge chassaient la maladie.

Au sujet des amulettes rouges qui étaient très courantes en Égypte il y a plusieurs siècles, Budge écrit: «On a trouvé un nombre considérable d'anneaux de jaspe rouge, de faïence rouge et de verre rouge dans les tombeaux égyptiens; aucun d'eux ne porte une inscription et tous sont marqués d'une brèche. Nous ne savons pas comment ni pourquoi ils étaient utilisés, mais on croit qu'ils étaient portés sous forme d'amulette par les soldats et les hommes qui, dans leur travail, étaient amenés à entrer en conflit avec des ennemis. L'amulette devait les protéger contre les blessures et, en cas de blessure, devait arrêter l'hémorragie. Il est possible que ces anneaux aient aussi été portées par les femmes pour prévenir les saignements.»

AUTRES COULEURS

Le jaune guérissait la jaunisse parce que la jaunisse est jaune. En Allemagne, on s'en prenait à cette maladie avec du navet jaune, des pièces d'or, du safran et une douzaine d'autres objets de couleur jaune. Des araignées jaunes roulées dans le beurre faisaient partie des remèdes anglais. Dans certaines parties de la Russie, on portait des perles dorées. Dans d'autres régions, le patient devait regarder longuement une surface noire, puisqu'on considérait le noir comme l'opposé du jaune et qu'on le croyait donc capable de faire sortir la jaunisse du système. En Inde, on chassait la jaunisse vers des corps, des créatures et des objets jaunes, comme le soleil, où se trouvait sa vraie place. Le rouge, couleur vigoureuse de la santé, était «tiré» du bœuf au moyen d'incantations prononcées par un prêtre.

En Grèce, on traitait une maladie appelée la «maladie de l'or» en demandant au patient de boire du vin dans lequel on avait placé une pièce d'or, le tout exposé à la lumière des étoiles pendant trois nuits. On saupoudrait aussi de l'or sur la nourriture pour se protéger contre l'empoisonnement. En Malaisie, on chassait la maladie et la peste en les chargeant symboliquement sur un navire jaune – ou sur un buffle couvert d'une pigmentation rouge que l'on chassait du village.

Chez les anciens Grecs, on croyait que les œufs de corbeau avaient le pouvoir de restaurer aux cheveux leur couleur noire. Le remède était considéré si efficace que le patient devait avoir la bouche pleine d'huile pendant le traitement pour éviter que ses dents ne tournent au noir. Des fils tirés de la laine d'un mouton noir avaient le pouvoir de guérir les maux d'oreille en Irlande, en Angleterre, et dans certaines parties du Vermont. On frottait des escargots noirs sur les verrues.

En France, la peau de certains animaux noirs, appliquée encore chaude sur les membres, avait le pouvoir de guérir le rhumatisme. Pour les superstitieux, une poule noire, à condition qu'elle soit enterrée là où elle avait été capturée, pouvait guérir l'épilepsie. Le sang d'un chat noir a déjà été prescrit en cas de pneumonie dans des endroits aussi éloignés l'un de l'autre que l'Angleterre et l'Afrique du Sud.

Plutarque signale qu'un roseau blanc, trouvé sur les rives d'une rivière alors qu'on chemine à l'aube vers le lieu d'un sacrifice, s'il est déposé dans la chambre à coucher de l'épouse, a le pouvoir de rendre fou son amant adultère et le force à avouer son horrible crime.

Peu d'autres couleurs se trouvent dans les charmes conçus pour guérir la maladie. Le bleu et le vert sont utilisés surtout comme agents de prévention, pour se protéger contre le mauvais œil ou contre la visite des démons. En Irlande, cependant, un ruban bleu servait de remède au croup. Pour guérir l'indigestion, il fallait mesurer son tour de taille avec un fil vert, au nom de la Trinité, puis manger trois feuilles de pissenlit posées sur une tartine, trois matins consécutifs.

PEUPLES PRIMITIFS

Chez les Indiens d'Amérique, la couleur est intimement reliée à la religion. Comme les races de l'Afrique, de l'Europe et de l'Asie, l'Américain primitif attribuait une couleur à la divinité universelle. Les Mexicains, par exemple, donnaient le nom de Kan au dieu qui supportait le ciel. Ce mot lui-même signifie jaune. On comprend facilement le symbolisme de la pipe, ou du calumet indien. La fumée s'élève dans les cieux et peut être vue des dieux. Et même les dieux fument, car ils mettent le feu au bois pétrifié, utilisent les comètes comme flamme, et leur fumée se transforme en nuages visibles aux yeux des hommes. Le calumet était en quelque sorte l'autel de l'Indien, et sa fumée représentait une offrande acceptable. Il choisissait de préférence une pierre rouge dans laquelle fabriquer sa pipe, car le dieu soleil était rouge, le dieu du monde souterrain était noir, et le dieu du feu multicolore.

Lorsqu'on pratiquait des sacrifices humains chez les Aztèques, on procédait, la veille du festival annuel (en juillet), à la préparation de la jeune sacrifiée. Comme elle devait représenter la déesse du maïs, on lui peignait le haut du visage en rouge et le bas du visage en jaune. Ses bras et ses jambes étaient couverts de plumes rouges. Ses chaussures étaient rayées de rouge. C'est elle qui était offerte aux dieux, au sommet du temple, la tête coupée et le coeur arraché de la poitrine.

À Haran, le prêtre, vêtu de rouge et couvert de sang, offrait un jeune aux cheveux roux et aux joues rouges en sacrifice à l'intérieur d'un temple peint en rouge et drapé de tentures rouges.

Il est absolument vital de contrôler la nature et les éléments! En Égypte, des jeunes aux cheveux roux de même que des bœufs roux étaient sacrifiés aux dieux pour garantir l'abondance de la récolte. Le semeur bavarois portait un anneau d'or pour donner à son grain une riche couleur. En Irlande, on calmait la tempête en faisant brûler la peau d'un chien noir et en répandant ses cendres dans le vent. Dans certaines provinces de l'Inde centrale, pour protéger les récoltes contre les ravages de la pluie et de la grêle, on demandait à un jumeau de se tenir dans le sens du vent, la fesse droite peinte en noir et la fesse gauche peinte d'une autre couleur. Les sacrifices d'animaux noirs, c'est-à-dire de la même couleur que les nuages noirs, permettaient d'extraire l'eau du ciel. Les animaux blancs faisaient plutôt apparaître le soleil.

En Écosse, en Hongrie, au Portugal, en Norvège, au Danemark et en Allemagne, on attachait des ficelles et des pièces de tissu rouge aux animaux pour les protéger contre la mort. En Afghanistan, en Syrie et en Macédoine, on obtenait le même effet magique en utilisant du bleu.

Il existe aussi toute une collection de porte-bonheur à placer dans les foyers du monde entier. En Syrie, on utilise principalement des objets rouges. Une main rouge protège la famille contre le malheur en Irlande, en Inde, à Constantinople et au Mexique. À Jérusalem, une main bleue est peinte sur la porte ou les murs des habitations.

De nombreuses superstitions ont encore cours aujourd'hui et reposent sur des traditions qui remontent à plusieurs siècles. Or si la couleur peut donner à l'homme une certaine mesure de sécurité, elle peut aussi l'avertir d'un malheur imminent. En Espagne, les insectes noirs sont mauvais présage. En revanche, le chat noir et les insectes blancs annoncent la chance. Dans certaines régions de Castille et de Galicie, le papillon de nuit annonce la mort.

Les chats: au Japon, on craint surtout les chats roux ou brun rosé. Le chat entièrement noir possède des pouvoirs divins et entre autres celui de prédire le temps.

Comment expliquer ces croyances curieuses? Encore aujourd'hui on dit que les pêcheurs du Yorkshire craignent le blanc, tandis que leurs voisins du Northumberland, moins de 100 kilomètres plus loin, craignent le noir. En Amérique, on accuse généralement le chat noir d'apporter le malheur. Et pourtant, il garantit le succès aux nouvelles productions théâtrales. Le jaune, cependant, est à fuir au théâtre et ne doit figurer ni sur les affiches ni sur l'étiquetage des malles, pas même sur une clarinette dans la fosse; car le jaune annulerait la chance apportée par le chat noir.

LA SUPERSTITION AUJOURD'HUI

La magie, la sorcellerie et la divination survivent encore aujourd'hui chez le diseur de bonne aventure, le lecteur de boule de cristal et le spirite. Une grande partie des valeurs symboliques accordées à la couleur ont été abandonnées au cours des ans. L'évocation du surnaturel a peu à peu dégénéré et est aujourd'hui appelée «magie noire». Le christianisme s'est détourné des amulettes et des rituels ésotériques et ceux qui y sont restés fidèles ont été considérés comme des disciples de Satan.

La superstition et la sentimentalité vont souvent de pair. Une voix doucereuse semble nous souffler à l'oreille que l'élixir de vie existe vraiment. Des médecines frelatées, des eaux minérales spéciales, des poudres et des pilules de toutes sortes sont encore stockées sur les tablettes des pharmacies et offertes à la population à grand renfort de publicité. La maladie et le malheur nous font parfois mettre notre confiance dans des solutions fallacieuses. L'homme est resté profondément mystique.

Il n'est pas toujours facile de séparer le vrai du faux et de distinguer le pouvoir thérapeutique réel de la superstition. En affirmant, par exemple, que la prière ne peut pas guérir une jambe cassée, on risque de passer à côté de certaines vérités. Les gens dont l'esprit est troublé sont plus portés que d'autres à avoir des accidents et se font assez fréquemment des fractures. S'il est vrai que la foi ne guérit pas les fractures, elle peut apporter la paix de l'âme et prévenir ainsi les accidents chez les gens à l'esprit ébranlé ou perturbé.

Chapitre 4

LA GUÉRISON PAR L'AURA

Poursuivons encore un peu dans la veine mystique. Tout comme les amulettes et les charmes étaient perçus comme ayant des propriétés magiques, l'être humain lui-même était souvent apparenté à un corps céleste. Le microcosme de l'homme émettait de la lumière tout comme le soleil, les planètes et les étoiles. Cette façon de voir les choses suppose l'existence d'une divinité suprême dont les rayons transmettent à l'être humain sa vie et sa dimension spirituelle. Les halos, les tuniques, les parures, les joyaux et les ornements dont les humains se parent eux-mêmes et dont ils parent l'effigie de leurs dieux ont pour fonction de symboliser l'énergie spirituelle qui irradie du corps. Les parures de tête très compliquées des Égyptiens et l'auréole des saints de la chrétienté sont des représentations du corps astral des élus. Ces flots de lumière sont censés émaner du corps et leur couleur témoigne du degré de développement culturel de la personne, de même que de sa perfection spirituelle et de sa santé physique. Les artistes de toutes les époques ont tenté d'exprimer cette luminosité divine des dieux et des demi-dieux.

LA LUMIÈRE ASTRALE

Pour le mystique, toutes les plantes et les animaux émettent une aura. Chez l'homme, l'aura fait autant partie de son entité que le corps. Des hommes célèbres, comme Benvenuto Cellini, en ont constaté l'existence. «Depuis le moment de mon étrange vision jusqu'à maintenant, une auréole de gloire (une véritable merveille) est posée sur ma tête. Elle est visible à tous les hommes à qui j'ai choisi d'en signaler la présence; mais ces hommes sont peu nombreux. Le halo est visible au-dessus de mon ombre le matin, depuis le lever du soleil et pour une période de deux heures, et elle est encore plus visible quand l'herbe est inondée de rosée.»

Pour l'occultiste, le cerveau est l'organe central qui assure la circulation du fluide nerveux, le cœur est l'organe qui assure la circulation du sang et la rate est l'organe auquel les éléments astraux doivent leur vitalité. Les émanations, par conséquent, dépendent de la santé physique, émotionnelle et spirituelle du corps. Les couleurs varient d'une personne à l'autre, de même que selon l'humeur et l'état d'esprit de chacun. Hartmann écrit: «La qualité des émanations psychiques dépend du degré d'activité du centre dont elles émanent, car chaque être et chaque chose est coloré par le principe qui se trouve en son centre invisible, et reçoit de ce centre son caractère et ses attributs propres.»

On trouvera peut-être cette affirmation outrancière et même ridicule, mais le mystique insiste pour dire que la véritable nature de l'homme transparaît dans son aura. Chez les personnes de basse nature, la couleur dominante est le rouge foncé. Chez les personnes de nature plus élevée, les couleurs sont plutôt le blanc et le bleu, l'or et le vert, dans des nuances de toutes sortes. Le rouge témoigne d'un fort désir. Le bleu révèle l'amour. Le vert indique la bienveillance.

Panchadasi écrit: «L'aura humaine est en quelque sorte un rayonnement très fin et éthéré, une émanation qui entoure chaque être humain. Elle s'étend dans un rayon de deux à trois pieds, dans toutes les directions autour du corps.» Elle peut être comparée à la chaleur qui se dégage d'un poêle. Les couleurs de l'aura sont visibles par ceux qui sont doués de vision psychique. Elles fluctuent et se transforment. Elles peuvent être aussi paisibles qu'une eau dormante, ou encore aussi impulsives et vivantes qu'une flamme. Elles révèlent la paix de l'âme mais peuvent aussi étinceler de haine et de colère. Mais tout cela n'est visible que dans certaines conditions, et par des êtres particulièrement doués.

Certaines couleurs ont une forme douce et vaporeuse. D'autres prennent la forme de traits rigides et droits. D'autres encore se déploient en spirale. C. W. Leadbeater, dans *Man, Visible and Invisible*, décrit le sens de ces émanations.

Des nuages noirs sont l'indication de la haine et de la malice.

Des éclairs rouge foncé sur fond noir sont la manifestation de la colère. Un rouge très vif témoigne immanquablement d'une profonde sensualité.

Le brun terne signifie l'avarice. Un brun grisâtre correspond à l'égoïsme. Un brun verdâtre témoigne de la jalousie.

Le gris est associé à la dépression et à la peur.

Le rouge incarnat témoigne d'une nature aimante.

L'orange est la marque de l'orgueil et de l'ambition.

Le jaune émane de l'aura de l'intellectuel.

Le vert grisâtre traduit l'hypocrisie et la perfidie. Le vert émeraude est la marque de la polyvalence et de l'ingéniosité. Un vert pâle et délicat témoigne de la sympathie et de la compassion.

Le bleu foncé émane de la personne aux convictions religieuses profondes. Le bleu pâle témoigne d'idéaux nobles.

Aux yeux des élus, par conséquent, le caractère devient lisible comme une affiche au néon. L'aura du sauvage est jaune terne au-dessus de la tête et contient des rayons gris-bleu, orange terne et rouge brunâtre, marque de la sensualité. Toutes les couleurs ont un contour irrégulier. La personne ordinaire émet des couleurs d'une qualité un peu plus élevée: plus de jaune, un rouge plus pur et un bleu plus clair. Dans les états de colère, on voit des tourbillons de noir et des éclairs de rouge. Dans les états de peur, il y a un nuage de gris livide. Dans les états de piété, les couleurs sont bleutées.

Des taches de rouge écarlate flottent autour de l'homme irritable. L'avare est trahi par les traits de brun foncé qui émanent de lui. Le dépressif émet des rayons d'un gris terne. L'homme pieux présente une aura bleue très développée.

Enfin, l'aura du surhomme est un nuage irisé: «Toutes les couleurs d'un coucher de soleil égyptien et la douceur du ciel anglais à la tombée du jour.» Une auréole jaune se tient au-dessus de sa tête et brille avec autant d'éclat que les rayons du soleil.

LE MONDE ASTRAL

Certains occultistes parlent d'un monde astral où règne une culture spirituelle. Ce monde serait habité par les esprits de la nature de Paracelse, les ondines (esprits de l'eau), les sylphides (esprits de l'air), les gnomes (esprits de la terre) et les salamandres (esprits du feu). Heureusement ou malheureusement, ces êtres fréquentent rarement les contrées habitées par nous, pauvres mortels. Leadbeater écrit: «En temps normal, ils ne sont pas visibles du tout, mais ils ont le pouvoir de se rendre visibles par matérialisation lorsqu'ils désirent être vus.»

Le monde astral lui-même, qui s'apparente au ciel des Atlantidiens, des Grecs et des Chrétiens, est certes fort agréable à imaginer. Hartmann dit: «Là où se trouve la conscience de l'homme, là se trouve l'homme lui-même, que son corps matériel y soit ou non.» Dans l'ouvrage de Panchadasi, ce monde est décrit comme ayant sept niveaux répartis selon le degré de vibration. Ces niveaux sont atteints par ceux qui sont doués du sens astral. Hartmann affirme: «Celui qui peut voir les images qui se trouvent dans la lumière astrale peut prendre connaissance des événements du passé et prophétiser l'avenir!» Car il entre alors dans l'âge d'or dont rêvent les mystiques depuis la nuit des temps. Le nirvana lui est révélé.

LE POINT DE VUE MODERNE

On reconnaîtra que cet aspect astral de la thérapie par les couleurs a quelque chose de fantaisiste et donc de douteux. Qu'il devienne possible d'apercevoir toutes les couleurs de l'arc-en-ciel exprimées par le corps de l'homme: voilà qui exige un acte de foi considérable. Et comme les occultistes se contredisent lorsqu'ils décrivent l'aura humaine, nous avons de bonnes raisons de croire que même les meilleurs d'entre eux voient somme toute assez peu de choses.

Il reste cependant que les forces psychiques existent et que leur efficacité ne doit pas être mise en doute. La volonté de vivre est en soi un facteur déterminant de la santé. Et les rapports étroits qui existent entre les maladies organiques et les perturbations de l'esprit sont bien connus dans le monde médical. Dans l'étude des amulettes et des charmes, et dans les croyances des adeptes de l'aura, on soupçonne que l'optimisme et l'exubérance, plutôt que la couleur, sont les «bonnes fées» les plus à l'œuvre. Même au cours de notre siècle, des médecins et des scientifiques réputés ont accepté de témoigner devant un tribunal à l'effet que des «guérisons miraculeuses» ont eu lieu.

Car le corps humain a bel et bien une aura – qu'elle témoigne ou non de l'état de santé et qu'elle ait ou non un pouvoir de guérison. L'aura humaine peut être ressentie sous forme de chaleur et d'odeur et, dans certaines conditions, peut même être vue. Sir Oliver Lodge, qui croit fermement aux forces psychiques, écrit: «Tout me porte à croire que nous possédons un corps éthéré en plus du corps physique... il s'agit de l'entité organisée qui assure la structure de notre corps.»

GUÉRIR PAR L'AURA

Paracelse était convaincu que le corps possédait deux substances, l'une visible et l'autre invisible. Cette dernière, l'ombre éthérique, était à l'épreuve de la désintégration. Ses perturbations engendraient la maladie. Il cherchait donc à rétablir l'harmonie en mettant cette substance en contact avec des corps sains dont l'énergie vitale procurerait au malade les éléments dont il avait besoin pour surmonter la maladie.

Les occultistes qui cherchent à guérir par l'aura travaillent de trois façons: par la transmission de pensée, par la modification de l'aura du patient et en encourageant la production des bonnes émanations. Ils tentent donc, par concentration, de créer des vibrations dans l'esprit du patient; en se centrant sur certaines couleurs, ils espèrent raffermir leur propre aura qui pourra ainsi intervenir directement sur l'aura du patient; les vibrations correspondantes devraient alors surgir dans l'esprit du patient – ce qui amènera la guérison.

Cette sorte d'intervention est mentale et spirituelle plutôt que physique. Le guérisseur n'a recours à aucune lumière ni aucun objet coloré. Le processus est entièrement psychique et, comme la plupart des phénomènes psychiques, est difficile à défendre devant un esprit rationnel et sceptique.

Pour les affections du système nerveux, le guérisseur se concentre sur le violet et le lavande, qui ont un effet calmant, sur le vert verdure qui a un effet vivifiant et sur des jaunes et des oranges intermédiaires qui sont inspirants.

Pour les affections du sang et des organes du corps, les bleus foncés ont un effet calmant, les verts verdure sont vivifiants, et les rouges vifs sont stimulants. Le bleu est la couleur à invoquer en cas de fièvre, d'hypertension ou d'hystérie. Le rouge est la couleur de choix en cas de refroidissement ou d'hypothermie.

Panchadasi écrit: «Un patient nerveux et tendu doit être mentalement immergé dans un flot de couleur violette ou lavande; tandis qu'un patient fatigué et épuisé trouvera revigorant de se faire entourer de rouge vif, suivi de jaune très riche, le traitement se terminant par un flot constant de chaudes couleurs orange.»

Pour terminer, la vibration de choix est la Grande Lumière blanche. «Le patient en retirera un état d'esprit inspiré, exalté et illuminé, qui lui sera très bénéfique, et le guérisseur tirera de cette énergie cosmique un effet revigorant.»

Et pour le cas où un médecin sceptique mettrait en doute l'efficacité d'un tel traitement, un de ses ardents défenseurs fait la mise en garde suivante: «Les scientifiques athées et bornés qui pratiquent la vivisection, les dégoûtantes injections de lymphe et autres abominables iniquités dans le vain espoir de vaincre la maladie tout en la propageant devront tôt ou tard être amenés à prendre conscience de leur erreur.»

AUX LIMITES DE LA SCIENCE

Un certain nombre de chercheurs sérieux qui ont travaillé sur le phénomène de l'aura témoignent de visions moins spectaculaires et ont su éviter de se perdre dans les dédales de l'imagination. Tous reconnaissent que des couleurs simples sont visibles à l'œil nu, mais que pour voir un éventail complet de couleurs rivalisant en splendeur avec un coucher de soleil ou un arc-en-ciel, il faut être spirite ou tout au moins doué d'un talent exceptionnel.

Un ouvrage, *The Story of the Human Aura*, écrit par George Starr White, adopte un point de vue intermédiaire entre l'exaltation mystique et l'attitude nettement plus modeste du scientifique. White déclare qu'une atmosphère magnétique entoure les animaux et les plantes. Ces émanations varient et peuvent être modifiées. C'est en acceptant l'existence de cette atmosphère magnétique que l'on peut rendre compte des mystères de la transmission de pensée, et des prémonitions qui se produisent chez certaines personnes. White estime aussi que la santé et la maladie sont manifestes dans l'aura et que la couleur et l'apparence des rayons changent selon l'orientation du sujet par rapport aux quatre points cardinaux. «Quelle que soit la forme que prend la vie ou l'énergie vitale, et quel que soit le véhicule qui la transmet – qu'il soit animé ou inanimé –, l'atmosphère magnétique doit en être une caractéristique.»

Ce point de vue n'a pas été très bien accueilli par les médecins. White conclut que les émanations magnétiques de l'index de la main gauche et du pouce de la main droite sont positives, tandis que celles de l'index de la main droite et du pouce de la main gauche sont négatives. Il décrit un cabinet aural qui permet d'étudier le phénomène. Selon lui, la couleur de l'aura moyenne est gris-bleu.

LES TRAVAUX DE KILNER

On trouve cependant une attitude encore plus contenue chez Walter J. Kilner, dans son livre *The Human Atmosphere*. Kilner s'est résolument détourné de tous les aspects mystiques de l'aura et s'est livré à une étude rigoureuse digne d'un technicien de laboratoire particulièrement zélé. Ses conclusions: le corps humain est entouré d'une enveloppe visible formée de trois parties distinctes. Il y a d'abord, collée à la peau, une bande étroite et sombre d'une largeur d'environ 1 centimètre. Puis, une deuxième aura se trouve projetée au-delà de cette bande étroite sur une largeur de 5 à 10 centimètres. Cette aura est la plus claire. Au-delà se trouve une troisième aura d'un aspect brumeux et sans délimitation précise à sa bordure externe. Cette troisième aura a une largeur d'environ 15 centimètres.

En général, les rayons sont émis à angle droit par rapport au corps. Ils ont une apparence électrique et un caractère fugitif et changeant. Des rayons plus longs sont projetés par les doigts, les coudes, les genoux, les hanches et les seins. L'aura d'une personne en santé est gris-bleu, selon Kilner, avec des traces de jaune et de rouge. En cas de maladie, la couleur est plus grise et plus terne. Kilner, cependant, préférait fonder ses diagnostics sur la forme de l'aura plutôt que sur ses qualités chromatiques.

LES TRAVAUX DE BAGNALL

Les travaux de Kilner ont été prolongés par Oscar Bagnall. Dans *The Origin and Properties of the Human Aura*, Bagnall avance un certain nombre de théories très intéressantes et explique aussi en détail une méthode permettant de rendre l'aura visible. Certains, dit-il, parviennent à observer l'aura simplement en regardant une personne dans une pièce faiblement éclairée. Bagnall, cependant, suivant en cela l'exemple de Kilner, utilise plutôt un écran spécial.

Il divise l'aura en deux parties: une partie interne et une partie externe. L'aura interne, d'une largeur de 8 centimètres environ, est particulièrement brillante et se caractérise par des rayons émis en ligne droite. Cette aura serait à peu près la même chez tous. Il s'y ajoute aussi parfois des émanations supplémentaires de rayons venant de diverses parties du corps, ces rayons n'étant pas nécessairement émis en parallèle avec les autres.

L'aura extérieure, selon Bagnall, est plus vaporeuse, s'élargit avec l'âge, et est généralement de plus grande dimension chez les femmes que chez les hommes. Sa largeur moyenne est d'environ 10 centimètres. La couleur y est plus apparente – dans des tons de bleu ou de gris. Plus l'aura tend vers le bleu, plus l'intellect de la personne est finement développé. Plus l'aura tend vers le gris, moins l'intellect est développé. L'aura d'un Noir est brunâtre et de texture grossière. L'aura d'un nouveau-né tire légèrement sur le vert. Une aura d'un bleu clair est en général signe d'intelligence. Au terme d'une recherche, Bagnall en est venu à la conclusion que cette coloration bleutée est innée et que sa transmission obéit aux lois de l'hérédité. L'aura externe peut se transformer radicalement selon l'humeur ou l'état de santé. Bagnall affirme que les morts n'ont pas d'aura.

Pour se sensibiliser l'œil à la perception de l'aura, il faut d'abord regarder le ciel à travers un filtre bleu. L'observateur s'assoit ensuite en tournant le dos à la fenêtre. La pièce ne doit être que faiblement éclairée. Le patient, dévêtu, se tient devant un écran neutre.

Pour Bagnall, la lumière de l'aura est un rayonnement ultra-violet dont la longueur d'onde se situe au-delà de celle de la lumière visible (autour de 310 à 400 millimicrons). Et comme les rayons bleus et violets sont mieux perçus par les bâtonnets de l'œil que par les cônes, le filtre bleu tend à éliminer les rayons rouges et orange et à accentuer le violet. Pour sensibiliser l'œil, on peut aussi poser d'abord son regard sur du papier jaune, ce qui fatigue les nerfs rétiniens sensibles au rouge et au vert et provoque une réaction plus forte au bleu.

Bagnall, dans une théorie plutôt séduisante, prête aux oiseaux et aux animaux nocturnes la capacité de percevoir le rayonnement ultraviolet. La vision scotopique, si répandue chez les animaux, expliquerait leur capacité de percevoir des émanations invisibles pour l'œil humain. Mais il s'agit là surtout de conjectures qui ne s'accordent pas très bien avec les résultats de recherche dont nous rendrons compte plus loin. On constatera en effet que bien des oiseaux sont particulièrement sensibles à la région *rouge* du spectre.

Mais pour en revenir à l'homme, il semble que la maladie se répercute sur l'aura interne. Les rayons perdent leur brillance et semblent ternes ou limpides. Les troubles de l'intellect, les maladies nerveuses, la puberté et les menstruations semblent se manifester dans l'aura externe. Bagnall dit que l'aura d'une personne forte semble pénétrer l'aura d'une personne plus faible. Si une forme d'intervention thérapeutique peut ainsi devenir possible, il ne s'aventure pas dans des déclarations trop audacieuses.

En cas de maladie, on voit apparaître des taches sombres. Mais c'est la forme générale de l'aura qui est la plus révélatrice. Une aura qui s'atténue soudain dans le secteur des cuisses peut être indicatrice d'un trouble nerveux. Une aura qui s'écarte du corps dans la région de la colonne vertébrale est une indication d'hystérie.

Les névrosés ont en général une aura extérieure faible et une aura intérieure terne.

Les maladies physiques se répercutent sur la luminosité de l'aura. Les maladies nerveuses se répercutent davantage sur la couleur.

Bagnall peut diagnostiquer une grossesse de la façon suivante: l'aura devient plus large et plus profonde dans la région des seins. On constate aussi un élargissement dans la région immédiatement inférieure au nombril. La coloration bleue diminue légèrement, phénomène qui se modifiera à mesure que la grossesse progressera.

Bagnall estime qu'une étude clinique des phénomènes d'aura pourrait être bénéfique à la médecine et à la chirurgie – opinion qui semble avoir été prise au sérieux. Il ne fait aucun doute que le corps des êtres humains est entouré d'une aura. La chaleur est en soi une émanation. Et il semble que ces émanations aient une signification profonde.

Chapitre 5

LA CHROMOPATHIE

L'AVÈNEMENT de la chirurgie moderne ainsi que la découverte des antiseptiques et des microbes ont mis en veilleuse pendant quelques générations l'intérêt pour la thérapie par les couleurs. Puis, vers la fin du XIXᵉ siècle, un renouveau d'intérêt s'est produit. Grâce aux efforts de S. Pancoast, et surtout de Edwin D. Babbitt, le monde s'est de nouveau tourné vers l'univers éthéré de la couleur dans l'espoir d'y trouver la panacée. La mystérieuse fascination qu'inspiraient aux générations précédentes l'alchimie, la pierre philosophale et l'élixir de vie s'est tout à coup emparée du monde moderne. De nouvelles thérapies par la couleur ont fait leur apparition un peu partout. La médecine était lourde et maladroite, et ses traitements trop compliqués et laborieux pour satisfaire l'esprit crédule et le cœur superstitieux. La couleur, en revanche, était non seulement romantique, mais possédait une unité et une harmonie divines qui laissaient présager des pouvoirs exceptionnels, hors de la portée de médecins qui, si consciencieux qu'ils fussent, manquaient nettement d'inspiration.

L'ŒUVRE DE PANCOAST

En 1877, S. Pancoast publie un ouvrage intitulé *Blue and Red Light*. Il se détourne radicalement des enseignements rationnels de la médecine pour rendre hommage à la sagesse des anciens philosophes et à la science cabalistique. Après avoir commenté avec passion les secrets du mysticisme, il déclare: «Notre lecteur aura, nous l'espérons, appris à respecter comme nous la sagesse des Anciens que les savants modernes, dans leur outrecuidance et leur prétentieuse vanité, sont prompts à ridiculiser.»

Pancoast croyait que: «Le blanc est la couleur de la quintessence de la lumière; à son pôle négatif, le blanc est condensé dans le bleu et fixé dans le noir; à son pôle positif, le blanc est condensé dans le jaune et fixé dans le rouge. Le bleu invite au repos, ou au sommeil. Le noir représente le repos absolu, le sommeil de la mort; le jaune représente l'activité, le rouge le mouvement absolu, la motilité de la vie; et le blanc marque l'équilibre du mouvement, la saine activité.» Et encore: «Dans le déploiement de la vie, le mouvement de progression se fait du noir au rouge – le rouge marque le zénith de la vie humaine; dans le déclin de la vie, le mouvement se fait du rouge au noir; tant dans le mouvement ascendant que le mouvement descendant, une zone de blanc est traversée: la période saine et souple de la première maturité et l'étape intermédiaire de la vieillesse.»

Malgré un style éloquent et des prétentions extraordinaires, Pancoast travaillait de façon fort simple. La lumière du soleil traversait des panneaux de verre rouge ou bleu – ses deux principaux agents thérapeutiques. «Pour *accélérer* le système nerveux, dans tous les cas de relaxation, il faut utiliser le rayon *rouge* et pour *détendre* le système nerveux, dans tous les cas de tension excessive, il faut utiliser le rayon *bleu*.» À son dire, fort peu modeste, il aurait réussi un très grand nombre de guérisons miraculeuses et il relate un nombre impressionnant d'études de cas pour le moins étonnantes.

L'ŒUVRE DE BABBITT

Edwin D. Babbitt est un curieux mélange de savant, de mystique, de médecin, d'artiste et d'essayiste. Son point de vue est beaucoup plus panoramique que celui de Pancoast. Son intérêt pour la vie et le monde est proprement cosmique, ce qui fait de lui (du moins à ses propres yeux) un initié des plus grands mystères de la philosophie ancienne de même que des complexités de la science moderne. Son ouvrage célèbre intitulé *The Principles of Light and Color*, dont une première édition est parue en 1878 et une seconde en 1896, lui a valu une réputation internationale. Ses théories ont été traduites dans plusieurs langues et sont à l'origine d'un véritable culte encore très vivant aujourd'hui. C'est à lui que nous devons l'introduction, dans les grandes maisons victoriennes, de vitraux ornés de verre rouge, jaune et bleu. Il osait soigner les maladies les plus rebelles. Et pendant de nombreuses années, une foule, anxieuse mais souvent inconstante, a reconnu en lui un extraordinaire faiseur de miracles.

Disons d'abord que Babbitt débordait d'enthousiasme et savait manier l'hyperbole. Il écrit: «La lumière révèle les grandeurs du monde externe et en est elle-même la plus glorieuse manifestation. Elle donne la beauté, révèle la beauté et est en soi la plus grande et la plus belle des choses. Elle est la grande révélatrice, la dénonciatrice de tous les mensonges, car elle montre les choses telles qu'elles sont. Ses flots infinis sont la mesure même de l'univers et pénètrent dans nos télescopes en provenance d'étoiles situées à des distances inimaginables de notre planète. Elle atteint cependant des objets infiniment petits et révèle grâce au microscope des objets 50 millions de fois plus petits que ce que voit l'œil nu. Comme toutes les autres grandes forces de la nature, son mouvement est à la fois doux, pénétrant et puissant. Sans son influence vivifiante, la vie végétale, animale et humaine périrait, et notre planète irait à sa ruine. Nous avons donc tout intérêt à tenir compte du très beau principe de la lumière et des couleurs qui en découlent, car plus nous en pénétrons les lois intimes, plus nous en découvrons le pouvoir absolument merveilleux de revitaliser, de guérir, de raffiner et de réjouir l'humanité.»

Dans la lumière et la couleur, Babbitt voyait l'unité. Il a formulé une loi générale de l'harmonie. Il affirmait que «l'unité se trouve dans absolument tout mouvement de croissance naturelle non contrarié». Le contraste, pour lui, était masculin; la progression graduée était de nature féminine. L'union des deux représentait la perfection.

L'atome était au fondement de l'univers; la couleur en était le produit miraculeux. L'or était jaune, par exemple, «parce qu'il possède une spirale de nature à *repousser* ou à *réfléchir* l'éther qui engendre le jaune, tandis que ses autres spirales reçoivent en leur sein les éthers d'autres couleurs, ce qui a pour effet de les cacher». Comme bien d'autres occultistes, il recourait à l'effusion et aux effets de rhétorique.

LE POUVOIR THÉRAPEUTIQUE DES COULEURS PRIMAIRES

Babbitt retenait trois couleurs primaires. Pour lui, le rouge était le principe même de la chaleur, le spectre dominant de l'hydrogène, une couleur thermique, c'est-à-dire productrice de chaleur. Le jaune était le principe central de la luminosité. Le bleu, celui de l'électricité, le spectre dominant de l'oxygène. Dans un traitement par la couleur, il fallait trouver l'unité et l'affinité. C'est ainsi que chaque couleur avait son complément – rouge avec bleu, rouge-orange avec indigo-bleu, orange avec indigo, jaune-orange avec violet-indigo, jaune avec violet, jaune-vert avec violet foncé. «Les substances dans lesquelles les couleurs thermiques sont prédominantes doivent être mises en affinité avec celles qui sont dominées par les couleurs électriques.»

Pour résumer sa doctrine, il décrit une étrange «série de graduations dans les pouvoirs propres à chaque couleur, le centre de l'action électrique, qui calme les nerfs, étant le violet; le sommet de l'action électrique, qui calme le système vasculaire, étant le bleu; le centre de la luminosité étant le jaune; et le centre du thermisme, ou de la chaleur, étant le rouge. Il ne s'agit pas là d'une répartition imaginaire de qualités, mais d'une division réelle: la couleur rouge feu possède en elle-même le principe de la chaleur; le bleu et le violet possèdent en eux-mêmes le principe du froid et de l'électricité. C'est ainsi qu'il existe divers styles d'action chromatique, et notamment des progressions de couleurs, de lumière et de tons, de finesse et de rugosité, de puissance électrique, de puissance lumineuse, de puissance thermique, etc.»

La technique de Pancoast, qui consistait tout bonnement à faire passer la lumière du soleil à travers un panneau de verre lumineux, semblait bien insuffisante aux yeux du formidable Babbitt.

Pour sa part, il a mis au point et distribué un cabinet spécial appelé le «Thermolume» qui faisait usage de la lumière naturelle du soleil. Puis, pour être moins soumis aux aléas de la nature, il a inventé un autre cabinet qui, cette fois, obtenait sa lumière d'un arc électrique. Il utilisait aussi un «disque chromo», un objet en forme d'entonnoir qui focalisait la lumière et auquel on pouvait fixer des filtres de couleur. On pouvait, par exemple, focaliser une lumière bleue sur une inflammation, une blessure ou une hémorragie. Ou focaliser une lumière jaune sur le cerveau, le foie, l'abdomen.

LES THÉORIES DE BABBITT

Prenons maintenant les couleurs de Babbitt dans l'ordre et voyons quels en sont les pouvoirs de même que les maladies qu'elles sont censées pouvoir guérir. Le rouge stimule et accroît «l'action du principe rouge chaud du système humain, comme par exemple, le *sang artériel*, et agit aussi comme élément harmonisateur du principe bleu froid, qui cause la couleur bleue des veines, la pâleur du teint, etc.». Le rouge est prescrit dans les cas de paralysie, de consomption au stade trois, d'épuisement physique et de rhumatisme chronique. En fait, le rouge peut guérir presque tout.

Babbitt, comme Avicenne, voyait un rapport entre la couleur et l'efficacité du remède. «La lumière rouge, comme les drogues rouges, est l'élément réchauffant du soleil qui exerce un effet stimulant sur le sang et, dans une certaine mesure, sur les nerfs, surtout lorsqu'elle est tamisée par certaines qualités de verre rouge qui laissent passer non seulement les rayons rouges mais aussi les rayons jaunes, ce qui la rend utile dans les cas de paralysie ou d'autres états dormants et chroniques.»

Le jaune et l'orange stimulent les nerfs. «Le jaune est le principe central du stimulus nerveux de même que du principe excitant du cerveau qui est au fondement du système nerveux.» Le jaune est un laxatif, un émétique et un purgatif. Babbitt s'en servait dans les cas de constipation, de troubles bronchiques et d'hémorroïdes. Le jaune avec beaucoup de rouge ajouté a un pouvoir diurétique. Avec un peu de rouge, il devient un stimulant cérébral. Environ moitié-moitié, c'est un tonique utile à l'ensemble du corps.

Le bleu et le violet avaient «des pouvoirs froids, électriques et contractants». Ces couleurs ont un effet calmant sur tous les systèmes frappés par des états d'inflammation ou des états nerveux: sciatique, hémorragie des poumons, méningite cérébro-spinale, céphalée névralgique, nervosité, insolation, irritabilité nerveuse.

Le bleu et le blanc sont particulièrement efficaces en cas de sciatique, de rhumatisme, de prostration nerveuse, de calvitie et de commotion cérébrale.

Pour résumer le tout dans un style grandiloquent: «Les substances se conjuguent en une union harmonique avec les substances dont la couleur possède une affinité chimique avec leur couleur propre, ce qui préserve la loi de l'équilibre, garantie de sécurité en toutes choses. Cette loi ayant fait l'objet de nombreux exposés exhaustifs, il est évident au-delà de tout doute que si le sang artériel rouge devient hyperactif et enflammé, la lumière bleue ou une autre substance bleue doit devenir le principe harmonisateur et équilibrant, tandis que si le principe jaune, et dans une certaine mesure, le principe rouge et orange des nerfs entrent dans un état de trop forte excitation, le violet de même que le bleu et l'indigo deviendront les principes apaisants auxquels il faut avoir recours. Voilà qui s'applique aux nerfs du crâne, de l'estomac, des viscères et des reins de même qu'aux autres endroits où la chaleur et l'action expansive de ces principes thermiques risquent de provoquer un état de délire, des vomissements, de la diarrhée, de la diurèse, etc. qui ne pourront être soulagés que par l'effet contractant et rafraîchissant des substances possédant des couleurs électriques. Peut-on montrer que cette loi, énoncée de façon aussi claire et simple qu'un théorème mathématique, trouve son fondement pratique dans l'expérience très ancienne du monde médical?»

LES DROGUES SOLAIRES

L'esprit de Babbitt est peut-être un peu trop exubérant. On commence à douter un peu de lui lorsqu'il consacre des pages et des pages à ses élixirs: cérule, rubis, ambre, pourpre, verd, viole. Non seulement les rayons colorés du soleil sont bénéfiques lorsqu'ils se déversent sur le corps humain, mais il est aussi possible d'emprisonner cette magie dans une bouteille d'eau! Babbitt avait mis au point des «lentilles chromo» réservées à cette fin. Il s'agissait d'une bouteille de verre d'une contenance de 1,25 litre que l'on suspendait devant une source lumineuse. Il écrit: «Au cours de milliers d'expériences réalisées par moi-même et mes élèves à l'aide de bouteilles et de lentilles chromo de couleurs diverses, il a pu être établi qu'un nouvel agent guérisseur d'un pouvoir remarquable avait été donné au monde.» Voici une de ses études de cas: «Après avoir souffert de constipation pendant quelques jours, j'ai placé une petite fiole d'eau de couleur ambrée près d'une lampe à pétrole pendant sept minutes avant d'aller dormir, puis j'en ai bu le contenu. Le matin, j'ai eu deux éliminations très douces et sans douleur, et pendant plusieurs semaines la constipation n'est pas revenue. Voilà qui montre le caractère durable des guérisons obtenues à l'aide des éléments les plus fins.»

Selon Babbitt, ces contenants d'eau retenaient les éléments vitaux de la lumière. Avec une bouteille rouge, on pouvait retenir captifs le fer, le zinc, le baryum et ainsi de suite. Avec une bouteille de couleur bleue, on captait le soufre, le cuivre, le nickel, le cobalt, le cadmium, le manganèse. Ces métaux et éléments étaient d'une nature supérieure. «Les rayons du soleil ne sont jamais poison, mais sous forme médicamenteuse, ils peuvent le devenir.»

LES DISCIPLES DE BABBITT

Les travaux de Pancoast et de Babbitt ont été poursuivis par un certain nombre de leurs disciples, au cours de ce siècle (et âprement contestés par des organismes comme l'American Medical Association). La science médicale considère encore l'arc-en-ciel avec scepticisme et ne reconnaît de pouvoir à la «lumière» qu'aux extrémités du spectre électromagnétique, là où elle cesse d'être visible pour l'œil humain: l'infrarouge, l'ultraviolet, les rayons X, le radium. Cette énergie a des effets évidents sur le corps humain. Elle peut faire monter la température, pénétrer les tissus, dorer la peau, détruire des bactéries et faire disparaître des tumeurs malignes. Mais les couleurs comme le rouge, le jaune et le bleu n'ont pas une action aussi manifeste. Il n'en reste pas moins que la lumière visible a des effets physiologiques précis sur le corps humain, que nous décrirons plus loin.

Le «chromopathe» ne se laisse pas pour autant décourager. Il accepte souvent la persécution dans l'état d'extase propre au martyr. Il considère la couleur comme ayant un pouvoir curatif parce que sa conception de la maladie fait intervenir autant le déséquilibre corporel que la présence des microbes. J. Dodson Hessey, qui jouit d'une bonne réputation dans son pays d'origine, l'Angleterre, écrit: «La grande importance de la couleur tient au fait qu'elle peut influencer les différents aspects de l'homme – physique, émotionnel, mental et spirituel – et contribuer ainsi à l'harmonie qui représente en soi la santé.»

Hessey raisonne de la façon suivante: le corps humain se compose de cellules. À la base de la vie se trouve l'atome. Au cœur même de l'atome se trouvent des particules en état de vibration: des électrons à charge négative gravitent autour de protons à charge positive. Or la thérapie par la couleur postule l'existence d'un ordre rythmique de vibrations, le niveau le plus bas étant celui des vibrations physiques, suivi du niveau émotionnel puis du niveau spirituel. La santé est un état d'harmonie et la maladie un état de déséquilibre. La maladie peut survenir tant dans la sphère physique que dans la sphère émotionnelle ou spirituelle. «Est-il trop visionnaire d'imaginer un jour où les maladies seront classées d'après leur longueur d'onde et où les remèdes pourront être prescrits avec une exactitude toute mathématique?»

LES THÉORIES DE HESSEY

Hessey croit à l'efficacité de trois couleurs principales, le bleu, le vert et l'orange, et de cinq couleurs secondaires: le jaune, le rose, l'améthyste, le rouge et le violet. La partie rouge du spectre a un effet inflammatoire; tandis que l'extrémité bleue a un effet rafraîchissant. Hessey travaille avec un équipement semblable à celui de Babbitt et s'appuie, pour guérir, sur des «bains» de couleur et la collaboration mentale du patient. Pendant l'exposition à la lumière, le patient reste passif et la couleur est «forcée» en lui.

Le bleu, selon Hessey, contracte les artères et hausse la tension artérielle. C'est un tonique sanguin, un antiseptique qui a des effets bénéfiques sur les maladies de peau, les rhumatismes et les inflammations de toutes sortes.

Le vert réduit la tension artérielle. Il a des effets sur le système nerveux et peut être utilisé comme sédatif et hypnotique. Il est utile dans les cas d'irritabilité nerveuse, d'épuisement, de névralgie, de céphalée, d'anxiété, d'anxiété névrotique et de traumatisme de guerre.

L'orange, troisième couleur principale, est considéré comme un stimulant et ne contribue que peu à hausser la tension artérielle. Il a cependant des effets stimulants sur les émotions.

Le jaune est un stimulant de l'esprit. Selon Hessey, son effet principal est euphorisant, mais il peut entraîner chez le patient un état de somnolence. On y aura recours dans les cas de déficience mentale et de tuberculose.

Le rouge est trop fort; il vaut mieux utiliser un rose plus doux et plus bénéfique dans les cas de mélancolie et de débilité générale.

L'améthyste (le mauve) conjugue l'effet stimulant du rouge et l'effet tonique du bleu.

Le violet agit plus particulièrement sur le cœur, les poumons et les vaisseaux sanguins.

Comme Babbitt et Avicenne, Hessey reconnaît des qualités thérapeutiques à certains médicaments, comme l'iode, à cause de leur *couleur*. Il mentionne les effets de la couleur sur les glandes du corps humain: l'activité des glandes sexuelles de l'homme serait accrue par le rouge, et celle des glandes sexuelles de la femme par le violet. Le bleu aurait d'excellents effets sur l'hypophyse postérieure. La thyroïde serait insensible à la plupart des couleurs sauf au jaune. Toutes les couleurs auraient un effet réducteur sur le pancréas. Il cite un chercheur qui aurait affirmé que la vue du rouge entraîne un effort respiratoire accru dans la partie supérieure de la poitrine, tandis que la vue du violet produit une respiration abdominale profonde. La plupart des autres couleurs ont un effet neutre à cet égard.

LA PRESCRIPTION DE COULEUR

C. G. Sander et d'autres ont étudié les maladies humaines et ont prescrit des couleurs pour les guérir. La plupart de ces hommes se tiennent, cependant, du mauvais côté de la ligne de démarcation tracée par la profession médicale. Les gens nerveux et colériques auraient surtout besoin de vert ou de bleu. Les gens lymphatiques et mélancoliques ont plutôt besoin de rouge, d'orange ou de jaune. Les gens qui souffrent de consomption et d'anémie ont besoin de rouge. Les constitutions sanguines ont besoin de bleu ou de vert. Ceux qui ont le teint, les yeux et les cheveux foncés ont souvent des problèmes de circulation et ont besoin de rouge. Les personnes au teint clair souffrent souvent de léthargie et de pessimisme et ont besoin des effets bénéfiques du jaune.

Les maladies suivantes et leur prescription résument les opinions diagnostiques de la plupart des chromopathes d'aujourd'hui. Nous en présentons une liste pour satisfaire la curiosité des lecteurs qui voudraient savoir quels rituels ont cours lorsqu'on prescrit la couleur. Mais je m'empresse de faire ici la mise en garde qui se trouve le plus souvent en petits caractères sur les étiquettes des médicaments vendus sans ordonnance: «Utilisez à vos propres risques. Si la maladie persiste, consultez le médecin.»

Névrose

Névralgie: bleu sur les tempes, le visage, les oreilles, ou là où la douleur se manifeste.

Paralysie: bleu sur la tête. Jaune sur les membres paralysés et sur la colonne vertébrale. Rubis sur le plexus solaire.

Sciatique: bleu sur l'arrière des jambes ou là où la douleur se manifeste. La région lombaire de la colonne vertébrale peut être traitée par de brèves expositions au jaune suivi de bleu.

Hystérie: bleu sur la tête, sur le plexus solaire et l'abdomen.

Convulsions: bleu sur la tête et la colonne vertébrale.

Apoplexie: bleu sur le front.

Névrite: bleu localement et sur la colonne vertébrale.

Épilepsie: bleu sur la tête, la colonne vertébrale et le plexus solaire.

Cœur et circulation

Le rouge stimule et le bleu apaise.

Palpitations: brève irradiation de bleu sur le cœur, de rubis sur le plexus solaire.

Goître: rouge et jaune, sauf en cas d'inflammation; le bleu est alors conseillé.

Rhumatisme: les états inflammatoires exigent le bleu; autrement, on utilisera plutôt le jaune, le rouge et surtout le mauve. Le bleu soulage la douleur. Le jaune stimule les nerfs de la colonne vertébrale et les intestins.

Arthrite: brève exposition au rouge, exposition complète au bleu.

Organes respiratoires

Tuberculose: du jaune sur la poitrine, à l'occasion du rubis. Le cou peut être stimulé à l'aide de la couleur rubis. «La lumière violette détruit le bacille de la tuberculose.»

Asthme: brèves expositions au jaune et au bleu tantôt sur la gorge tantôt sur la poitrine.

Bronchite: le bleu soulage les états inflammatoires. Brèves expositions au jaune. Rubis sur le cou.

Pleurésie: exposition au bleu.

Catarrhe nasal: bleu et jaune dans l'ordre.

Diphtérie: bleu localement et sur le plexus solaire. Le cou peut être stimulé avec du jaune.

Croup: utilisation en alternance du jaune et du bleu.

Organes digestifs

Gastrite, nausée et indigestion: le bleu pour les états inflammatoires. Le rubis est bon pour l'estomac. Le vert a une action apaisante.

Foie paresseux: rubis ou jaune.

Diarrhée: du bleu sur l'abdomen.

Constipation: jaune sur le côlon et l'abdomen.

Troubles des reins: la néphrite doit être traitée avec du bleu.

Reins paresseux: le jaune et le rouge.

Inflammation de la vessie: du bleu alterné avec de brèves expositions au jaune.

Maladies de la peau

Eczéma: rubis ou violet et bleu – ou bleu seul.

Érysipèle: rubis et bleu en alternance.

Gale, teigne: violet et rubis en surimposition.

Blessures, brûlures: expositions répétées au bleu.

Fièvres

Fièvre typhoïde: bleu sur la tête et l'abdomen. Jaune sur les intestins en cas de constipation.

Varicelle, scarlatine, rougeole: rouge et jaune, en alternance avec du bleu pour faire tomber la fièvre.

Malaria: bleu pendant les états fébriles, jaune et violet pendant les frissons. Le bleu sur la tête seulement.

Fièvre jaune: bleu sur la tête et jaune sur les intestins pour soulager la constipation.

Les yeux et les oreilles

Traiter l'inflammation des yeux par le bleu. Le cou et le cervelet doivent être exposés au rubis.

Le nerf optique atrophié peut être stimulé par du rouge ou encore par du bleu et du rouge en surimposition.

Le jaune est utile dans les cas de surdité, le rouge stimule la circulation, le bleu sert à toutes les formes d'inflammation.

Cancer

Sander conseille d'utiliser le vert, en alternance avec le violet et le rubis. Le bleu soulage la douleur et l'anxiété.

C. E. Iredell prescrit le vert au début et à la fin du traitement. Il utilise le bleu royal après le vert, puis le jaune, puis le violet avant de revenir au vert. L'orange et le rouge sont rarement utilisés.

Autres affections

Pour les chromopathes, le bleu a des effets presque magiques sur les brûlures, les maux de tête et la fatigue.

L'indigo doit être employé en cas de vomissements et de mal de dent. Le magenta est prescrit dans les cas d'impuissance masculine et d'apathie féminine. Le violet est excellent en cas d'insomnie. Le rouge écarlate soulage la mélancolie. L'orange est un bon tonique en cas de calvitie et de colique. Le jaune est recommandé à ceux qui manquent de mémoire. Le jaune citron soulage les brûlures d'estomac.

PRÉLUDE À LA PENSÉE MODERNE

Voilà pour les aspects les plus audacieux et les plus ésotériques de la thérapie par la couleur. Nous avons vu jusqu'à présent quelques aspects du mysticisme, les grandes lois cosmiques de l'occultisme, les traditions établies par les fondateurs de la médecine, les superstitions qui entourent les amulettes, les charmes, l'aura humaine, de même que les théories des plus grands chromopathes.

Que tant de conjectures entourent la thérapie par la couleur est un peu malheureux, car les médecins en ont été rebutés et se sont pour la plupart détournés totalement du pouvoir de la couleur. Les chercheurs sérieux ont en général refusé de traiter d'un phénomène qui avait été si glorifié par d'autres. C'est ainsi qu'une grande partie de la valeur thérapeutique de la couleur est passée inaperçue ou a sombré dans l'oubli.

Toute énergie électromagnétique – y compris la couleur visible – exerce ses effets sur l'organisme humain. Nous tenterons dans les prochains chapitres de traiter de la lumière, sous ses formes visibles et invisibles, non pas dans une perspective obscure et mystique, mais d'un point de vue plus sobre et plus objectif. Les données dont nous ferons état sont issues de travaux de recherche rigoureux qui peuvent être considérés acceptables, car ils ont été réalisés dans les règles de l'art par des personnes qui appartiennent au monde médical et scientifique.

Partie 2

LA DIMENSION BIOLOGIQUE

Chapitre 6

L'ÉNERGIE ÉLECTROMAGNÉTIQUE

Comme nous l'avons vu dans les premiers chapitres de ce livre, les Anciens avaient une façon un peu bizarre de concevoir la nature de la lumière et de la couleur. L'énoncé d'Aristote selon lequel «les couleurs simples sont les couleurs propres aux éléments: le feu, l'air, l'eau et la terre» a dominé la pensée humaine pendant de nombreux siècles. Bruno, en visite à Oxford en 1583, écrivait: «Les maîtres et bacheliers qui ne suivaient pas fidèlement Aristote étaient passibles d'une amende de cinq *shillings* pour chacun de leurs écarts.» Jusqu'au XVIIe siècle, l'Occident a continué de considérer la couleur comme l'avaient fait les Grecs de l'Antiquité.

BOYLE ET NEWTON

Les esprits se sont éclairés aux XVIIe et XVIIIe siècles. Descartes (1596-1650) parle de «plenum» et déclare que la lumière est essentiellement une pression transmise à travers une dense masse de particules invisibles. Les «diversités de couleur et de lumière» sont dues aux différentes façons qu'a la matière de se mouvoir.

Robert Boyle (1627-1691) écrit: «Je n'ai pas trouvé qu'en mélangeant du blanc et du noir véritable... on puisse en arriver à un bleu, un jaune ou un rouge, pour ne nommer que ces couleurs.»

Dès avant Newton, Boyle estimait que toutes les couleurs étaient contenues dans la lumière blanche. C'est Isaac Newton (1642-1727), cependant, qui est devenu le père de la physique moderne. Ses observations de 1666 sur la réfraction de la lumière à travers un prisme le conduisent à formuler une nouvelle doctrine: la lumière blanche n'est pas simple; elle est un amalgame de rayons que le prisme permet de séparer. Il retient sept couleurs – le rouge, l'orange, le jaune, le vert, le bleu, l'indigo et le violet – et les associe aux sept planètes et aux sept notes de la gamme diatonique.

APRÈS NEWTON

Comme il était atomiste, Newton croyait que la lumière était produite par des particules qui tournaient sur elles-mêmes et avançaient en ligne droite. Bien que cette hypothèse ait été contestée par Robert Hooke (1635-1703), qui défendait plutôt une théorie ondulatoire, la science est restée fidèle à Newton pendant un siècle et demi.

La nature physique de l'énergie électromagnétique, c'est-à-dire de la lumière, est savamment exposée dans un grand nombre de livres. Mais nous ne disposons pas encore d'une réponse satisfaisante capable de véritablement expliquer le phénomène. LeGrand H. Hardy écrit: «La théorie ondulatoire, la théorie électrique de la matière et la théorie atomique de l'énergie peuvent toutes être rendues parfaitement légitimes et défendables.»

Grâce à des savants comme Planck, Bohr et Einstein, cependant, les scientifiques d'aujourd'hui arrivent à s'entendre raisonnablement bien. L'énergie rayonnante se propagerait dans l'espace sous forme d'ondes électromagnétiques. La portion visible de cette énergie serait la lumière. Une substance excitée jusqu'à son point de luminosité émettrait certaines ondes, variant selon sa composition. Cette collection d'ondes est caractéristique de chaque substance et peut être analysée à l'aide d'un spectroscope. Mieux encore, les ondes qu'une substance émet lorsqu'elle est excitée sont identiques à celles qu'elle absorbe lorsqu'elle reçoit de l'énergie rayonnante.

L'énergie rayonnante, cependant, possède non seulement une structure ondulatoire mais aussi une structure corpusculaire. L'énergie rayonnante est donc une substance tangible. Elle a une masse et peut être «courbée», comme par exemple sous l'effet de la gravité.

LE SPECTRE ÉLECTROMAGNÉTIQUE

Le spectre complet de l'énergie électromagnétique, que nous allons décrire, comporte 60 à 70 «octaves». À une extrémité se trouvent les ondes radio, à très basse fréquence, puis en ordre croissant de fréquence se trouvent les rayons infrarouges, la lumière visible, l'ultraviolet – les longueurs d'onde devenant de plus en plus courtes – jusqu'à l'autre extrême du spectre où se trouvent les rayons X, les rayons gamma et les rayons cosmiques.

Toute cette énergie voyage à la même vitesse – soit autour de 310 000 kilomètres à la seconde – et varie en longueurs d'onde mesurées d'une crête à l'autre. Bien que les calculs à faire soient d'un ordre fabuleux, les mesures de la vitesse de la lumière, de sa fréquence et de sa longueur d'onde sont extrêmement précises et reconnues partout dans le monde scientifique.

Voyons brièvement en quoi consistent les diverses formes d'énergie électromagnétique et jetons un coup d'œil à quelques-unes de leurs applications médicales.

Ondes radio

Les ondes électromagnétiques les plus longues servent aux communications «sans fil»: communications transocéaniques, liaisons navire-terre, opérations de reconnaissance, etc. Ces ondes peuvent mesurer plusieurs milliers de mètres d'une crête à l'autre.

Sous forme de chaleur produite par induction, les longues ondes radio servent dans l'industrie à chauffer les métaux en quelques instants afin de les durcir.

Viennent ensuite les ondes de radiodiffusion commerciale. Parce qu'elles sont «retransmises» par l'ionosphère, elles peuvent se déplacer et faire tout le tour de la terre.

Il y a ensuite ce qu'on appelle les «ondes courtes» dont on se sert pour la transmission à grande distance, la radio amateur, et dont certaines fréquences sont réservées aux communications de la police, des gouvernements ou des navires.

Voilà aussi les ondes qui servent à la diathermie. En fixant des électrodes à certaines parties du corps, on peut produire une chaleur qui sert à soulager les douleurs rhumatismales, arthritiques ou névralgiques.

Viennent ensuite les ondes MF, et les ondes qui servent à la télévision ou au radar et dont la longueur d'onde est plus courte, allant de quelques mètres à une fraction de mètre. Cette énergie, cependant, traverse l'ionosphère et n'est plus retransmise. Ces ondes parcourent un chemin en ligne droite, ont besoin de points de retransmission et peuvent être orientées dans des directions précises.

Rayons infrarouges

Dans la zone suivante du spectre, les longues ondes de la région infrarouge (invisible) ont le pouvoir de pénétrer l'atmosphère et de parcourir de longues distances. Des plaques photographiques sensibles aux rayons infrarouges servent à prendre des photos là où l'œil humain a du mal à voir.

Avec une longueur d'onde un peu plus courte encore, vient ensuite la chaleur rayonnante. Il s'agit de l'énergie utilisée pour le chauffage et le séchage, celle qui est émise par les radiateurs à vapeur, les chaufferettes électriques et les lampes à infrarouge.

Lumière visible

Le spectre de la lumière du soleil va des ondes relativement longues de la lumière infrarouge aux ondes plus courtes de la lumière ultraviolette, en passant par toute la gamme de la lumière visible (le rouge, l'orange, le jaune, le vert, le bleu et le violet). Cette énergie, qui forme le sujet principal de ce livre, est celle sur laquelle nous nous concentrerons dans les prochains chapitres. Les ondes de la lumière visible mesurent 1/33 000e de pouce à l'extrémité rouge du spectre visible et environ 1/67 000e de pouce à l'extrémité violette.

Rayons ultraviolets

Les ondes ultraviolettes les plus longues sont celles qui produisent la fluorescence dans un grand nombre de substances.

Puis viennent les rayons érythémogènes. Voilà l'énergie qui produit le bronzage et qui sert à la production synthétique de la vitamine D.

Les rayons ultraviolets à longueur d'ondes encore plus courte ont des propriétés bactéricides. On s'en sert pour détruire certains microorganismes ou pour la stérilisation de certains matériaux, de l'eau ou de l'air.

Rayons X

Viennent ensuite, dans le spectre électromagnétique, les rayons limites, ou rayons X très mous qui servent à soigner diverses affections de la peau. Cette énergie n'a pas beaucoup de pouvoir de pénétration.

Des rayons X à plus haut voltage et à plus haute fréquence servent à des fins diagnostiques et au traitement de certaines formes de cancer.

Les rayons X durs, qui viennent ensuite, servent au traitement médical de certaines affections profondément enracinées. Mais ils servent aussi à faire des clichés qui permettent de détecter les défectuosités dans la composition du métal.

À haut voltage, la longueur d'onde des rayons X peut se fixer à 1/2 500 000e de pouce.

Rayons gamma et rayons cosmiques

Arrivent ensuite les rayons du radium, découverts par Pierre et Marie Curie, et qui ont eu des applications thérapeutiques au début du XXe siècle. On s'en sert pour soigner diverses formes de cancer.

Proche de la limite extrême du spectre où sont les ondes les plus courtes, se trouvent les émanations de la fission nucléaire associée à la bombe atomique et au bombardement du noyau atomique. Cette énergie fait aujourd'hui son entrée dans le domaine médical.

Enfin, les rayons cosmiques sont ceux qui présentent la plus haute fréquence. Toujours considérés mystérieux, ils sont peut-être produits au-delà de l'atmosphère de la terre et répandent leurs ondes partout dans l'univers.

LES EFFETS DE LA LUMIÈRE INVISIBLE

Les laboratoires médicaux sont très bien équipés en appareils capables de produire de l'énergie électromagnétique *de fréquence plus haute ou plus basse que celle de la lumière visible*. On y trouve cependant rarement des rayons de couleur comme le rouge, le jaune ou le bleu. Pourtant, la lumière visible, comme nous le verrons dans les prochains chapitres, est essentielle à la croissance et au développement des plantes et des animaux. Friedrich Ellinger écrit: «La connaissance du pouvoir curatif de la lumière visible est inversement proportionnelle à l'importance universelle de la lumière visible en biologie.» Il semble donc que l'étude de la couleur n'ait pas été faite de façon bien cohérente et que sa valeur pour la vie humaine n'ait pas été correctement évaluée par le savoir médical.

Des ondes à fréquence plus basse que celle de la lumière visible (l'infrarouge), il y a peu à dire. Cette énergie produit manifestement de la chaleur dans le corps humain – comme le font aussi les ondes radio utilisées en diathermie. Harold F. Blum, dans son ouvrage remarquable intitulé *Photodynamic Action and Diseases Caused by Light*, déclare: «On ne peut accorder à cette partie du spectre [infrarouge] une très grande activité biologique.»

Cependant, l'effet de chaleur des rayons invisibles qui se trouvent dans la partie rouge du spectre est bien connu de quiconque a déjà utilisé une bouillotte.

On croit aussi que les rayons infrarouges réduisent l'action bactéricide des rayons ultraviolets. Ils semblent aussi détruire l'effet antirachitique de la vitamine D. Et si ces rayons de chaleur sont en général bénéfiques, ils représentent un danger réel pour l'œil humain. Tandis que les ondes ultraviolettes sont fortement absorbées par l'œil, les ondes infrarouges ne le sont pas. Elles pourraient même être à l'origine des cataractes. Ellinger écrit: «En s'appuyant sur des expériences faites sur les animaux, A. Vogt postule que les cataractes des travailleurs exposés au feu (soudeurs, souffleurs de verre, etc.) sont dues à l'effet des rayons infrarouges.»

HÉLIOTHÉRAPIE

L'énergie la plus fréquemment utilisée en médecine est celle des rayons à plus haute fréquence que la lumière visible: l'ultraviolet, les rayons X (ou rayons Roentgen) et les rayons gamma du radium. C'est au xxe siècle seulement, cependant, que la science a construit des appareils permettant d'utiliser ces rayons de façon thérapeutique.

En revanche, l'héliothérapie est vieille comme le monde. Dans son excellent ouvrage intitulé *The Biologic Fundamentals of Radiation Therapy*, Friedrich Ellinger écrit: «La connaissance de l'action thérapeutique de la lumière est une des acquisitions intellectuelles les plus anciennes de l'humanité. Les premières expériences ont été faites avec la source de lumière la plus naturelle qui soit: le soleil. Les bains de soleil étaient déjà pratiqués il y a très longtemps par les Assyriens, les Babyloniens et les Égyptiens. Un véritable culte des bains de soleil et d'air existait dans la Grèce et la Rome antiques. Les anciens Germains tenaient en grande estime le pouvoir curatif de la lumière du soleil et adoraient le soleil levant comme une divinité. Les Incas d'Amérique du Sud vouaient aussi un culte au soleil.»

Les adorateurs du soleil, comme les alchimistes et les occultistes, ont cependant perdu beaucoup de prestige après la fin du Moyen Âge. Il y eut bien quelques adeptes ici et là, mais il fallut attendre le xixe siècle pour que l'héliothérapie retrouve enfin ses lettres de noblesse.

NIELS R. FINSEN

Un des pionniers de la recherche dans le domaine de la lumière est Niels R. Finsen, du Danemark. Il s'est d'abord intéressé à la couleur et a proposé de traiter la variole au moyen de lumière rouge visible pour prévenir les cicatrices permanentes. Plus tard (1896), il a publié des textes sur les propriétés actiniques de la lumière du soleil et a fondé l'Institut de la lumière pour le traitement de la tuberculose. Il a reçu le prix Nobel en 1903 et a fait état de guérisons étonnantes obtenues chez les quelque 2000 patients qu'il traitait en combinant la lumière du soleil et la lumière artificielle à forte teneur en rayons ultraviolets.

Signalons aussi les travaux des Anglais Downs et Blunt qui, en 1877, ont découvert l'action bactéricide du rayonnement ultraviolet. Il a ainsi été prouvé que les coups de soleil n'étaient pas dus à la seule chaleur et qu'il existait pour la science un médium thérapeutique puissant dans les ondes à plus hautes fréquences que la lumière visible.

PHOTOSENSIBILITÉ

Le scientifique associe la photosensibilité à l'héliothérapie et place les deux dans le contexte de l'énergie solaire qui va de l'infrarouge à l'ultraviolet en passant par la lumière visible. En revanche, la radiosensibilité est un terme associé à la radiothérapie et se rapporte aux rayons à plus hautes fréquences que sont les rayons X et les rayons gamma, émis par le radium.

Parlons d'abord de photosensibilité. Le corps humain est particulièrement sensible aux rayons ultraviolets. Les blonds y sont plus sensibles que les bruns. Les nouveau-nés, cependant, n'y sont pas très sensibles. Selon Ellinger, les facteurs dominants sont la couleur des cheveux, l'âge, le sexe et la saison. Chez les filles, la photosensibilité augmente pendant l'adolescence. «Les facteurs endocriniens jouent un rôle important et sont probablement liés à la fonction sexuelle», car après la ménopause, la photosensibilité tend à diminuer.

Signalons deux observations intéressantes en ce qui concerne les rapports entre la lumière du soleil et la vie humaine. En Inde, le rachitisme est une maladie assez répandue chez les hindous de haute caste, sans doute parce que le système religieux exige que les mères et les enfants vivent complètement enfermés à l'intérieur des maisons. Le corps étant privé de la lumière du soleil, il souffre donc d'une carence en vitamine D. Chez les femmes inuites, il arrive que les règles s'interrompent durant la longue nuit arctique, et que la libido des hommes entre aussi en dormance pendant cette période. On voit qu'ici, par manque de lumière solaire, la nature induit chez l'homme une sorte d'hibernation.

EFFETS DE LA LUMIÈRE ULTRAVIOLETTE

Les rayons ultraviolets sont essentiels à l'équilibre humain. Ils préviennent le rachitisme, aident la peau à rester saine, contribuent à la production de vitamine D, détruisent les microbes et sont responsables d'un certain nombre de transformations chimiques nécessaires au bien-être du corps. On y a recours pour le traitement de certaines maladies de peau, comme l'érysipèle et la dermite tuberculoïde.

On s'en sert pour irradier certains aliments comme le saindoux, l'huile et le lait de manière à produire de la vitamine D. Curieusement, cependant, l'huile de foie de morue perd ses plus riches propriétés après irradiation. Bien que les rayons ultraviolets soient absorbés par les panneaux de verre de nos fenêtres et par divers autres matériaux, ils sont malgré tout très répandus dans l'atmosphère et peuvent exercer leurs bienfaits même dans les villes enfumées.

Exposée aux rayons ultraviolets, la peau humaine développe une pigmentation. Le bronzage est sans doute le moyen qu'a trouvé la nature de se protéger, bien que la protection nécessaire soit souvent en place sans pigmentation.

Il ne faudrait pas en conclure pour autant qu'une peau bien bronzée est un signe de santé florissante. La surexposition aux rayons du soleil peut entraîner le dessèchement et le vieillissement prématuré de la peau. Blum va même jusqu'à dire que l'exposition prolongée aux rayons du soleil «risque de stimuler la production de tumeurs malignes sur la peau». Il semble que le vieux dicton qui prescrit la modération en toutes choses doive également s'appliquer à la plage et au solarium.

FLUORESCENCE

La fluorescence désigne la propriété qu'ont certaines substances de devenir lumineuses sous l'action des rayons ultraviolets. Ce phénomène rend de nombreux services à la science et à la médecine. On peut par exemple examiner des aliments et en découvrir certaines caractéristiques. Le beurre, par exemple, émet une luminosité jaune tandis que la margarine émet une lumière bleue. Une adultération d'à peine 15 p. 100 peut ainsi devenir perceptible. Le champignon du fromage émet une fluorescence d'un vert très vif, l'affinage naturel pouvant être nettement distingué de l'affinage artificiel. Les pommes de terre saines émettent une couleur; celles qui sont flétries n'en émettent pas. Les œufs frais émettent une fluorescence rouge pâle, tandis que les œufs vieillis émettent plutôt une lueur bleutée.

La peau des Blancs émet une fluorescence plus vive que celle des Noirs. Les dents saines ont une luminescence; les dents à pulpe nécrotique et les dents artificielles n'en ont pas. La même distinction très nette peut être établie entre des cheveux naturels et des cheveux teints ou une perruque. La présence d'aspirine donne à l'urine une apparence violette; la quinine lui donne une teinte verte. Le bacille de la tuberculose dans la salive humaine émet une fluorescence jaune.

Pour faciliter la chirurgie, on injecte parfois un colorant fluorescent dans le sang. Les tissus cancéreux émettent une lueur jaune vif. Dans les cas d'amputation, le sang conduit le colorant vers les zones infectées. En procédant à un examen dans un éclairage ultraviolet, le chirurgien parvient alors à effectuer son travail avec plus de précision.

RADIOSENSIBILITÉ

La première guérison due aux rayons X a été réalisée par Tor Stenbeck, un suédois, en 1900. Il s'agissait de l'excision d'une tumeur sur le nez d'une femme. Depuis ce temps, les rayons X et la thérapie au radium sont utilisés partout dans le monde et ont permis de véritables miracles.

Il faut comprendre que la radiothérapie parvient à guérir en raison d'une certaine inversion de ses effets. C'est que les tissus malades sont plus faciles à détruire que les tissus sains. Lorsque la radiation a fait son œuvre, et a fait se dégrader les tissus malades, les pouvoirs de récupération du corps prennent la relève et rétablissent un état normal.

La cellule et le noyau de la cellule sont particulièrement sensibles. Ici encore, les enfants et les blonds ont une plus grande sensibilité que les adultes et les bruns. Une longue liste de maladies réagissent bien à la radiothérapie, depuis l'eczéma jusqu'à des cancers des os, des jointures et des organes internes. Les tumeurs malignes sont particulièrement sensibles aux rayons. Comme le dit Ellinger: «Pour beaucoup de gens, la notion même de radiothérapie est synonyme de lutte contre le cancer.»

LES EFFETS DE L'ÉNERGIE RADIOACTIVE

Les globules blancs du sang ont une grande radiosensibilité; mais non les globules rouges. Les muscles du corps, le cerveau et l'œil ne sont pas très sensibles aux rayons. Cependant, le cartilage et les os, l'estomac et le foie répondent très vivement à l'irradiation.

Une surexposition aux rayons X ou aux rayons du radium peut entraîner de sérieux dommages. Il peut en résulter un effet dépresseur ou destructif, selon l'état général de santé du corps et le degré de sensibilité des tissus et des cellules. Cette énergie à très haute fréquence peut entraîner la chute des cheveux, réduire l'activité des glandes sudoripares, provoquer l'inflammation et la décoloration de la peau ou entraîner la stérilité.

Pire encore, elle peut conduire à l'anémie et au terrible cancer rontgenien. L'amputation devient alors nécessaire, mais des récidives sont possibles, rendant le décès inévitable.

Autres malédictions: une irradiation subie dans les premiers mois d'une grossesse peut provoquer une fausse couche. Dans les derniers mois d'une grossesse, elle peut produire des monstres et des imbéciles.

LA BOMBE ATOMIQUE

Le danger des radiations à très hautes fréquences nous est aujourd'hui rappelé chaque fois qu'il est question de la bombe atomique. Pour le moment, la science n'offre aucune solution. Une fois lâchée, l'énergie atomique produit des effets dévastateurs à très long terme. Mais ce danger et celui du cancer se rapportant à des phénomènes semblables, on peut espérer que la recherche parviendra à vaincre les deux. La préservation de la vie humaine est certainement la forme d'art la plus consommée. L'homme, qui a découvert la puissance de l'énergie électromagnétique, doit maintenant apprendre à la contrôler pour garantir sa sécurité et prolonger son espérance de vie.

Chapitre 7

LA CROISSANCE DES PLANTES

LA SCIENCE RECONNAÎT de manière générale que la lumière visible est essentielle à la croissance des plantes. Les rayons infrarouges, comme l'obscurité, nuisent à la croissance et empêchent peut-être la fabrication de la chlorophylle. Les rayons ultraviolets, pris isolément, sont aussi dommageables et peuvent détruire la plante.

Bien que la lumière du soleil contienne des rayons de plus hautes et de plus basses fréquences que celles de la lumière visible, la nature semble être parvenue à un équilibre de sorte que la lumière visible est le plus important facteur d'une saine croissance. Le philosophe remarque à bon droit que les hommes et les plantes sont parvenus à survivre dans le monde en profitant de conditions semblables. Pourquoi la lumière visible serait-elle essentielle aux plantes et dommageable aux êtres humains? Et pourquoi l'infrarouge et l'ultraviolet, qui tous deux détruisent la plante, auraient-ils des effets bénéfiques pour les êtres humains? L'auteur de ces lignes est profondément convaincu que les bienfaits de la lumière visible sur la vie humaine sont encore mal compris et qu'avec le temps, la recherche parviendra à mieux les faire connaître.

LE GÉNÉRAL A. J. PLEASANTON

C'est un Français du nom de Tessier (1783) qui, le premier, s'est intéressé à la croissance des plantes sous l'effet d'une lumière colorée. En travaillant avec des écrans de couleurs diverses, il prenait note des différences de croissance selon la couleur. Mais c'est le général A. J. Pleasanton, de Philadelphie, qui, de 1860 à 1870, a formulé une étonnante suite de théories qui ont à la fois enthousiasmé et rebuté les botanistes et les horticulteurs de son époque.

Pleasanton, dans son ouvrage intitulé *Blue and Sun-Lights*, déclare que le ciel bleu détient le secret de la vie. Le bleu «entre autres fonctions, réalise la désoxydation du gaz carbonique, fournissant ainsi du carbone à la végétation et contribuant à soutenir la vie végétale et animale au moyen de l'oxygène». Il s'était construit une serre spéciale où il avait fixé un panneau de verre bleu à tous les huit panneaux de verre translucide. Dans le cas des raisins, il prétendait avoir ainsi obtenu des vignes de 15 mètres de haut (sur une tige de 3 centimètres de diamètre) dès la première année, et avoir fait une récolte de près de 600 kilos la deuxième année, et d'environ 2 tonnes la troisième année. Les vignes non traitées à la lumière bleue exigeaient de cinq à six ans avant même de devenir productives. Je crois pour ma part qu'il a dû exagérer ses résultats.

Mais le travail de Pleasanton a inspiré Edwin D. Babbitt et a beaucoup contribué à établir les convictions ultérieures des chromopathes. Après avoir réalisé des expériences sur des porcs et des veaux, Pleasanton a fait la déclaration suivante à la Société pour la promotion de l'agriculture de Philadelphie: «S'il est possible, en conjuguant la lumière du soleil et la lumière bleue du ciel, d'amener des quadrupèdes à maturité en douze mois sans augmenter leur ration alimentaire, imaginez la valeur inestimable qu'une telle découverte pourrait avoir dans nos sociétés agricoles!»

AUTRES CHERCHEURS

La passion de Pleasanton pour la lumière bleue n'a pas été partagée par les chercheurs qui sont venus après lui. En 1895, C. Flammarion déclare que la lumière rouge est celle qui produit les meilleurs effets. Il faisait pousser des plantes en serre sous des panneaux de verre rouge, vert, bleu et translucide en tentant, avec les moyens du bord, d'égaliser les intensités lumineuses. Le rouge semblait produire des plantes de haute taille, mais à feuilles minces. Le bleu créait des plantes malingres et sous-développées.

En 1902, L. C. Corbett ajoute, en complément à la lumière du jour, une lumière artificielle de couleur verte, bleue et rouge pendant la nuit. Il constate que le rouge a un effet de stimulation marqué sur la croissance des laitues.

Ces utilisations biologiques de la radiation sont devenues un véritable «dada» au tournant du siècle. Il semble cependant que les résultats les plus spectaculaires aient été produits, non pas sous l'effet de l'action positive de la lumière colorée, mais plutôt sous l'effet négatif de la réduction d'éclairage et du manque de radiation.

Fritz Schanz, en 1918, procède à des essais au cours desquels il supprime certaines régions du spectre de la lumière solaire. Il cherche à prouver que l'ultraviolet empêche la croissance des plantes. Il est vrai que ses plantes poussaient mieux lorsque les rayons bleu-violet étaient supprimés. Schanz en conclut que la lumière à courte longueur d'onde est nuisible. Il faut dire qu'il n'avait pas fait beaucoup d'efforts pour égaliser les intensités.

H. W. Popp, vers 1926, a réalisé des travaux plus précis en utilisant des lumières de couleur et des intensités à peu près égales. Il a fait pousser des plantes dans cinq petites serres, chacune étant recouverte d'un verre de couleur différente. Les effets les plus étonnants se sont produits lorsque les rayons à courte longueur d'onde étaient supprimés. Mais il est resté convaincu qu'une lumière bien équilibrée est ce qu'il y a de meilleur. «Les résultats montrent que dans l'ensemble la partie bleue-violette du spectre est nécessaire à la croissance normale et saine des plantes. Ils montrent aussi que les rayons ultraviolets ne sont pas nécessaires, bien qu'ils ne soient pas sans effet.»

CONCLUSIONS MODERNES

On trouve un exposé remarquablement complet de l'influence de la couleur sur les plantes dans un ouvrage en deux volumes publié par Benjamin M. Duggar et intitulé *Biological Effects of Radiation*.

Le temps d'exposition à la lumière semble avoir plus d'effet sur la croissance des plantes que l'intensité de la lumière. L'obscurité totale conduit une plante à s'étioler: la plante tourne alors au blanc ou au jaune et a de longs entre-nœuds et des feuilles sous-développées. Elle manque de chlorophylle.

Mais tout comme une surexposition à la lumière intense peut être dommageable aux êtres humains, elle l'est aussi pour les plantes. La formation de chlorophylle se fait en général mieux lorsque la plante est exposée pendant longtemps à une lumière d'intensité relativement faible plutôt que pour de courtes périodes à une lumière de forte intensité. Hardy L. Shirley écrit: «Soumise à de faibles intensités, la plante a besoin d'un appareil photosynthétique très efficace. Il lui faut alors des feuilles larges et minces, riches en chlorophylle et bien espacées sur la tige. Mais dans une lumière de forte intensité, la plante à feuilles larges risque de subir de fortes pertes par évaporation. Il vaut alors mieux pour elle avoir des feuilles plus petites et plus épaisses, et être plus compacte afin d'occuper un volume réduit.» Shirley ajoute que sous un éclairage de forte intensité, l'amidon des plantes s'accumule rapidement puis disparaît. La plante risque alors de devenir chlorotique et de mourir à petit feu.

LA LONGUEUR DU JOUR

Earl S. Johnston présente une excellente étude des rapports entre la couleur et la croissance des plantes dans une publication du Smithsonian parue en 1936 et intitulée *Sun Rays and Plant Life*. Johnston mentionne que sous l'effet de la lumière, le gaz carbonique et l'eau s'unissent en présence de chlorophylle pour former des sucres simples. Ces sucres sont ensuite transformés en amidon, en protéines, en acides organiques, en lipides et en divers autres produits qui sont tous des aliments – tant pour la plante que pour les animaux qui s'en nourrissent.

Il dit aussi que la croissance des plantes dépend beaucoup de la longueur du jour, de l'intensité de la lumière et de la couleur – qui aurait plus d'importance que la température et l'humidité (qui dépendent aussi de la lumière).

La longueur du jour et la durée d'exposition à la lumière du soleil seraient d'une importance capitale. À l'équateur, le jour dure environ 12 heures de même que la nuit. À chacun des deux pôles, il y a, à certains moments de l'année, des jours de 24 heures et des nuits de 24 heures. Dans les latitudes intermédiaires, la durée des périodes d'ensoleillement varie entre ces deux extrêmes. Voilà qui explique en partie la très grande diversité de la végétation dans le monde.

Johnston signale que les fleurs appartiennent à divers groupes selon la longueur du jour. Les fleurs qui viennent à maturité au printemps ou à l'été entrent dans le groupe des jours de courte durée tandis que les fleurs d'automne entrent plutôt dans le groupe des jours de longue durée. Au cours d'une expérience menée sur le tabac du Maryland (une plante nécessitant peu d'ensoleillement), on s'est aperçu que la plante ne fleurissait pas si on augmentait la période d'ensoleillement. Si on prolongeait la durée du jour, on retardait la montée en graine. Cultivée l'hiver, en serre, la plante fleurissait naturellement. Mais si on augmentait la durée d'ensoleillement en recourant à la lumière électrique pour prolonger la durée du jour, la floraison était de nouveau retardée.

Victor A. Greulach explique dans un article paru dans le *Science Digest* de mars 1938: «Parmi les plantes à courte durée d'ensoleillement, signalons l'aster, l'herbe à poux, le dahlia, le cosmos, le poinsettia, le chrysanthème, le jasmin rouge, la capucine, le soya, le tabac et toutes les fleurs du début du printemps comme les violettes et la sanguinaire. La plupart des légumes et des cultures commerciales sont des plantes de long ensoleillement. Le blé pousse rapidement lorsqu'il peut bénéficier de longues périodes de clarté. En faisant appel à la lumière électrique pour prolonger la durée du jour, on peut produire trois générations de blé en une seule année. Les très longues journées d'été de l'Alaska sont en grande partie responsables de l'abondance des récoltes de foin, de blé, de pommes de terre et de légumes que l'on fait dans cette région. Et c'est aussi parce que le jour est plus long dans le nord de la vallée centrale de la Californie que les oranges y mûrissent et peuvent être acheminées vers les marchés plusieurs semaines avant celles des régions plus au sud.

«Nous croyons le plus souvent que les plantes à floraison continue ou dont la floraison s'étale sur quatre saisons sont des espèces ou des variétés particulières, comme les roses ou les fraises, mais il est possible de donner une floraison continue à de nombreuses plantes en les maintenant dans un éclairage qui correspond à celui de leur période de floraison. Il faut dire que pour la plupart des plantes, cette période est relativement courte, de sorte que dans les climats tempérés, où la durée du jour varie constamment, il y a peu de plantes à floraison continue. Dans les tropiques, où le jour a une durée de 12 heures pratiquement toute l'année, les plantes à floraison continue sont la règle plutôt que l'exception, comme on pourrait s'y attendre.»

W. W. Garner et H. A. Allard rendent compte d'une réaction étrange des plantes à des variations extrêmes d'exposition à la lumière. Ce travail fait partie du rapport Johnston. Des groupes de plantes ont été exposés chaque jour à la lumière pendant des périodes variables: 12 heures, 1 heure 30 minutes, 15 minutes, 5 minutes, 1 minute, 15 secondes et 5 secondes. Résultat: on a constaté une diminution progressive de la taille des plantes pour tous les groupes exposés à la lumière pendant moins de 12 heures, jusqu'à 1 minute. Puis, pour une raison inexplicable, les plantes exposées à la lumière moins de 1 minute présentaient une amélioration remarquable. La plante exposée à la lumière pendant 5 secondes atteignait la même taille que la plante exposée à la lumière pendant 1 heure – tandis que les plantes soumises à des durées d'illumination intermédiaires (30 minutes, 15 minutes, 1 minute) étaient naines. Tous les intervalles inférieurs à 1 heure étaient nuisibles à la floraison. Johnston déclare: «Voilà des réactions très intéressantes à des variations dans la période d'ensoleillement et jusqu'à présent, aucune explication satisfaisante n'a pu y être donnée.»

Le Dr R. B. Withrow, qui utilisait la lumière électrique pour prolonger la durée du jour, est parvenu à des résultats qui semblent hors de proportion avec le traitement appliqué. Il utilisait des lampes Mazda pour éclairer la nuit en réglant les intensités de 1 à 100 candelapieds. Il a constaté qu'il en résultait très peu de différence dans la croissance d'un aster. En fait, l'aster exposé à une illumination d'à peine 3 candelapieds poussait presque aussi bien que celui qui était exposé à une illumination de 100 candelapieds!

Il semble que les plantes connaissent leur meilleure croissance dans une luminosité d'intensité moyenne. On peut donc en conclure qu'une grande partie de l'énergie du soleil est gaspillée.

L'EFFET DE LA COULEUR

Le Dr Withrow a aussi expérimenté avec la couleur et a constaté que la réaction variait selon que la plante était adaptée à une courte ou à une longue journée d'ensoleillement. Les plantes adaptées à une longue journée d'ensoleillement réagissaient mieux à la région rouge du spectre. Elles atteignaient leur plus haute taille sous une lumière rouge-orangé, et parvenaient à un degré de croissance raisonnable sous la lumière rouge. En revanche, sous une lumière jaune, verte ou bleue, ces plantes ne poussaient pas et ne fleurissaient pas, bien que leur feuillage puisse parfois devenir abondant. Les plantes traitées aux rayons infrarouges ne fleurissaient pas, malgré que ces rayons soient très proches de la partie rouge du spectre. Dans le cas des plantes adaptées à une courte journée d'ensoleillement (cosmos, sauge), un éclairage rouge nuisait à la floraison.

Ces expériences ont une valeur commerciale bien exprimée par le Dr Withrow dans le rapport Johnston. Il affirme en effet que l'utilisation d'éclairage supplémentaire et de couleur peut favoriser la floraison plus hâtive et plus abondante de certaines plantes comme l'aster, la marguerite et la pensée. Il est aussi possible de retarder la floraison du chrysanthème. Mais on ne constate aucune réaction particulière chez la rose ou l'œillet.

En Hollande, on utilise le néon rouge dans la culture commerciale des fleurs et des fraises. En employant des lampes semblables à celles qui servent à l'éclairage des autoroutes, on prolonge de huit heures la durée d'éclairement afin de forcer la croissance des plantes.

La photosynthèse, essentielle à la vie végétale, tire l'essentiel de son énergie de la lumière visible. Mais quels rayons sont les plus utilisés? W. H. Hoover, du Smithsonian Institution, a mené de nombreuses expériences sur le blé et a mesuré l'assimilation du gaz carbonique. À l'aide de filtres, il est parvenu à séparer certaines bandes étroites du spectre et à laisser la lumière de couleur éclairer les tubes de verre dans lesquels le blé était mis à pousser. La température et le degré d'humidité étaient bien contrôlés. Un appareil spécial mesurait les quantités de gaz carbonique absorbées par le blé.

On a procédé à trois séries d'essais: une série avec de la lumière Mazda filtrée; une autre avec la lumière d'une lampe à arc au mercure; une troisième avec la lumière du soleil filtrée. Tous les rayons étaient essentiellement monochromatiques. Les rayons rouges se sont révélés les plus productifs. La croissance des plantes diminuait sous l'effet des rayons jaunes et verts, mais reprenait sous l'effet des rayons bleus. Signalons d'ailleurs que «l'infrarouge et l'ultraviolet ne contribuent en rien à l'assimilation du gaz carbonique par le blé».

Chez la plupart des plantes, les feuilles se tournent vers la source de lumière. Le côté ombré pousse plus rapidement que le côté illuminé, ce qui amène la plante à «tendre» vers la lumière. Johnston se demandait quelle réaction pouvait être produite par l'emploi de diverses couleurs. «Pour obtenir une réponse à cette question, nous placions une plante à mi-chemin entre deux lampes d'intensité égale... et nous notions la direction dans laquelle la plante se mettait à tourner. Il devenait ainsi possible de déterminer la sensibilité de la plante à diverses couleurs.» L'avoine, constate Johnston, est surtout sensible au bleu. «C'est-à-dire que la croissance est retardée davantage par la lumière bleue. En revanche, la lumière orange et la lumière rouge ne retardent pas la croissance des jeunes pousses d'avoine.»

Lewis H. Flint, dans des expériences semblables, a pu constater que la lumière à courte longueur d'onde – le violet, le bleu, le vert – retarde la germination de la laitue. Mais la lumière à plus forte longueur d'onde, comme le rouge, l'orange et le jaune, favorise la germination. Un autre chercheur est parvenu à accroître la pigmentation des pommes en utilisant des rayons ultraviolets. Il a pu constater cependant que l'infrarouge faisait rider le fruit.

RAYONS MITOGÉNÉTIQUES

Autre curiosité digne d'être signalée: certaines plantes ont une aura! En 1923, Alexander Gurwitsch déclare avoir découvert une «énergie mitogénétique». Un oignon, par exemple, émettrait des rayons dans la région ultraviolette du spectre, capables de traverser le quartz mais non le verre. Ces rayons, bien que de très faible intensité, ont une existence tangible et mesurable. Pendant de nombreuses années, les travaux de Gurwitsch n'ont pas été pris au sérieux, mais plus tard ils ont pu être vérifiés par d'autres chercheurs. Aujourd'hui, ce phénomène baigne toujours dans le mystère et les opinions des savants à ce sujet sont très divergentes. Sans doute l'idée qu'un oignon puisse émettre une énergie rayonnante paraît-elle un peu trop farfelue pour certains, mais tout porte à croire que Gurwitsch aura le dernier mot malgré qu'il ait été taxé de «sensationnaliste» par certains de ses confrères biologistes.

Chapitre 8

Invertébrés et vertébrés

Tous les êtres vivants de notre planète sont conditionnés à la lumière du soleil par des siècles et des siècles de survie dans ce milieu. Si l'énergie solaire avait été différente, le monde que nous connaissons – et l'être humain – auraient été très différents (et n'existeraient peut-être même pas). Comme le rayonnement solaire se manifeste principalement sous la forme de lumière visible pour l'œil humain, à laquelle s'ajoutent les rayons à ondes plus courtes de l'ultraviolet et les rayons à ondes plus longues de l'infrarouge, il semble raisonnable de croire que ces fréquences lumineuses sont essentielles à la vie animale (et végétale) et doivent exercer une influence sur elle.

C'est pourquoi, avant d'aborder les effets de la couleur sur l'organisme humain, nous réservons un chapitre aux formes inférieures de vie animale. Voilà un immense domaine de recherche auquel se sont consacrés un grand nombre de savants. Malheureusement, les travaux de ces chercheurs ont rarement été réunis en un seul volume. La personne qui s'intéresse à la biologie animale n'aura qu'une connaissance superficielle des travaux réalisés par ceux qui s'intéressent à la psychologie animale. Les domaines de recherche se chevauchent parfois et la question de la couleur n'y est souvent abordée que de façon isolée.

Pour parvenir à établir une histoire cohérente de la couleur, il devient donc nécessaire de consulter une quantité presque infinie d'ouvrages de référence. Car les scientifiques s'intéressent rarement au seul aspect de la couleur. Il faut donc parcourir des pages et des pages de textes pour ne faire que des trouvailles occasionnelles. Il reste cependant que la magie de la couleur se révèle sans cesse et que le chercheur s'y heurte, qu'il le veuille ou non. Il devient donc possible d'assembler une masse impressionnante de données et de les faire servir à la rédaction d'un chapitre raisonnablement étoffé.

L'HUMBLE AMIBE

La plupart des êtres vivants non seulement réagissent à la lumière mais y sont étrangement sensibles. L'amibe, par exemple, «voit» avec la totalité de son organisme, et bouge ou se contracte au gré des variations du stimulus lumineux. Sortie brutalement de l'obscurité, l'amibe s'immobilise. Au bout d'un moment, elle reprend son mouvement jusqu'à ce qu'une autre intensité lumineuse la frappe. Cependant, si le changement de luminosité se produit graduellement plutôt que de façon soudaine, l'amibe continue de vaquer à ses activités comme si de rien n'était.

Certaines espèces semblent avoir une préférence pour une intensité lumineuse particulière, et se déplacent jusqu'à ce qu'elles l'aient trouvée. Les hydres vertes se rassemblent dans des endroits peu éclairés; les méduses, dans les régions ombrées; certains polypes ont un rythme jour-nuit. Maier et Schneirla écrivent: «L'endroit où l'animal s'établit définitivement est principalement déterminé par la lumière, la quantité d'oxygène dans l'eau et la température. Sauf en cas de températures extrêmes ou lorsque l'animal a été privé de nourriture pendant longtemps, la lumière semble être le facteur le plus important.»

Plus haut dans l'échelle, certains êtres comme les vers semblent être malheureux lorsqu'ils sont exposés à la lumière. Certaines espèces marines continuent de bouger jusqu'à ce qu'elles aient atteint l'obscurité. La lumière, aperçue dans une direction, peut les pousser dans la direction opposée. Une luminosité générale au-dessus d'elles les fera osciller sur place, comme si elles hésitaient à choisir une direction. Le ver de terre, bien sûr, craint la lumière plus encore que le merle et reste bien dissimulé dans les entrailles de la terre jusqu'à ce qu'il en soit extrait de force.

Lorsqu'une étoile de mer perd ses «yeux» (ocelli), l'animal continue de réagir à la lumière par le biais de sa peau. Une limace qui n'a plus qu'un seul œil tourne en rond du côté de l'œil manquant. De même, on constate que la blatte quitte précipitamment les lieux éclairés tandis que le papillon de nuit est attiré par la lumière.

LES INSECTES

Chez les formes inférieures de vie animale, il ne semble pas y avoir de perception de la couleur. Elle existe, cependant, chez les insectes, les poissons, les reptiles et les oiseaux. Elle disparaît chez la plupart des mammifères et refait de nouveau surface chez les primates et les humains.

La perception des couleurs chez les insectes est toutefois différente de celle des humains. La plupart des scientifiques s'entendent pour dire que l'œil de l'insecte réagit surtout aux rayons jaunes du spectre (mais non aux rayons rouges), et serait sensible au vert, au bleu, au violet et ainsi de suite jusqu'à l'ultraviolet. E. N. Grieswood, qui faisait des expériences avec des mouches à fruit, a noté une réaction à des longueurs d'onde invisibles pour l'homme et s'approchant en fréquence de celle des rayons X. La présence de ces rayons a dû étonner l'insecte puisqu'en général on ne les trouve pas dans la lumière du soleil. Dans des expériences semblables, Bertholf a constaté que l'éventail de sensibilité des abeilles allait de 550 millimicrons (jaune-vert) à 250 millimicrons (ultraviolet) en passant par le vert, le bleu et le violet. L'œil humain n'est sensible qu'à la région allant de 750 à 400 millimicrons.

Des fourmis placées dans une boîte éclairée par le spectre complet de la lumière du soleil transportent leurs larves (qui doivent rester dans l'obscurité) hors de la région de l'ultraviolet jusque dans la région du rouge visible. Von Frish a montré que l'abeille peut apprendre à distinguer des bleus et des gris de même intensité. Elle peut aussi apprendre à distinguer le bleu du violet ou du mauve, et à reconnaître le jaune parmi toutes les couleurs. On y parvient en apprenant à l'abeille à se rendre vers certaines couleurs pour y trouver de la nourriture. Dans le cas du rouge, l'abeille est complètement perdue et ne voit aucune différence entre les zones rouges et les zones grises. Chez les guêpes, cependant, Molitor a constaté qu'à l'entrée du nid, un orifice noir est préféré à un orifice bleu, et un orifice bleu à un orifice rouge.

Frank E. Lutz a réuni un certain nombre de données intéressantes au sujet des couleurs «invisibles» des fleurs et des papillons. Non seulement l'insecte a un sens de la vue différent de celui de l'homme, mais les dessins sur ses ailes peuvent apparaître bien différents aux yeux des insectes et aux yeux des hommes. Il semble indéniable que le papillon trouve une réelle signification dans l'énergie ultraviolette. Un zinnia rouge, par exemple, ne reflète pas l'ultraviolet tandis que le pourpier rouge le fait. Par conséquent, les deux fleurs, bien que d'apparence semblable aux yeux des hommes et probablement aux yeux des oiseaux, paraissent respectivement foncée et claire aux yeux du papillon.

Lutz écrit: «Si toutes les fleurs jaunes... ne sont pas ultraviolettes, la plupart semblent l'être. On trouvera donc intéressant de s'arrêter un peu au cas de l'araignée jaune qui se cache parmi des fleurs jaunes. En théorie, la couleur jaune de l'araignée empêcherait les insectes qui butinent les fleurs jaunes de la voir à temps pour éviter de se faire prendre dans sa toile. Cependant, l'araignée n'est que légèrement ultraviolette de sorte qu'un insecte qui perçoit l'ultraviolet apercevra très clairement l'araignée jaune installée sur une fleur jaune-ultraviolette.»

On constate aussi que les dessins des ailes des papillons et des papillons de nuit varient selon que l'éclairage est normal ou ultraviolet. Ces insectes n'ont donc pas le même «air» selon qu'ils se regardent entre eux ou qu'ils sont regardés par des êtres humains.

CHASSE-MOUSTIQUE

En faisant des expériences avec des insectes de nuit, L. C. Porter et G. F. Prideaux ont constaté que la luminosité a sur eux un très grand pouvoir d'attraction. D'autre part, plus la lumière se rapproche de la partie bleue du spectre, plus les insectes sont attirés par elle et plus elle se rapproche de la partie rouge du spectre, moins ils y sont sensibles. «En substituant une lampe jaune à une lampe blanche d'intensité égale, on réduit le nombre d'insectes qui sont attirés d'environ 50 p. 100.» On peut donc en conclure que le bleu est une couleur préférée, tandis que le rouge et le jaune sont à peine perçus. En plaçant une lampe jaune de faible voltage sur la galerie, et une lampe bleue d'intensité supérieure à une certaine distance, on réussira à éviter les invasions d'insectes pendant les belles soirées d'été.

Pour piéger les insectes diurnes, cependant, en utilisant de la peinture plutôt que des ampoules électriques, le jaune semble être la couleur la plus utile. Frederick G. Vosburg constate: «Pour une raison quelconque, un piège jaune semble recueillir plus de scarabées japonais que toute autre couleur.»

Les «préférences» des mouches et des moustiques ont été étudiées de près afin d'en tirer des conclusions pratiques. Les résultats donnés plus bas sont tirés des notes recueillies par Deane B. Judd et publiées dans le bulletin numéro 45 de l'Inter-Society Color Council.

Dans le cas des mouches domestiques, diverses enquêtes ont donné lieu à des résultats contradictoires. E. Hardy, par exemple, pense que le jaune doit être évité et que le blanc est une couleur de choix. Toutefois, P. R. Awati pense que le jaune a le plus grand pouvoir d'attraction, tandis que le rouge et le violet en auraient le moins. O. C. Lodge n'a remarqué aucune préférence. S. B. Freeborn et L. J. Perry ont noté que les mouches semblent rebutées par les couleurs pâles, tandis que R. Newstead pensait pouvoir conclure que les mouches préfèrent les couleurs pâles aux couleurs foncées. Il doit y avoir quelque chose qui cloche quelque part. Ou bien les méthodes de recherche ne sont pas fiables ou alors les mouches qui parcourent le monde n'ont pas toutes la même opinion. Peut-être la conclusion la plus prudente serait-elle que les mouches semblent attirées davantage par la luminosité que par l'obscurité, puisque les données les plus nombreuses semblent pointer dans cette direction.

En Hollande, les étables et les abris de chevaux sont fréquemment traités au bleu pour éliminer les mouches. On peut donc penser qu'en Hollande, tout au moins, les mouches n'aiment pas le bleu.

En ce qui concerne les moustiques, cependant, les spécialistes s'entendent un peu mieux. Ici, les couleurs les plus claires sont celles qui ont le plus d'effet répulsif. G. H. F. Nuttall et A. E. Shipley ont constaté que le moustique européen qui véhicule la malaria se pose de préférence sur le bleu foncé, le rouge et le brun, et se pose beaucoup moins sur le jaune, l'orange et le blanc. (Après la publication de ce rapport, l'armée américaine a substitué à ses chemises réglementaires des chemises de couleur plus pâle dans les régions où sévit la malaria.) Au cours d'un séjour de cinq ans en Afrique du Sud, Shariff a constaté que les moustiquaires rose et jaune n'attiraient pas les insectes. En tapissant des boîtes de bleu marine, de rose, de gris ou de jaune, on a constaté que les boîtes tapissées de bleu et de gris étaient infestées de moustiques alors qu'il n'y en avait que deux ou trois dans les boîtes tapissées de rose ou de jaune. Hoodless a constaté que le moustique de Nouvelle-Calédonie préférait le bleu et évitait le jaune.

LES POISSONS

Un des ouvrages les plus exhaustifs jamais écrits sur la vision chez les animaux est sans doute celui de Gordon Lynn Walls, *The Vertebrate Eye*. On y trouve un tableau complet des phénomènes visuels et une foule de données sur la couleur comme facteur déterminant de la survie animale et des comportements. Walls écrit: «La perception de la couleur favorise l'acuité visuelle et a sans doute évolué dans ce contexte plutôt qu'en raison de la valeur esthétique qu'elle a prise avec le temps pour les humains.» On ne se rend pas toujours compte que la couleur est liée aux processus les plus fondamentaux et les plus essentiels de la vie. La perception de la couleur, chez les animaux des ordres inférieurs, n'a rien à voir avec le plaisir des sens. La nature visait des objectifs bien précis et a donné aux êtres vivants la capacité de percevoir la couleur afin de mieux les équiper dans leur lutte pour la survie.

«On ne connaît aucun poisson qui n'ait *pas* la perception de la couleur» (Walls). Et pourtant la couleur dans la vie d'un poisson a beaucoup moins d'importance que la luminosité, la forme et le mouvement. Walls indique que parce qu'il est difficile de voir sous l'eau, les poissons sont mieux en mesure de se débrouiller s'ils deviennent aveugles que la plupart des vertébrés.

Beaucoup de travail scientifique a été fait sur la question de la perception de la couleur chez les poissons. Hess a constaté que la couleur la plus pâle perçue par le poisson est le vert, suivi du bleu, du jaune, de l'orange et du rouge, cette dernière couleur étant la plus foncée. «L'intensité des couleurs nécessaires pour équilibrer le jaune pur s'établit à la moitié de l'intensité nécessaire pour équilibrer le vert.»

Selon Walls: «Les poissons fuient le rouge ou encore préfèrent cette couleur entre toutes.» Il en est peut-être ainsi parce que le rouge est vite absorbé lorsqu'il pénètre dans l'eau de telle sorte qu'il n'est pas une expérience courante pour le poisson. Cora Reeves, en expérimentant sur le cyprin, a constaté que le rythme de la respiration du poisson augmentait avec la luminosité. Si une plaque de verre rouge était placée sur la source de lumière artificielle, le rythme de la respiration devenait encore plus rapide. «L'expérience a montré très clairement que la réaction se faisait au rouge puisque le rythme de la respiration augmentait avec la luminosité, mais a augmenté encore davantage lorsque la luminosité a été légèrement réduite par l'introduction d'un filtre de couleur» (Walls).

Bien des expériences ont permis de montrer que la couleur a des effets sur le comportement des poissons. S. O. Mast, qui travaillait avec des plies, a peint le sol de ses aquariums de diverses couleurs. Une fois le poisson adapté au bleu, il avait tendance à choisir cette couleur comme lieu de repos et à éviter les autres couleurs.

Les poissons capables de changer leur propre couleur sont plus dépendants du sens de la vue et perdent la capacité de modifier leur couleur lorsqu'ils deviennent aveugles. Ici encore, on constate une étrange indifférence à la luminosité prise isolément. Sauf en cas de luminosité extrême, le poisson ne réagit pas à la modification graduelle de la quantité de lumière qui pénètre dans son œil. Cependant, dès que la couleur de son environnement est modifiée, dans la clarté ou l'obscurité, la peau du poisson se modifie rapidement en fonction de cette couleur.

LA TORTUE

La capacité de la tortue de trouver son chemin vers la mer restera sans doute toujours un mystère. Les théories à ce sujet sont nombreuses. L'une d'elles veut que la tortue évite l'ombre, sachant instinctivement que les grandes étendues de ciel dégagé ne surplombent pas des lieux à forte végétation et doivent donc se trouver au-dessus de l'eau. Une autre théorie veut que les tortues soient attirées par le bleu. Chose certaine, les tortues ne semblent pas s'orienter d'après le soleil, car elles avancent inexorablement dans la direction où elles ne trouvent aucun obstacle.

Chez les tortues, comme chez les autres reptiles, la perception de la couleur est très développée. Si la tortue détecte mal les variations de luminosité et d'intensité, elle distingue cependant très bien les couleurs par comparaison aux tons de gris.

Selon Walls: «Les couleurs les plus importantes pour la tortue semblent être l'orange, le vert et le violet. Le jaune et le jaune-vert, lorsqu'ils ne sont pas bien distingués, semblent être perçus comme de l'orange; mais le rouge se distingue bien de l'orangé et ressemblerait davantage au violet, ce qui boucle en quelque sorte la boucle des couleurs de l'animal.» Wagner, dans des travaux portant sur les lézards, constate qu'ils distinguent bien le rouge, l'orange, le jaune, le jaune-vert, le bleu pâle, le bleu foncé et le violet. La perception du rouge et du bleu est très bonne et celle du vert semble la plus faible.

LA LUMINESCENCE

La luminescence est sans doute le phénomène naturel le plus étonnant qui soit relié à la couleur. Nous connaissons une trentaine de bactéries luminescentes. Certaines se développent sur les poissons morts et ont été décrites il y a des siècles par Aristote. D'autres envahissent les étals des bouchers dans les petites villes maritimes, avec pour conséquence que la viande semble rougeoyer. Il arrive souvent que de petits animaux comme la puce de mer s'en nourrissent et se transforment immédiatement en vers luisants. Mais les deux, bactérie et ver luisant, risquent alors de mourir.

Chez des êtres de taille moins réduite, les effets lumineux ont parfois l'intensité d'une lanterne. J. Arthur Thomson, dans *The Outline of Science*, décrit une expédition du marquis de Folin au cours de laquelle on avait amassé des coraux cueillis sur des fonds marins très profonds. «Plusieurs de ces animaux de corail, ayant la forme d'un petit arbuste, émettaient des éclairs de lumière dont l'intensité était supérieure à celle des 20 lampes que nous utilisions pour nous éclairer. Nous avons transporté une partie de ces coraux dans le laboratoire que nous avons plongé dans l'obscurité. Nous avons alors vécu un moment de pure magie, car le plus merveilleux des spectacles s'est offert à nos yeux. Chacune des pointes des principales branches du corail Isis émettait des jets de lumière très brillants, puis plus pâles, puis de nouveaux très brillants, passant du violet au pourpre, du rouge à l'orange, du bleu à divers tons de vert et prenant parfois la couleur blanche de l'acier surchauffé. La couleur principale cependant était le vert, les autres apparaissant sous forme d'éclairs passagers, le tout revenant ensuite au vert. Petit à petit, cette glorieuse apparition a diminué, car les animaux mouraient les uns après les autres, et au bout d'un quart d'heure, il n'y avait plus dans le laboratoire que des branches desséchées et sans vie. Mais pendant que leur luminescence était à son zénith, il aurait été possible de lire les plus fins caractères d'un journal à une distance de 6 mètres.»

Depuis quelques années, nous avons poussé plus loin notre connaissance des caractéristiques luminescentes de certains poissons de grands fonds. Certains d'entre eux ont des organes qui ressemblent à des yeux mais qui émettent de la lumière. Au tréfonds de l'océan, l'obscurité est totale, la pression est immense et la température est proche du point de congélation. Tout est calme, silencieux, monotone et désertique. Les êtres vivants qui hantent ces lieux désolés sont étrangement constitués. Tous ou presque ont un sens du toucher très développé. Mais, plus important encore, tous ou presque sont lumineux. Les descriptions qu'en font certains de leurs observateurs les plus passionnés, comme William Beebe, se lisent comme de la science-fiction. L'un des poissons de ces eaux est tout noir, sans la moindre écale, et possède deux rangs de taches luminescentes sur les côtés. La rangée du haut brille dans des tons de vert, de bleu et de violet; la rangée du bas, dans des tons de rouge et d'orange – un peu comme un navire à deux ponts passant dans la nuit. Un autre poisson, plus petit, est d'un noir de velours et possède environ 1500 organes lumineux. Un autre animal, qui ressemble à une anguille, est lumineux sur toute sa longueur. Une seiche de mer est munie de véritables hublots. Le mélanocète porte une lanterne au bout d'une pôle.

La luminescence ne semble pas se retrouver chez les animaux des ordres supérieurs aux poissons et à l'insecte. Il arrive cependant que la présence de bactéries rende phosphorescentes les ailes d'un oiseau ou la fourrure d'un animal. Cette lumière colorée est en général assez intense. Les émissions de lumière d'un ver luisant ne sont formées que de lumière visible, de nature froide, sans gaspillage d'énergie sous forme de rayons infrarouges ou ultraviolets. La lumière peut être fixée sur une plaque photographique, peut rendre diverses substances fluorescentes, peut amener des plantes à s'orienter vers elle et peut stimuler la croissance de la chlorophylle.

Quelle est l'importance de la luminescence pour l'organisme? Dans certains cas, elle semble n'avoir aucune raison d'être. La puce de mer qui se nourrit de bactéries lumineuses en meurt – ce qui entraîne la destruction des bactéries en même temps que la sienne. Chez les poissons de grands fonds, la luminosité a une utilité indéniable. Elle peut servir d'appât pour attirer la nourriture, elle peut chasser les intrus, servir de lanterne pour aider le poisson à se déplacer, aider les poissons d'une même espèce à se reconnaître entre eux et même servir de signal à caractère sexuel. Le poisson-crapaud, par exemple, n'est luminescent que pendant la période d'accouplement.

Chez les lucioles et les vers luisants, la lumière semble avoir surtout un pouvoir d'attraction sexuel. Dans le cas d'une espèce trouvée en Angleterre, la femelle est dépourvue d'ailes et rampe sur les talus. Elle est beaucoup plus luminescente que le mâle. Son signal est plus prolongé et elle peut réussir à attirer tout un cercle de prétendants autour d'elle.

Et quelle est la couleur de la luminescence? Chez le ver luisant, la couleur principale semble être le vert pâle. Le vert est aussi la couleur dominante chez l'étoile de mer. Le bleu se rencontre chez la luciole italienne, et le rouge chez certaines variétés d'ascidies. On trouve du pourpre chez certains coraux. En général, les couleurs les plus fréquentes sont le bleu pâle et le vert pâle. Les couleurs des poissons de grands fonds sont plus brillantes et plus variées. On y retrouve toutes les couleurs du spectre. Une seiche dont le corps était parsemé d'une vingtaine de disques lumineux émettait des rayons bleu foncé, rouge profond, bleu pâle et blanc argenté.

LA COULEUR COMME AGENT DE PROTECTION

La nature tend à donner aux êtres vivants une apparence semblable lorsqu'ils partagent un habitat commun. Un papillon de nuit, un crapaud, un oiseau et un mammifère peuvent tous avoir une couleur brunâtre et ressembler à la végétation du sous-bois. On trouvera du vert chez les chenilles, les grenouilles et les serpents qui vivent dans la même région. Les animaux du désert sont en général pâles, les oiseaux aquatiques ont des couleurs douces et bien harmonisées. Les oiseaux de la jungle peuvent être multicolores, et les mammifères de couleur olivâtre. Les poissons des rivages sont de couleurs brillantes; d'autres, qui évoluent dans la boue, seront tachetés et sombres. En haute mer, on constate que presque tous les poissons sont de même couleur.

En brouillant la vue par d'étranges taches de couleur, la nature parvient à empêcher la perception nette des papillons, des oiseaux, des serpents, des zèbres, des léopards et des tigres. Le canard colvert, avec ses taches de vert, de bleu, de violet, de blanc et de noir, disparaît ou presque parmi les rochers, les hautes herbes et les fleurs aquatiques. S'il bouge, il prend tantôt une apparence, tantôt une autre – sans jamais avoir de forme précise. Le paon, l'oiseau de paradis, le tangara écarlate, le colibri, le geai, le martin-pêcheur et des centaines d'autres oiseaux ont ainsi une coloration spectaculaire – belle certes mais destinée principalement à la protection de l'animal.

Lorsque l'animal est équipé de défenses formidables, la nature le rend parfois très visible. La grenouille d'arbre, le cobra, le serpent corail, la pie, la mouffette, sont des animaux qui n'ont rien à craindre et peuvent par conséquent étaler à la face du monde leur bizarre accoutrement.

Le pouvoir de la couleur

La plupart des mammifères sont bruns, noirs, gris ou blancs. Les couleurs plus pures sont rares et n'apparaissent que dans le visage et sur l'arrière-train de certains primates. La couleur change parfois selon la saison. Une hermine, brune en été, tourne au blanc l'hiver. Le lièvre prend un pelage blanc au moment des premières neiges.

Dans le cours de leur vie, les chenilles, les papillons et les crabes changent parfois de couleur pour s'adapter à un nouvel environnement. Les crevettes adaptent leur couleur à leur cachette. Une espèce passe au bleu translucide la nuit et garde cette couleur jusqu'à l'aube.

Les changements instantanés de couleurs sont le tour de prestidigitation le plus étonnant de la nature. Certains crustacés (les homards, les crabes, les crevettes) adaptent leur couleur à la surface sur laquelle ils se posent. Le lapin d'Europe a tout un éventail de couleurs et passe du blanc au rouge, au vert et au brun. Comme chez les autres animaux à couleur variable, sa peau est couverte de cellules pigmentées appelées chromatophores. La stimulation est d'abord visuelle, puis les cellules se dilatent ou se contractent de manière à faire apparaître les nombreux revêtements – non seulement de couleurs distinctes, mais variant aussi en degré d'intensité et d'éclat.

Les poissons plats – la plie, la sole et le turbot – changent non seulement de couleur, mais aussi de configuration et parviennent à ressembler à un fond marin sablonneux ou rocheux. La seiche peut en faire autant et dispose en outre d'une poche à encre qui lui permet de semer ses ennemis derrière un «écran de fumée». De nombreux poissons tropicaux ont une palette de couleurs aussi diversifiée que celle d'un arc-en-ciel et comptent six ou sept apparences possibles. Leurs couleurs se transforment abruptement et par intermittence, sans raison apparente. Les spécialistes insistent pour dire que ces déguisements ne semblent pas avoir de signification biologique. Les poissons peuvent être troublés par la peur, la colère, le danger. Pour la plupart, ils sont trop agiles pour avoir besoin de la protection d'un camouflage. Mais la nature, toujours pratique, cherche peut-être «une coloration de mise en garde et d'immunité, de signalisation et de reconnaissance, et de sélection sexuelle». Une chose est sûre, la couleur a une fonction utile.

Chez le caméléon (un lézard du genre *Analis*), on trouve un acteur phénoménal dans le spectacle de magie de la nature. Non seulement cet animal possède des cellules pigmentées qui se contractent et se dilatent, mais il se trouve aussi sous sa peau des granules à effet de réfraction. À l'état normal, l'animal est d'une belle couleur vert émeraude. Il est extrêmement sensible à la lumière et peut changer de couleur même au repos. Lorsqu'il se déplace, ses couleurs changent sans cesse et se fondent l'une dans l'autre. Les transformations semblent réglées par des connexions directes avec les yeux. Lorsqu'il est en colère, cependant, l'animal cherche à impressionner son adversaire en se drapant de noir et en ouvrant tout grand une immense gueule rose.

Des changements de couleur se produisent aussi dans d'autres familles de lézards. Dans certains cas, cependant, la transformation semble moins liée à l'environnement qu'à l'intensité de la lumière, à la température ou à des stimuli émotionnels. Par exemple, un animal aura comme couleur normale un ton de vert grisâtre parsemé de taches sombres. L'obscurité produira une couleur crème marquée de taches jaunes. Au soleil, l'animal deviendra noir. La chaleur, sans lumière intense, produira du vert; la fraîcheur le fera tourner au gris. L'excitation lui donnera une couleur pâle parsemée de taches brunes et jaunes. La colère lui donnera une couleur plus foncée.

LES OISEAUX

La réaction à la couleur atteint un très haut niveau de développement chez les oiseaux. Ici, l'organe de la vue est à la fois complexe et polyvalent. Bien des oiseaux, par exemple, ont deux fossettes sur la rétine, ce qui leur permet de conserver une vision très aiguë en vol, comme au sol lorsqu'ils se nourrissent. Les yeux des oiseaux contiennent aussi des gouttelettes colorées (rouge, orange, jaune). Les gouttelettes jaunes, qui prédominent chez la plupart des oiseaux diurnes, facilitent considérablement la vue. Elles suppriment la lumière bleue, réduisent les reflets et l'éblouissement et, selon Walls, laissent passer «sans obstacle, la plupart des couleurs de la nature». De même, les gouttelettes rouges sont d'une aide précieuse pour les oiseaux au lever du jour lorsque les rayons obliques du soleil sont de couleur rougeâtre. Chez le martin-pêcheur (comme chez la tortue) les gouttelettes rouges prédominent, ce qui lui facilite indéniablement la vue au-dessus des flots étincelants. La plupart des oiseaux, peut-être pour les raisons données plus haut, sont partiellement insensibles au bleu mais voient le rouge avec beaucoup de netteté.

Les oiseaux nocturnes, cependant, ont peu de gouttelettes colorées dans les yeux. Walls signale que selon F. L. Vanderplank, la chouette hulotte est sensible aux rayons infrarouges et peut voir sa proie dans l'obscurité «totale», car elle perçoit les radiations émises par la chaleur corporelle. L'énergie infrarouge, qui ne provoque aucune réaction sur la pupille de l'œil humain, provoquerait sur la chouette une réaction de peur et lui ferait fermer les yeux. Une étude ultérieure, réalisée par Hecht et Pirenne, a cependant réfuté ou tout au moins contesté les résultats de Vanderplank. Ces deux chercheurs n'ont pas trouvé que le hibou (une autre espèce que celle qu'avait étudiée Vanderplank) était très sensible à l'infrarouge. Ils ont conclu que le seuil visuel du hibou était très bas – c'est-à-dire que l'œil du hibou est 10 fois plus sensible que celui de l'humain – mais que les deux réagissent à la même partie du spectre.

Il semble que les oiseaux préfèrent nettement certaines couleurs, sans doute associées à leurs habitudes alimentaires. Les colibris préfèrent le rouge et se rendent d'emblée vers les contenants ou les fioles rouges. Arthur G. Abbott, dans son livre *The Color of Life*, signale le peu d'intérêt que semblent porter les oiseaux à la couleur verte. Les poisons utilisés pour éliminer les rongeurs et les mulots auraient donc intérêt à être teints en vert pour protéger la vie des oiseaux. (Le rongeur est insensible à la couleur.) «Dans un champ, l'avoine [empoisonnée] avait été teinte en jaune et en vert. Un tiers avait été laissé à sa couleur naturelle. Dans la région de l'avoine non colorée, 28 oiseaux ont été empoisonnés; dans la section colorée en jaune, 9 oiseaux; dans la section colorée en vert, aucun oiseau n'a été empoisonné.»

RÉACTIONS À LA LUMIÈRE ET À LA COULEUR

Les migrations des oiseaux sont en partie expliquées par la longueur du jour. Lorsque l'été tire à sa fin et que les jours raccourcissent, une réaction se produit (peut-être dans l'hypophyse) qui conduit les oiseaux à rechercher un climat plus favorable. La migration peut même avoir lieu avant la maturation des cultures et, par conséquent, avant que le banquet automnal de la nature soit complètement servi.

Au cours d'une fascinante série d'expériences menées sur des oiseaux, Bissonnette et d'autres ont réussi à montrer que la migration et les cycles sexuels dépendent moins de la température que de la lumière. Chez l'étourneau mâle, dont l'activité sexuelle est au repos pendant l'hiver, on a pu constater un éveil des testicules lorsque la durée d'éclairement était prolongée. Il en est de même dans le cas de la couleur. Bissonnette affirme: «On constate chez les oiseaux soumis à la lumière rouge et à la lumière blanche une stimulation de l'activité testiculaire... Pour faire diminuer l'activité reproductrice, les couleurs à utiliser sont, par ordre décroissant, le rouge, le blanc, la couleur témoin, le vert, cette dernière couleur étant la plus inhibitrice.»

LES MAMMIFÈRES

Bissonnette a constaté des résultats semblables chez les mammifères. «En introduisant de l'éclairage la nuit, on peut amener le lapin de garenne à maintenir son activité sexuelle pendant l'hiver.» Au cours d'expériences menées sur des belettes, des furets et des visons, il a réussi à leur faire prendre leur fourrure d'hiver même pendant les journées les plus chaudes de l'été. «Il serait donc possible d'induire chez le vison sa couleur blanche si prisée même en été, en dépit de la chaleur, ou d'en accélérer l'apparition en automne en réduisant la période d'éclairement à laquelle les animaux sont exposés chaque jour.»

Des résultats semblables ont été obtenus avec des chèvres. La vache donne du lait à l'année longue, mais la chèvre est moins généreuse. Et comme elle ne se reproduit pas d'avril à septembre, l'approvisionnement en lait risque d'être interrompu. Bissonnette a montré que la reproduction – et l'approvisionnement en lait – étaient parfaitement contrôlables. «Les résultats montrent que le cycle de reproduction de la chèvre est contrôlé par la période d'éclairement quotidienne. Les jours courts favorisent la reproduction tandis que les jours longs l'inhibent.»

Comme la plupart des mammifères ne perçoivent pas la couleur, leur réaction devient encore plus intéressante puisqu'elle témoigne de l'existence de forces auxquelles l'animal n'est pas visuellement sensible. Or la couleur produit des résultats étonnants. Ludwig et von Ries ont constaté que la croissance des rats était la même sous l'effet de la lumière bleue ou de la lumière blanche. Mais sous l'effet de la lumière rouge, le poids des rats était accru. «Ils ont émis une hypothèse selon laquelle une certaine activité hormonale était accrue par la lumière rouge, que l'ultraviolet interrompait mais que la réintroduction de lumière rouge pouvait activer de nouveau» (B. D. Prescott).

Nous verrons dans les pages qui suivent d'autres exemples des effets de la lumière visible et de la couleur sur les animaux. Les animaux au sang chaud semblent ne pas avoir besoin d'une bonne perception de la couleur. Walls écrit: «Chez les mammifères, il devient impossible de suivre la progression constante d'un sens de la couleur qui passerait d'un état imparfait chez les groupes primitifs et évoluerait vers un plus grand niveau de perfection dans les ordres supérieurs.» Le bétail perçoit autant – ou aussi peu – le vert que le rouge. Toute pièce de tissu suspendue sur une corde à linge attirera la curiosité d'un taureau, sans égard à la couleur. Les chats, cependant, semblent être plus sensibles aux courtes longueurs d'onde que la plupart des animaux diurnes.

Chez les primates et les hommes, cependant, la perception de la couleur réapparaît dans sa complexité, comme chez les poissons et les oiseaux, mais avec de nombreux raffinements. Les singes distinguent parfaitement les couleurs et peuvent apprendre à les apparier. Cependant, comme on le montrera bientôt, les effets physiques de la couleur sont parfois indépendants de la vue. Les hommes et les animaux, comme les plantes, ressentent les effets de la couleur qui se répercute sur leur état général de santé, qu'ils perçoivent cette couleur ou non.

Chapitre 9

LE DIAGNOSTIC PAR LA COULEUR

LE PROFESSIONNEL DE LA SANTÉ moderne a tendance à considérer la couleur comme un triste vestige de la charlatanerie, un art ténébreux pratiqué par des fakirs qui enveloppent tout d'un vaste nuage de jargon ésotérique. Le médecin tient – sans doute avec raison – à conserver un point de vue impersonnel. Il veut des preuves cliniques, des méthodes d'investigation structurées et non biaisées. Il reconnaîtra la valeur d'un traitement à l'ultra-violet, par exemple, lorsqu'il pourra observer au microscope la destruction des microbes. Mais qui peut affirmer avec autant de certitude que les couleurs *visibles* du spectre ont aussi des effets physiques puissants? L'étude de la couleur ne se prête malheureusement pas toujours à l'établissement de preuves et de données concrètes. La couleur, si elle est visible pour l'œil, peut aussi avoir une composante psychique qui ne sera pas nécessairement toujours prévisible.

LE SCEPTICISME SCIENTIFIQUE

L'attitude du médecin est bien exprimée par Richard Kovacs: «Certains prétendent qu'en divisant la lumière visible en ses divers segments: rouge, jaune, bleu, etc., il devient possible d'utiliser ces bandes de couleurs à des fins thérapeutiques précises comme par exemple le bleu pour la sédation et le rouge pour la stimulation. Ces prétentions reposent cependant sur bien peu de preuves, principalement parce que les filtres qui servent à la production de ce bleu pur, de ce rouge ou d'une autre couleur, s'ils produisent l'effet escompté, entraînent aussi l'émission d'une radiation inerte en bloquant l'essentiel de l'énergie électromagnétique. Il reste cependant que les couleurs ont sans doute un certain effet psychologique, quelle que soit la quantité de radiation effectivement présente.» On reconnaît cependant que les rayons de la lumière visible atténuent la brûlure produite par l'ultraviolet en augmentant les quantités de lymphe et de sang qui entraînent dans leur débit certains produits des tissus endommagés.

Peut-être le médecin moderne est-il trop prudent et le thérapeute par la couleur trop prompt à croire au pouvoir magique du spectre lumineux. Sans doute la thérapie par la couleur est-elle bénéfique dans une certaine mesure, tout comme il est bénéfique de s'exposer à la lumière. Et l'efficacité de l'énergie électromagnétique a peut-être déjà été faussement attribuée au rouge, au jaune, au vert ou au bleu. Il reste cependant qu'un certain nombre d'énigmes posées par la couleur ont encore besoin d'être résolues avant qu'il devienne possible d'accepter ou de repousser définitivement la couleur comme agent curatif.

Le Nord-Américain en particulier semble lever le nez sur le phénomène de la couleur comme agent de guérison. Pourtant, de nombreux travaux de recherche ont été réalisés par des scientifiques sérieux et leurs résultats ne doivent pas être pris à la légère. Par exemple, il y a dans le cerveau humain des ondes électriques qui peuvent être enregistrées et mesurées. L'épilepsie et de nombreux troubles psychotiques peuvent être diagnostiqués à l'aide de ces ondes. On les étudie afin d'y déceler les indices de la personnalité, de certains processus mentaux ou de certains troubles mentaux. Avec un instrument appelé électroencéphalographe, on fixe des électrodes à la tête, généralement dans la région de l'oreille, et on peut enregistrer les ondes émises par le cerveau. Les ondes s'inscrivent sur un papier graphique en lignes horizontales tracées en dents de scie et sont analysées afin d'en dégager non seulement la fréquence mais aussi le rapport, sur une certaine période de temps, entre les ondes lentes et les ondes rapides.

AUX FRONTIÈRES DE LA SCIENCE

Certains professionnels de la santé utilisent la couleur depuis déjà longtemps et continuent de l'utiliser, bien que ces pratiques soient plus courantes en Europe qu'en Amérique du Nord. La lumière rouge est fréquemment recommandée dans les cas d'érysipèle, d'urticaire, de scarlatine, de rougeole, d'eczéma. Küster l'emploie dans les cas de fonctionnement excessif des organes sexuels et d'hémorragie utérine. On a constaté que la lumière rouge réduit la douleur après une intervention chirurgicale, ou dans les cas d'inflammation aiguë ou de brûlure à l'ultraviolet. Le rouge réchauffe les tissus, dilate les vaisseaux sanguins et favorise peut-être une action réflexe qui calme les nerfs. R. Douglas Howat traite de la valeur de la couleur rouge dans le traitement du lumbago, de la myalgie, de l'arthrite rhumatoïde, de la sciatique, de la névrite et des fractures.

En revanche, le bleu a des propriétés bactéricides. Il augmenterait la production de gaz carbonique chez certains animaux à sang froid, tandis que le rouge serait la couleur qui exerce le plus d'effets sur les oiseaux et les rongeurs. Moleschott a montré que la lumière, en général, accroît l'élimination du gaz carbonique chez les animaux.

Le bleu est prescrit pour soigner les maux de tête «lancinants», l'hypertension d'origine nerveuse et l'insomnie rebelle. Que son action soit directe ou indirecte (c'est-à-dire que la couleur soit perçue par l'œil ou par les émotions) semble avoir peu d'importance, ce sont après tout les résultats qui comptent.

Des chercheurs sérieux ont montré que le jaune corrige l'hypotension associée à l'anémie, la neurasthénie et la débilité. Appliqué sur l'abdomen, le jaune semble accroître le débit de l'acide gastrique – comme il se peut qu'il stimule l'action des intestins.

Le vert semble avoir un effet neutre.

Dans d'autres expériences on a découvert un antagonisme certain entre la lumière rouge et la lumière ultraviolette. Les substances activées par l'ultraviolet sont rendues inactives par la lumière rouge. L'activité hormonale est accrue par le rouge et interrompue par l'ultraviolet. F. Ludwig et J. von Ries sont convaincus que les diverses parties du spectre exercent chacune leur influence sur la production hormonale et que certains problèmes endocriniens trouveront peut-être une solution lorsque les études photobiologiques auront pu être poussées plus loin.

Les données accumulées sont encourageantes à défaut d'être nombreuses. L'humanité peut espérer que les préjugés seront un jour mis de côté et que des hommes intelligents s'emploieront davantage à prouver l'efficacité de la couleur qu'à essayer d'établir le contraire.

LES MANIFESTATIONS DE LA MALADIE

Si la médecine moderne hésite à accepter la couleur comme moyen thérapeutique direct, elle en fait néanmoins usage dans ses activités diagnostiques. Le médecin trouve ici une signification aussi importante que celle du pouls et de la température.

Le Dr John Benson, dans un article paru dans l'*American Journal of Clinical Medicine* (décembre 1907), indique qu'en règle générale une langue blanche témoigne d'un système en manque d'alcalins, tandis qu'une belle langue rouge signale un besoin d'acides. Il ajoute qu'une langue rouge foncé est souvent signe d'infection et qu'une langue brunâtre est une manifestation de typhoïde.

La pigmentation de la peau peut avoir une signification encore plus grande. Benson présente la liste suivante de symptômes intéressants:

Un teint sombre, trouble et sans vigueur (aussi le visage rougeâtre et le nez bulbeux): manifestation d'autotoxémie.

Visage jaune: maladie hépatique.

Peau mince, claire et transparente avec veinules bleues apparentes: vitalité amoindrie, symptôme de tuberculose.

Teint verdâtre et lèvres pâles: un signe d'anémie.

Taches rouge foncé tournant souvent au violet: lésions pulmonaires caractéristiques de la pneumonie.

Tout bon livre de médecine est rempli de descriptions de couleurs comme manifestations de la maladie. Les médecins savent que la couleur est un symptôme et qu'elle témoigne de nombreux troubles de santé. Voici quelques notes glanées dans des ouvrages médicaux:

Alcoolisme chronique: le visage est congestionné, ce qui a pour conséquence un teint rouge foncé. Le nez est souvent proéminent et rouge.

Anémie d'Addison: la peau est bronzée, d'abord au visage et aux mains puis plus généralement. La couleur varie d'un jaune pâle à un brun foncé et peut même prendre une couleur ardoise.

Anémie pernicieuse: «la présence combinée de pâleur et de bonne alimentation est frappante. La peau, au lieu d'avoir l'apparence blanche cadavérique généralement associée aux états d'anémie très graves, prend en général une couleur jaune citron.»

Apoplexie: un teint gris cendre.

Argyrie: la peau prend une couleur gris métallisé ou ardoise.

Arthrite chronique: zones irrégulières de pigmentation jaune.

Cancer: le changement de couleur peut ne pas être apparent aux premiers stades de la maladie. Plus tard, la peau tend vers le jaune, puis le jaune-brun ou le vert brunâtre.

Chloasma: la peau est marquée de taches jaunâtres, brunâtres ou noirâtres.

Chlorose: une pâleur verdâtre caractéristique fait donner à cet état le nom de «maladie verte».

Diabète: peau souvent bronzée.

Empoisonnement au gaz carbonique: la peau peut prendre une couleur cerise.

Engelure: la peau est plus blanche qu'à l'état normal, puis passe au rouge foncé, au rougeâtre, ou prend une teinte rouge-noir.

Érysipèle: rouge vif sur la voûte nasale se répandant ensuite vers les joues.

Fièvre typhoïde: taches roses tournant au violet.

Lèpre: taches blanches.

Maladie d'Osler: les vaisseaux sanguins superficiels semblent pleins et la peau a l'air congestionnée. Par temps chaud, le visage aura une couleur brique ou prune.

Pellagre: la peau prend une teinte rouge foncé.

Péritonite tuberculeuse: peau bronzée, surtout sur l'abdomen.

Syphilis: une couleur jaunâtre particulière parfois appelée *café au lait*.

Varicelle, rougeole, scarlatine, scorbut: «des hémorragies surviennent dans la peau et produisent des lésions de tailles diverses. Celles-ci changent graduellement de couleur puis disparaissent.»

Les couleurs du sang (le rapport entre les globules blancs et les globules rouges), la couleur de l'urine, celle des excrétions du nez ou des excréments a aussi de l'importance. La rétine de l'œil peut être marquée de taches blanches, grises ou noires, vert bleuté ou vert grisâtre. Les paupières peuvent paraître rougeâtres ou bleuâtres. Il peut y avoir une rougeur au pied. Les lèvres peuvent devenir violettes. Un cercle blanc autour de la bouche d'un bébé témoigne d'une irritation gastrique ou intestinale. Les gencives peuvent devenir bleues en cas d'empoisonnement au plomb, violettes ou bleuâtres en cas d'infection des gencives, noires en cas d'empoisonnement au bismuth. Dans les cas d'empoisonnement chronique au cuivre, on trouve parfois une ligne verte au point de rencontre des dents et des gencives.

LES COULEURS DE LA MALADIE

La pâleur et la lividité sont en général associées à la maladie. Au cours de la grossesse, la peau peut devenir brunâtre et l'aréole du sein peut prendre une teinte foncée. Enfin, il y a des signes de la mort reconnus par Hippocrate: «Un nez anguleux, les yeux enfoncés, les tempes affaissées, les oreilles froides, contractées, aux lobes retroussés; la peau du front rugueuse, distendue et desséchée; la couleur de toute la face étant brune, noire, livide ou couleur de plomb.»

Arthur G. Abbott fait une excellente description des aspects changeants de la couleur du corps humain. «La rougeur du sang est influencée par l'oxygène et le gaz carbonique. Les joues rouges de la jeunesse sont le signe d'une bonne circulation sanguine, surtout lorsqu'elles sont associées à une peau de texture délicate et saine. Un homme de race blanche peut prendre une grande variété de couleurs selon son état, de telle sorte qu'on pourrait très bien le qualifier de "personne de couleur" tandis qu'un homme de race noire, dont on dit qu'il est "de couleur" est en réalité noir, ce qui dénote une absence de couleur. Un homme de race blanche peut prendre une couleur très blanche sous l'effet de la frayeur ou de l'hémorragie; une couleur grise sous l'effet de la douleur; rouge par suite de l'effort ou de la colère; verte sous l'effet de la bile ou d'un poison; jaune sous l'effet de la jaunisse; bleue sous l'effet du froid, d'une mauvaise circulation du sang ou d'un manque d'oxygène; brune sous l'effet du soleil; violette par strangulation; et noire par décomposition.»

Dans un appareil remarquable appelé oxyhémographe, on trouve un œil électrique qui sert à enregistrer les modifications dans la couleur du sang. Fixé à l'oreille, il indique les variations dans le taux d'oxygène du sang. Mais l'appareil réagit à la couleur: rouge vif lorsqu'il y a assez d'oxygène, rouge plus foncé lorsque l'oxygène diminue. Au cours des longues interventions chirurgicales, on craint notamment les états d'anoxie cérébrale qui peuvent paralyser ou tuer le patient. Autrefois, les chirurgiens s'en remettaient surtout à une observation de la respiration et du pouls. L'oxyhémographe s'est révélé essentiel dans des situations de crises cardiaques et de «bébé bleu». Grâce à cet appareil, le chirurgien peut savoir que son opération a réussi avant même de refermer la plaie.

Citons de nouveau Abbott qui, cette fois, fait allusion à une étrange technique de diagnostic du cancer: «En Allemagne se trouve un poisson, appelé *Elritze*, qui permet de procéder à un remarquable test de dépistage du cancer. Un échantillon du sang du patient est prélevé et injecté au poisson, dont la couleur normale est argenté-brun; si des hormones cancéreuses sont présentes dans le liquide injecté, le poisson tourne immédiatement au rouge et conserve cette couleur environ cinq minutes après quoi il reprend sa couleur normale et peut servir à un autre test.»

UNE VISION TEINTÉE

Une personne atteinte de certaines maladies fait parfois l'expérience d'une vision teintée, c'est-à-dire que son champ de vision paraît légèrement ou fortement coloré. Dans les cas de jaunisse, le monde peut sembler essentiellement jaune. Dans les cas d'hémorragie rétinienne ou de conjonctivite des neiges, le champ de vision peut devenir rouge. Les empoisonnements à la digitale ou à la quinine font voir jaune. Les blessures de la cornée peuvent faire voir vert. On voit bleu dans certains cas d'alcoolisme. Dans les cas de scotome du tabac, la vision peut être teintée de rouge ou de vert.

Lors d'un empoisonnement à la santonine, le monde peut d'abord paraître bleuté, puis il y aura une étape de plus longue durée où la vision sera teintée de jaune et enfin une période où le monde baignera dans le violet avant la guérison complète. Après l'extraction d'une cataracte, le patient voit parfois rouge et ensuite bleu. Mais il est rare qu'il voie vert ou jaune.

La vision et l'organe de la vue ont fait l'objet de nombreux travaux de recherche en médecine. Les thérapeutes par la couleur ont beaucoup tenté de soulager la maladie en introduisant des rayons de couleur dans les yeux afin de stimuler ou de détendre les nerfs oculaires et d'exercer ainsi des effets sur le corps entier, par le biais d'une chaîne d'interactions. Les rayons de lumière bleue et violette introduits dans l'œil auraient eu pour effet de soulager les maux de tête. La lumière rouge accroîtrait la tension artérielle et ferait disparaître les étourdissements. La lumière jaune, verte ou bleue soulagerait les troubles digestifs; la lumière jaune serait bénéfique dans certains cas de troubles mentaux.

Mais répétons-le, les données concrètes ne sont pas assez nombreuses pour être concluantes. Revenons-en cependant au diagnostic et disons que l'œil peut permettre de détecter une grande variété de maladies. Un ouvrage très intéressant à cet égard est celui de I. S. Tassman, *The Eye Manifestations of Internal Diseases*. À sa lecture, on est frappé par le fait que de nombreuses affections se manifestent par la voie de l'œil. Les membranes et les tissus très délicats de l'œil sont vite altérés et des lésions s'y forment facilement. On peut attribuer ces lésions à des causes héréditaires, à des infections et à des maladies, à la dégénérescence d'autres organes du corps ou à des causes mécaniques. L'œil, parce qu'il est très sensible, réagit promptement à tout déséquilibre.

La syphilis congénitale peut y être relevée, de même que des faiblesses héréditaires et des tendances à la maladie. Les allergies se manifestent d'abord par des paupières rouges et irritées, les maladies systémiques qui nuisent à la bonne circulation du sang peuvent devenir manifestes dans l'œil. Dans les cas d'anémie, la tête du nerf optique paraît blanche et une tache «rouge cerise» apparaît parfois sur la plage maculaire de la rétine.

CE QUI SE TRADUIT PAR L'ŒIL

Dans les cas de scarlatine, les paupières de l'œil sont enflées et d'une rougeur très apparente.

Dans les cas de croup, les yeux sont injectés de sang. Si des hémorragies peuvent alors nuire à la vision, elles se dissipent progressivement.

Dans les cas de fièvre typhoïde, il se produit parfois des ulcères de la cornée. On verra apparaître des «taches de couleur» sur la rétine.

Dans les cas de grippe, on constate parfois la présence d'abcès sur la paupière. Du pus peut se former autour des paupières. L'œil devient rouge et prend une apparence congestionnée.

Dans les cas de pneumonie, des lésions oculaires peuvent se former pendant ou après le cours de la maladie. L'œil pâlit par manque d'apport sanguin.

Dans les cas de diphtérie, la paupière est rouge et enflée et l'œil est parfois très sensible à la lumière.

L'érysipèle du visage peut être considéré en partie comme une maladie des paupières qui met la vision en péril. Elle s'accompagne généralement d'abcès superficiels et de rougeurs.

Dans les cas de gonorrhée, on constate une inflammation et une rougeur des paupières. La cornée peut aussi devenir trouble.

La lèpre s'accompagne souvent de cécité. Une pellicule grisâtre se forme sur l'œil et une lourde pigmentation peut apparaître dans l'iris.

Dans les états de fièvre ondulante, on constate parfois une coloration grise de l'iris.

La tularémie, une maladie transmise par les lapins, les souris et autres rongeurs, est signalée par Duke-Elder comme étant «la seule maladie systémique du corps humain découverte par le biais de l'ophtalmologie». Les manifestations se produisent généralement dans un seul œil. La paupière est rouge et enflée, des ulcères jaunâtres apparaissent sur l'œil: «des pois jaunes sur une toile de coton rouge».

Dans les cas de syphilis, la cécité se produit fréquemment. Selon Tassman, «on croit qu'environ 2 p. 100 des maladies de l'œil sont causées par la syphilis». Des lésions apparaissent sur l'œil, accompagnées de paralysie de l'iris, du cristallin et des muscles oculaires.

Chez les personnes atteintes de tuberculose, on voit apparaître du tissu de granulation en forme de «crête de coq» de même que des lésions sur la paupière et sur l'œil.

Avant la vaccination généralisée, environ 35 p. 100 des cas de cécité étaient dus à la variole. Pendant la maladie, des pustules se forment et les yeux deviennent très sensibles à la lumière. La variole a toujours été une maladie «rouge», c'est-à-dire que l'on traitait autrefois au moyen d'une ornementation rouge.

Si les oreillons affectent rarement les yeux, la rougeole peut les attaquer sérieusement. Des taches apparaîtront sur l'œil accompagnées d'une enflure et d'une rougeur des paupières.

Chez les personnes atteintes de malaria, des ulcères apparaissent sur la cornée. La rétine peut devenir très rouge et des «stries gris-bleu» peuvent se former en réseau sur la plage maculaire de la rétine.

Les infections des dents, des amygdales, du nez et des sinus ont aussi des manifestations dans l'œil. «Les "rhumes de cerveau" qui témoignent généralement de la présence d'une infection aux sinus s'accompagnent souvent de manifestations oculaires.»

Dans les cas d'empoisonnement à l'alcool, la vision est parfois trouble. «Une vision sautillante et des taches apparaissent devant les yeux et le patient se plaint parfois d'images rémanentes colorées» (Tassman). L'alcool méthylique ou alcool de bois peut causer la cécité complète.

CARENCES VITAMINIQUES

La carence en vitamine A, qui cause la cécité nocturne, sera traitée dans un chapitre ultérieur. Lorsque le corps est mal nourri et souffre de carences vitaminiques, les yeux en sont encore une fois les principaux révélateurs.

Quand le corps humain manque de vitamine B_1 (thiamine), une maladie comme le béribéri peut s'ensuivre qui cause la dilatation de la pupille, entraîne une baisse de la vision, la rougeur de l'œil et une irritation des paupières. Dans les cas de carence en vitamine B_2 (riboflavine), la peau devient rouge, rugueuse et craquelée. Cette vitamine, facilement détruite par la lumière visible et les rayons ultraviolets, peut, en cas de carence, provoquer une baisse de la vision et une sensation d'irritation des paupières.

La carence en vitamine C, associée au scorbut, cause une extrême rougeur des yeux. La carence en vitamine D, comme la carence en vitamine A, est reliée à la cécité nocturne et peut créer des opacités dans le cristallin.

Enfin, les larves d'asticots ou de mouches sont connues pour l'infection des yeux qu'elles provoquent, appelée myiase. Il faut les détruire au moyen d'un stupéfiant puis les enlever par la chirurgie.

TROUBLES MENTAUX

Dans les crises d'épilepsie, on rapporte souvent des phénomènes d'aura visuelle, de «vision trouble», de «demi-vision», d'«éclairs lumineux» et d'hallucinations faisant apparaître des objets et des couleurs. Dans bien des états psychotiques, la pupille de l'œil ne réagit plus à la lumière.

Le patient atteint d'hystérie et de neurasthénie souffre de complexes et peut craindre la cécité. On parle même de cas de «cécité hystérique» qui semblent être produits par un esprit sensible et déséquilibré. La thérapie est alors d'ordre psychologique et psychiatrique et montre clairement que la vue est un phénomène cérébral autant qu'optique. Pour avoir de bons yeux, il faut une bonne santé et un esprit équilibré.

On sait que l'état général de santé du corps peut se répercuter sur le «champ rétinien de perception visuelle de la forme». La maladie et les abus prolongés peuvent entraîner une dégénérescence des nerfs à la limite externe de la rétine. La périmétrie permet de mesurer l'étendue du champ visuel.

Dans un article publié dans l'*American Journal of Ophthalmology*, James E. Reeder fils parle de la possibilité de diagnostiquer l'aliénation mentale en procédant à l'étude du champ de perception de la forme et des couleurs de la rétine. Normalement, la zone de sensibilité la plus restreinte est celle du vert, puis vient le rouge, puis le bleu tandis que les zones périphériques de l'œil ne sont sensibles qu'au noir et au blanc. «Dans le cas d'un champ anormal, on constate une diminution marquée de la taille des formes et une modification de la couleur. Les champs ont aussi une configuration irrégulière, mais la modification la plus remarquable est celle qui frappe l'ordre des couleurs. Car cet ordre est alors modifié ou inversé. Il peut même arriver que le champ visuel des couleurs déborde du champ de perception de la forme.»

Reeder reconnaît volontiers que ses observations manquent encore de fondement objectif. Il reste qu'en étudiant le champ visuel «psychique» il a découvert des tendances névrotiques préalablement insoupçonnées. Il estime que l'examen périmétrique est impossible à falsifier «de sorte que les simulateurs ne peuvent s'en servir». Autrement dit, lorsque la perception des couleurs est anormalement distribuée sur la rétine, c'est en général que la personne n'est pas normale sur le plan psychologique.

Dans une autre étude curieuse, H. W. Brosin et E. O. Fromm constatent la présence d'un «traumatisme» lié à la couleur chez certains daltoniens névrosés auxquels on montrait les cartes du test de Rorschach (Rorschach Research Exchange, avril 1940). En général, les sujets névrosés présentent une réaction traumatique à la couleur tandis que les personnes normales en sont libres; on entend par là que la vue de la couleur de la «tache d'encre» peut, chez les sujets atteints de trouble mental, provoquer de la détresse, de la timidité, une réaction différée, le rejet, et ainsi de suite. «Nous en venons ainsi à la conclusion que le facteur le plus important à l'origine de la réaction est *l'effet physiologique (cérébral) du stimulus physique.*» Le daltonien «ne fait pas l'expérience phénoménologique de la couleur provenant du stimulus physique, mais il semble n'y avoir aucune raison de douter qu'il ressent les mêmes effets physiologiques (cérébraux)». Autrement dit, la couleur semble avoir des effets sur le cerveau humain, qu'elle soit perçue clairement ou non.

Chapitre 10

LES EFFETS DE LA LUMIÈRE VISIBLE

DANS CE LIVRE, nous traitons des effets de la lumière visible de trois points de vue différents. Nous parlons d'abord, dans ce chapitre, de ses effets biologiques directs. L'action de la lumière visible est ainsi considérée en tant que telle, c'est-à-dire sans égard à la perception visuelle. Il s'agit en quelque sorte du point de vue de la *thérapie par la couleur*, car il y est question des effets de l'énergie rayonnante sur l'organisme humain, que le sujet puisse ou non la «voir».

Le second point de vue est de nature émotionnelle: il s'agit des effets de la couleur tels qu'ils se manifestent sur les sens. On se trouve alors dans le registre de la «psychologie de la couleur» et on s'intéresse aux nombreuses réactions étranges que peut susciter la vue d'une couleur.

Le troisième point de vue sera celui de l'organe de la vue et du mécanisme de la vision proprement dite. Dans ce contexte, nous nous intéresserons aux effets néfastes de la fatigue oculaire, de la maladie et de l'abus des yeux.

Ces trois points de vue se rapportent au bien-être humain, car tous ont des répercussions directes ou indirectes sur le déroulement de la vie, la santé physique et mentale et même la survie de l'humanité.

LA MÉDECINE

Il est regrettable de constater qu'en Amérique du Nord, les médecins se désintéressent de manière globale et générale de tout ce qui a trait à la thérapie par les couleurs. On tend à vouloir nier jusqu'à l'existence même de ce phénomène thérapeutique. Voilà une attitude propre à la science nord-américaine, car sur ce continent la recherche fondamentale n'a jamais eu aussi bonne réputation que la recherche appliquée. Les médecins nord-américains ne s'intéressent pas à la couleur. En règle générale, la recherche faite ici n'a d'autre fin que de discréditer les travaux réalisés outre-Atlantique. Si on tolère le point de vue du psychiatre et les aspects psychothérapeutiques de la couleur, la question de la chromatothérapie est en général accueillie avec scepticisme et hauteur.

Les quelques allusions que l'on trouve dans la documentation médicale nord-américaine (à l'exclusion des hypothèses des mystiques et des chromopathes) ont presque toujours un caractère négatif. Il y a quelques années, par exemple, Sidney L. Pressey a écrit un article intitulé *The Influence of Color upon Mental and Motor Efficiency*. Ce texte a créé un précédent et a été très abondamment cité depuis. Après avoir procédé à une série d'expériences, Pressey constate que les prétentions les plus optimistes des promoteurs de la thérapie par la couleur doivent être très sérieusement remises en question. «Il semble raisonnable de conclure que s'il y a *réellement* des effets physiologiques fondamentaux, capables de se répercuter sur l'état mental et l'efficacité motrice, le lien doit être de nature très générale et élémentaire; la lumière peut stimuler, la couleur rouge peut irriter et distraire, mais il serait oiseux d'attendre des résultats plus spécifiques.»

Herman Vollmer, un autre Nord-Américain, s'est lui aussi attaqué aux thérapeutes par la couleur. Il a répété un certain nombre d'expériences réalisées à l'étranger sur des plantes, des poissons, des fourmis, des mouches, des rats et des êtres humains et a obtenu des résultats négatifs sur toute la ligne. «Il n'existe aucun dénominateur biologique commun pour ces données expérimentales. La théorie non spécifique de "l'irritation"... ne semble pas applicable de manière générale et il n'y a pas assez de données expérimentales pour justifier la spécificité biologique de certaines longueurs d'onde.»

En dépit de cette attitude butée, il est parfaitement futile de nier la réalité de la thérapie par la couleur. La lumière visible a *bel et bien* des effets sur l'organisme humain. Toute personne qui affirme le contraire énonce des préjugés ou cherche à fermer les yeux sur une quantité impressionnante de données tout à fait valables et dignes de foi.

La thérapie par la couleur semble coincée dans une sorte de piège aristotélicien. Deux écoles de pensée – les mystiques et les sceptiques – sont à couteaux tirés, les uns formulant des hypothèses exagérées et absurdes tandis que les autres les dénoncent haut et fort. Toute attitude raisonnable et juste se perd alors dans la mêlée et la thérapie par la couleur n'a d'autre choix que de rester tranquillement dans les coulisses en attendant que les esprits échauffés retrouvent enfin assez de sobriété pour qu'il soit possible de procéder à l'étude de la couleur de façon rationnelle et impartiale. L'humanité en sortirait sans doute gagnante.

LA PHOTOBIOLOGIE

La photobiologie embrasse toute l'étude des effets de la lumière sur les organismes vivants. Dans le contexte de ce chapitre qui vise à expliquer les effets physiques de la couleur et à proposer une attitude favorable à la thérapie par la couleur, l'auteur s'efforcera de montrer l'action de la lumière visible en présentant d'abord des phénomènes simples et en passant ensuite à des manifestations plus complexes.

Établissons d'abord une vérité première: la lumière du soleil est bénéfique à la vie. Peut-être n'a-t-elle aucune autre propriété que celle d'être le médium dans lequel tous les êtres vivants ont pu voir le jour et prospérer. Autrement dit, si la lumière du soleil est la condition normale de la vie, les effets de la couleur devront pouvoir être montrés comme étant distincts d'elle. Ainsi Ellinger a-t-il écrit: «Étant donné ce qui a été dit sur les effets souvent antagonistes des couleurs individuelles du spectre, on comprendra facilement pourquoi la *lumière blanche du jour* ne semble avoir aucune action biologique.»

Que se produit-il alors lorsque l'équilibre naturel est modifié et que l'énergie des couleurs individuelles entre en jeu?

L'action de la lumière est essentiellement photochimique. On a déjà supposé que l'action de la lumière était principalement due au rayonnement ultraviolet ou que, tout au moins, cette région du spectre était la plus active. Les processus photobiologiques, cependant, couvrent tout l'éventail de la lumière visible et de la couleur. Le degré d'absorption de la lumière par les organismes vivants varie. Cependant, comme le rayonnement ultraviolet a un faible pouvoir de pénétration, ses effets restent plus ou moins superficiels. Blum écrit: «C'est dans le registre de la lumière visible que se situe la région de pénétration la plus profonde.»

LA DÉCOUVERTE DE RAAB

En 1900, Oscar Raab, de Munich, publie un certain nombre de données importantes sur la toxicité des teintures. Après avoir expérimenté avec diverses solutions de colorant, il constate que le temps requis pour détruire des organismes microscopiques est lié autant à l'intensité de la lumière dans son laboratoire qu'à la densité de la matière colorante. Les organismes exposés à la lumière survivent plus longtemps. Mais lorsque la teinture est introduite, l'organisme devient photosensible et est rapidement tué.

Les travaux de Raab ont donné lieu à d'autres expériences. À l'aide de teintures et de pigments, on est parvenu à sensibiliser une grande variété d'organismes vivants. Même si la teinture elle-même est inerte du point de vue chimique, elle colore le microbe, ce qui lui fait absorber de la lumière et a pour résultat de le tuer.

En ce qui concerne ce phénomène, signalons que les substances fluorescentes sont celles qui semblent avoir l'action la plus intense. Il semble que la teinture rende possible l'absorption de longueurs d'onde différentes (et peut-être néfastes). Si l'absorption des rayons ultraviolets peut être nuisible, il semble que l'absorption de la lumière visible le soit aussi, car la recherche a montré qu'il était possible d'obtenir des effets métaboliques en utilisant uniquement de la lumière visible.

PHOTOSENSIBILITÉ

Des teintures et des substances de toutes sortes peuvent rendre un organisme (ou la peau humaine) sensible à la lumière. L'éosine, une teinture rouge, a déjà été ajoutée au lait pour traiter les enfants rachitiques en partant du principe que les rayons ultra-violets seraient ainsi mieux absorbés. Le rose Bengale et le bleu de méthylène provoquent une sensibilité particulière à la lumière verte et jaune.

D'étranges éruptions cutanées peuvent faire suite à l'utilisation de cosmétiques, d'onguents, de parfums ou de lotions après-rasage. Souvent associées à l'empoisonnement, ces «maladies» sont souvent dues au fait que ces substances rendent la peau photosensible et aggravent par conséquent les «coups de soleil».

Les globules rouges d'un mammifère, en suspension dans une solution saline, peuvent supporter la lumière du soleil pendant plusieurs heures sans subir de modification appréciable, pourvu que les longueurs d'onde les plus courtes soient supprimées. Cependant, lorsqu'on ajoute une teinture fluorescente, on constate presque immédiatement un endommagement de la structure cellulaire.

L'introduction d'une teinture peut aussi désactiver une longue liste de toxines, d'antitoxines, de virus et de venins. Les hormones aussi peuvent être détruites. «La peau humaine peut être sensibilisée localement par des teintures photodynamiques... dans ce cas, une intense sensation de prurit se produit lorsque la partie sensibilisée est exposée à la lumière» (Blum).

Il existe donc une forme de thérapie par la couleur dans le contexte de laquelle on injecte une teinture inerte dans le système sanguin pour ensuite exposer l'animal (ou le patient humain) à la lumière. Au cours d'expériences avec des souris blanches, Hausmann a constaté que de grandes quantités de teinture et une lumière très intense tuaient l'animal très rapidement. Des solutions plus diluées et un apport lumineux moins intense provoquaient un coma, une faiblesse et des éruptions cutanées. Avec des animaux comme le lapin et le chien, la sensibilisation à la lumière provoquait un collapsus cardiovasculaire. L'introduction de teinture dans l'eau d'un aquarium avait des effets semblables sur les poissons, qui se mettaient à avaler de l'air à la surface, à perdre leurs écailles et éventuellement à mourir.

Il se peut que certaines formes d'urticaire soient dues au fait que l'ingestion de certains aliments rend la peau photosensible. On a dans ce contexte beaucoup étudié les effets du sarrasin dans l'alimentation des animaux. Bien des maladies d'animaux peuvent être attribuées à la photosensibilité provoquée par certains aliments. En Arabie et en Australie, on teint les moutons – avec succès – en partant du principe qu'un animal plus foncé est moins souvent malade que les animaux plus pâles. Dans presque tous les cas de photosensibilité, les animaux qui ont la peau la moins pigmentée sont les plus atteints.

Il existe aussi de nombreux cas où le contact avec certaines substances cause des éruptions. La chlorophylle de l'herbe, macérée et frottée sur la peau, peut produire des lésions si la région traitée est ensuite exposée à la lumière du soleil. La manipulation du panais et des figues provoque parfois une dermatite. Les produits goudronnés comportent parfois un risque de maladie professionnelle pour certaines personnes. Les travailleurs qui manipulent ces produits goudronnés constatent souvent qu'ils sont devenus très sensibles à la lumière.

Sur ce rapport entre la pigmentation et la réaction à la lumière, L. Roule propose une théorie étonnante relative à la migration du saumon. À la fin de sa seconde année de vie, le jeune poisson commence à perdre la pigmentation de sa peau. Il en résulte un sentiment d'irritation lorsque la lumière du soleil pénètre les eaux peu profondes où il se tient et ce phénomène le pousse vers la mer. «Ce facteur n'est sans doute pas le seul qui provoque la migration. Fait à signaler cependant, la truite, proche parente du saumon mais qui perd beaucoup moins de pigmentation, reste pour sa part en eau douce» (Maier et Schneirla).

URTICAIRE SOLAIRE

Il existe une manifestation étrange de photosensibilité chez les humains que l'on appelle l'urticaire solaire. Voilà une preuve indéniable de l'effet biologique de la lumière visible, car dans le cas de l'urticaire solaire, la maladie est très certainement causée par la lumière bleue et la lumière violette visibles.

La quantité de lumière solaire nécessaire à la production de l'éruption cutanée est très faible. On a déjà constaté qu'une exposition de trois minutes suffisait à produire une décoloration nette et une inflammation. «On peut avancer que cette réaction se produit sur une peau par ailleurs normale à cause de la présence d'une substance photoactive qui absorbe les rayons bleus et violets du spectre. Cette substance n'est probablement pas présente dans la peau normale bien qu'elle puisse être présente mais non active à l'état normal.» Au cours d'expériences menées par Blum et d'autres, la lumière bleue et violette, isolée à l'aide de filtres, continuait de produire l'irritation cutanée, caractéristique de l'urticaire solaire. Ce trouble mineur est très manifestement aggravé par la lumière bleue et violette et non par la chaleur ou les rayons ultraviolets. Bien qu'il s'agisse d'un cas extrêmement rare, il devrait suffire à mettre le sceptique en garde et à lui rappeler que la lumière visible et la couleur ne sont pas sans effets sur le corps humain.

ÉTUDES THÉRAPEUTIQUES

En 1940, un certain nombre d'études intrigantes ont été réalisées au Japon et signalées dans des revues médicales réputées partout dans le monde.

Au cours d'expériences menées sur des cobayes, les petits irradiés avec de la lumière rouge grandissaient rapidement. Les petits irradiés avec de la lumière bleue montraient des signes de sous-alimentation. Lorsque la tête et les glandes mammaires des animaux étaient irradiées avec de la lumière rouge, la sécrétion du lait était accélérée. La lumière bleue retardait la sécrétion du lait. Le Dr Kotaro Menju écrit: «Je suis convaincu que ces effets de la lumière visible sur la sécrétion du lait sont induits par le système nerveux végétatif et la fonction des glandes endocrines.»

Chez les lapins, l'irradiation avec la lumière rouge ne provoquait aucune réaction immédiate mais était suivie plus tard d'une chute de tension artérielle. «Que la lumière rouge soit appliquée sur l'ensemble du corps ou sur l'abdomen seulement, il en résultait une diminution de la tension artérielle.»

Sous l'effet de la lumière bleue, la tension artérielle fléchissait immédiatement mais ce mouvement était aussitôt suivi d'une remontée spectaculaire.

Ces réactions ont aussi été constatées par d'autres chercheurs. En général, le rouge entraîne une augmentation immédiate de la tension artérielle. Il agit comme un stimulant et son effet est suivi d'une période de dépression. En revanche, le bleu entraîne une baisse de tension artérielle qui au bout d'un moment est suivie d'une accélération rapide.

Les Drs N. Natume et S. Mizutani ont constaté l'existence de rapports évidents entre la couleur et la cicatrisation des blessures. Les résultats de leurs travaux ont été publiés en même temps que ceux du Dr Menju. L'utilisation de teinture bleue (pour absorber la lumière rouge) accélérait la guérison. La teinture rouge (qui absorbe la lumière bleue) retardait la guérison. «Quant aux effets de la lumière visible sur le tissu tumoral... les rayons rouges ont pour effet de prévenir la croissance et les rayons bleus ont pour effet de l'accélérer, bien que dans une faible mesure.»

L'EFFET DES COULEURS ROUGES

La lumière rouge sans chaleur n'exerce pas d'action particulière sur la peau. Cependant, le rayonnement rouge a un grand pouvoir de pénétration et a sans doute des effets sur le sang. Selon Ellinger, il existerait des applications thérapeutiques de lumière rouge ayant pour but d'activer les hormones sexuelles. En irradiant la tête de canetons aveugles de quatre à cinq mois, on a pu favoriser un meilleur développement des testicules que chez les canetons témoins non irradiés. (Un effet semblable a déjà été signalé en rapport avec les travaux de Bissonnette.) «En ce qui concerne les enzymes, on a déjà observé une augmentation de la glycolyse dans le sang des cobayes.»

Dans les expériences très souvent citées de Ludwig et von Ries, les rats qui s'étaient développés dans la lumière bleue avaient le même taux de croissance que les rats normaux. Sous la lumière rouge, cependant, leur poids s'était développé plus rapidement. Vollmer, en répétant la même expérience, avait constaté: «Les animaux élevés sous la lumière bleue et sous la lumière du jour avaient essentiellement le même poids. Les rats rouges semblaient avoir eu une croissance un peu ralentie jusqu'à la maturité, mais avaient par la suite dépassé les animaux élevés à la lumière du jour, et ce de façon définitive et continue.» Vollmer était cependant sceptique à l'égard de ces réactions et a lancé une rumeur qui est devenue depuis une véritable légende: «La supériorité de poids des animaux rouges à la fin de l'expérience était en partie attribuable à la présence dans le groupe d'une femelle en état de grossesse.»

Il n'en demeure pas moins que la lumière rouge a des effets sur l'organisme vivant. La véracité des expériences de Ludwig et de von Ries sur les rats ne peut être mise en doute. La lumière rouge favorise probablement la croissance rapide et une augmentation du poids, mais comme le dit Ellinger, «lorsqu'ils cessent d'être irradiés par la lumière rouge, les jeunes rats s'étiolent et meurent, sans doute par suite de carences vitaminiques».

Le recours à la lumière rouge pour combattre l'inflammation est aussi signalé, bien que les bienfaits thérapeutiques de ce traitement n'aient pas encore été établis de façon concluante.

L'EFFET DES COULEURS BLEUES

Dans une certaine mesure, la lumière bleue est l'antagoniste de la lumière rouge. Elle favoriserait l'oxydation dans les tissus et retarderait l'activité hormonale. Elle a peu d'effets sur la peau, mais serait légèrement germicide. Il semblerait donc logique que les antiseptiques destinés à être appliqués sur la peau soient bleus, plutôt que rouges ou bruns, afin d'assurer une bonne absorption des rayons rouges.

En ce qui concerne le bleu, Ellinger écrit: «Les effets les plus intéressants de tous sont probablement ceux qui s'exercent sur l'enzyme respiratoire. Selon O. Warburg, la lumière influence la respiration d'une levure en suspension dans un mélange d'oxygène et de gaz carbonique de telle sorte que la lumière bleue est trois fois plus efficace que la lumière verte ou jaune tandis que la lumière du jour est inefficace... Voilà qui présente un intérêt clinique, car cela confirme l'hypothèse de Koza sur les effets favorables d'une irradiation au quartz dans les cas d'empoisonnement au gaz carbonique. Parce que les rayons ultraviolets ont un faible pouvoir pénétrant, il est peu probable qu'ils exercent un effet sur l'enzyme respiratoire. Il importe de se rappeler cependant que cette source lumineuse est aussi très riche en lumière bleue [visible], dont le pouvoir de pénétration est suffisamment élevé pour exercer un effet compatible avec les observations de Warburg.»

Quant aux effets biologiques des autres couleurs, la région jaune-verte du spectre semble généralement neutre. Mais nous y reviendrons dans le contexte d'autres travaux de recherche.

LES RÉACTIONS À TRAVERS L'ŒIL

Dans presque tous les travaux signalés plus haut, les effets biologiques de la couleur ont pu être observés dans des contextes où la vue elle-même était inopérante.

Il semble que la couleur puisse stimuler l'hypophyse et même le système glandulaire en général. B. D. Prescott écrit: «Veil a constaté que le poisson-chat auquel on retirait l'hypophyse devenait presque blanc au bout de 24 heures, même sur un fond noir. Après une injection d'extrait rétrohypophysaire, il revenait temporairement au noir pour reprendre de nouveau sa couleur pâle après que les effets de l'injection s'étaient atténués. On a aussi constaté que pendant le sommeil, certains poissons pâlissent, puisque les fonctions métaboliques sont ralenties par le sommeil. On a constaté aussi qu'ils devenaient foncés en état d'excitation, par suite d'une activité hormonale accrue.»

On peut penser que les réactions à la couleur chez l'homme se font sur le même mode, que la couleur exerce ses effets sur le système endocrinien et que la réaction en chaîne qui s'ensuit se répercute sur la totalité du corps.

En 1910, Stein a signalé l'existence d'un tonus lumineux dans les réactions musculaires du corps. On entend par le mot «tonus» un état d'activité constante maintenu dans le corps. Le passage de la tension musculaire à la détente musculaire, par exemple, est une modification de tonus. Ces transformations sont perceptibles et en grande partie mesurables et peuvent devenir une bonne indication de l'action de la couleur. Feré a découvert que le rouge augmentait la tension musculaire, la faisant passer de 23 unités, soit l'état normal, à 42 unités. L'orange portait la tension musculaire à 35 unités, le jaune à 30, le vert à 28 et le bleu à 24 – tous des états supérieurs à la normale. Dans l'ensemble cependant, les couleurs chaudes sont stimulantes et les couleurs froides relaxantes.

En procédant à une excitation optique, A. Metzger a observé que lorsque la lumière était projetée dans l'œil de nombreux animaux et d'humains, un état de tonus était produit dans la moitié correspondante du corps. Les travaux de Metzger sont rapportés par Felix Deutsch. Ces modifications de tonus s'accompagnent d'un changement dans «la sensation superficielle et profonde, les deux étant dépendantes des stimuli optiques». Il conclut en disant que la lumière agit non seulement sur les muscles mais peut produire des changements dans l'organisme entier.

Quant à la méthode expérimentale, Metzger demandait à ses sujets d'étendre les bras à l'horizontale devant eux. Lorsque la lumière était projetée dans un œil, le tonus augmentait sur le même côté du corps. Le bras situé du côté de la lumière se levait et déviait légèrement du côté de l'œil éclairé.

Quand la couleur était utilisée, la lumière rouge amenait les bras à s'écarter l'un de l'autre. La lumière verte les amenait à se rapprocher dans une succession de mouvements brusques. En cas de torticolis, l'exposition à la lumière rouge augmentait le malaise tandis que la lumière verte l'atténuait.

Les expériences de H. Ehrenwald, rapportées par Felix Deutsch et par Friedrich Ellinger sont encore plus déterminantes. Ehrenwald a montré que lorsque le visage et le cou sont illuminés latéralement, les bras tendus dévient vers la lumière si celle-ci est rouge et s'en écartent si elle est bleue. Pour citer Deutsch: «Cette réaction se produit indépendamment de l'appareil visuel. Elle se produit même lorsque les yeux sont totalement bouchés de manière à exclure toute lumière. Elle aurait même été observée sur des sujets aveugles.» Le même phénomène a été traité par Kurt Goldstein et nous y reviendrons dans le prochain chapitre. Blum remarque que la réaction «semble révéler l'existence d'une forme rudimentaire de centres de perception de la radiation dans la peau humaine», une opinion qui réjouira les lecteurs ouverts d'esprit et choquera les sceptiques.

L'ORGANISME HUMAIN

Comme Ehrenwald, Hoffman estime aussi que le corps perçoit la radiation. La peau doit contenir des cellules étroitement associées au système nerveux et qui perçoivent l'énergie rayonnante. La réaction tonique semble se faire dans deux directions. Le jaune-vert serait le point neutre, qui ne produit aucune réaction. Dans le cas de l'orange et du rouge, il y a attirance vers le stimulus. Tandis que du côté du vert et du bleu il y a retrait par rapport au stimulus. Même l'infrarouge et l'ultraviolet, tous deux invisibles, donnent lieu à des réactions réflexes, ce qui contribue à prouver que le corps réagit à la couleur sans la voir. Pincussen parle d'une augmentation substantielle du sucre dans le sang sous l'action de la lumière rouge. Il pense que l'ultraviolet agit sur les couches superficielles de la peau, que la partie du spectre qui va du bleu au rouge agit sur le sang, tandis que le rouge et l'infrarouge auraient des effets sur les couches plus profondes de la chair.

Il y a quelques années, Daitsch et Kogan, dans une autre série d'expériences, ont conclu que les lumières jaune et violette avaient les effets les plus bénéfiques sur le métabolisme humain. La lumière rouge avait tendance à l'affaiblir considérablement et la lumière verte à l'affaiblir un peu. L'effet de la couleur dépend aussi de son intensité. Le pouls est en général ralenti dans l'obscurité comme dans la lumière éblouissante – quelle que soit la couleur utilisée. Pour procéder à une «thérapie par la couleur», il faut donc tenir compte non seulement de la couleur mais de l'intensité lumineuse. On peut donc penser que les couleurs chaudes, plus agressives et stimulantes, auront leur maximum de pouvoir lorsque la lumière est forte, tandis que les couleurs froides, plus passives et relaxantes, se prêteront mieux à une lumière tamisée.

Voilà donc un survol rapide de la thérapie par la couleur et des effets physiologiques de la lumière visible. Comme l'exprime M. Luckiesh dans *The Science of Seeing*: «Il ne faudrait pas s'étonner de découvrir, plus tard, quand nous en saurons davantage sur l'être humain, que toutes les longueurs d'onde de l'énergie rayonnante du soleil sont intimement liées à la vie et à la santé des êtres humains.»

Il semble incontestable que la couleur exerce un effet physique sur l'organisme humain. L'intensité et la chaleur de la couleur stimulent le système nerveux autonome. La tension artérielle et le pouls augmentent réellement. Que l'idée plaise ou non, la peau se réchauffe et la température augmente. Inversement, les couleurs froides et la lumière de faible intensité détendent le système nerveux autonome. La tension artérielle et le pouls diminuent et la température du corps est plus basse.

Partie 3

La dimension psychologique

Chapitre 11

LES RÉACTIONS ÉMOTIONNELLES

S I LA SCIENCE MÉDICALE récuse toute idée d'une thérapie par la couleur pouvant avoir une action biologique directe sur le corps, elle admet néanmoins que la couleur a des effets sur le terrain psychique. Et si l'expression «thérapie par la couleur» n'est pas bien reçue dans la documentation médicale, les allusions à la *psycho*thérapie sont en passe de devenir courantes. Ce serait iconoclaste de refuser la couleur en bloc. Son rôle dans toutes les sphères d'activités est trop évident pour être nié ou laissé pour compte.

Bien des chercheurs du domaine de la psychiatrie ont signalé des données fondamentales et intéressantes au sujet des rapports de l'humain à la couleur. Dans le célèbre test de Rorschach, par exemple, on constate qu'une personne dont les émotions s'expriment bien réagit très librement à la couleur tandis qu'une personne inhibée peut réagir par la gêne à toute intrusion de la couleur dans sa vie intime. La personnalité rigide, indifférente aux émotions, peut n'avoir aucune réaction.

En règle générale, on peut dire que les gens normaux, ou qui s'efforcent de s'adapter au monde et sont par conséquent «extérieurement intégrés», aiment la couleur en général et les couleurs chaudes en particulier. Les personnes «intérieurement intégrées» préféreront les couleurs plus froides et réagiront sans enthousiasme à la couleur, quelle qu'elle soit.

Les observations suivantes du Dr Maria Rickers-Ovsiankina peuvent être lues avec profit par ceux qui cherchent à comprendre la signification émotionnelle de la couleur. «Enfin Jaensch, de façon tout à fait indépendante, est parvenu à la même dichotomie du rouge-jaune par opposition au bleu-vert. Il a constaté que tout le monde peut être groupé de la même façon que les sujets incapables de détecter la région rouge-vert du spectre, c'est-à-dire en deux groupes dont l'un est plus sensible aux couleurs chaudes du spectre et l'autre plus sensible aux couleurs froides. Les sujets sensibles aux couleurs chaudes se caractérisent par un rapport intime au monde visuellement perceptible. Ils sont ouverts aux influences extérieures. Ils se fondent volontiers dans leur environnement social. Leur vie émotionnelle se caractérise par des sentiments chaleureux, la suggestibilité et les affects puissants. Leurs fonctions mentales sont rapides et hautement intégrées. Dans le rapport sujet-objet, l'accent porte sur l'objet.

«Les sujets sensibles aux couleurs froides, dans les expériences de Jaensch, ont une attitude détachée, "coupée" du monde extérieur. Ils ont du mal à s'adapter à la nouveauté et à s'exprimer librement. Sur le plan émotionnel, ils sont froids et réservés. Dans le rapport sujet-objet, l'accent porte sur le sujet. Bref, les sujets sensibles aux couleurs chaudes sont du type "extérieurement intégré" chez Jaensch, tandis que les sujets sensibles aux couleurs froides sont du type "intérieurement intégré".»

COULEUR ET PSYCHOLOGIE

Sur la question de la psychologie des couleurs, il y a beaucoup de choses à dire. J. P. Guilford écrit: «Je crois pouvoir avancer que les tissus vivants, et particulièrement les tissus du cerveau, génèrent des couleurs et des sentiments de plaisir et de déplaisir tout comme d'autres agrégats de matière génèrent des phénomènes de chaleur, de magnétisme ou d'électricité.» Lorsque la lumière frappe l'œil, elle produit des réactions qui se répandent dans tout l'organisme. Il peut s'agir d'une excitation ou d'une dépression, d'un réflexe nerveux accéléré ou d'un effet de tranquillité. L'impression de plaisir ou de déplaisir est peut-être moins associée à des qualités spirituelles ou esthétiques qu'à une réaction du cerveau, sinon de l'organisme entier.

On reconnaît aujourd'hui que les inhibitions et les répressions peuvent créer une détresse capable de produire un état pathologique dans le corps. Le conflit psychique peut nuire à certaines fonctions physiques et conduire à des maladies précises.

Les ulcères d'estomac sont un cas d'espèce. Dans un premier temps, le processus de digestion est perturbé. Si cet état se prolonge, un ulcère se développe. David Dietz écrit: «Ainsi la limite entre une cause psychique et un résultat physique est-elle franchie. Selon l'ancien point de vue, le médecin n'avait qu'à traiter l'ulcère d'estomac. Mais la médecine psychosomatique nous enseigne qu'il faut aussi traiter avec les émotions.»

La personne qui lutte envers et contre tout pour conserver son équilibre émotionnel peut finir par faire de l'hypertension. D'autres formes de détresse psychique peuvent entraîner une colite ulcéreuse ou une crise d'asthme. Même des patients qui subissent des fractures peuvent être sujets aux accidents à cause d'un état mental perturbé. Un médecin a déjà attribué plus de la moitié des maux humains au malheur. Une chose est sûre: la santé mentale et la santé physique sont intimement liées.

SE MÉFIER DES OUÏ-DIRE

Le lecteur doit cependant se méfier des récits trop sensationnels qu'on lui fait. On entend parfois parler d'une personne qui aurait fait une tentative de suicide parce que les couleurs de son salon lui déplaisaient, ou on entend des gens attribuer un divorce ou une séparation au manque d'harmonie du milieu ambiant. Ces récits sont pure fabrication. Quand on cherche à aller aux sources, on s'aperçoit invariablement que l'incident a été vécu par quelqu'un d'autre.

On entretient au sujet des effets de la couleur sur l'esprit humain des notions souvent absurdes. Certaines personnes sont convaincues que le rouge est une couleur furieuse et mortifère. Un auteur écrit: «Lady Duff-Gordon a une antipathie – que je partage –

pour le rouge, la couleur la plus forte que nous ayons et celle qui pousse à la folie plus vite que toutes les autres. Elle m'a rappelé l'existence de ces prisons dans lesquelles la couleur sert de torture; un homme placé dans un lieu où il ne voit rien d'autre que du rouge perd la raison en 24 heures et meurt. Avec du violet, le résultat peut être atteint deux fois plus vite.»

Tout cela, bien sûr, n'est que fiction et la chambre de torture rouge à laquelle il est fait allusion n'est rien d'autre que l'invention d'une imagination fertile. Quand une personne prend une couleur en aversion, elle exprime souvent sa colère de cette façon. Le peintre Wassily Kandinsky manifestait ainsi son dégoût pour la couleur jaune: «Le jaune est par excellence la couleur de la terre. C'est une couleur qui ne peut avoir de signification profonde. Lorsqu'on le mélange avec du bleu, il en résulte une couleur maladive qui peut être comparée aux états de folie de la nature humaine, non pas à la mélancolie ou à la manie hypochondriaque, mais plutôt à la folie furieuse.»

RÉACTIONS EN GÉNÉRAL

Pour donner au lecteur le «sentiment» de la couleur – afin qu'il puisse vérifier ses propres réactions psychologiques –, voici quelques remarques d'ordre général.

Pour l'essentiel, les couleurs du spectre peuvent être associées à deux états d'âme: le rouge et ses analogues renvoient à la chaleur, à l'action et à l'enthousiasme tandis que le bleu, le violet et le vert sont des couleurs plus froides qui font penser au calme et à la passivité. La présence de ces couleurs aura donc tendance à élever l'humeur ou à l'apaiser. De la même façon, on peut dire que les couleurs pâles sont actives tandis que les couleurs foncées sont plutôt passives. Au-delà de ces sensations de chaleur ou de fraîcheur, de clarté ou d'ombre, le choix des couleurs est une question de goût personnel et la capacité d'une couleur de susciter le plaisir ou le déplaisir dépendra des préférences de chacun.

Les couleurs pures, cependant, sont parfois trop sévères. En insistant trop sur une couleur, on peut créer un sentiment de malaise.

Les éclairages chromatiques ont des effets encore plus prononcés sur l'humeur: les verts et les bleus donnent aux lèvres une couleur noire et à la peau un aspect cadavérique. Dans un tel éclairage, tout peut paraître repoussant. On a déjà utilisé des éclairages verts sur des criminels placés dans une salle tapissée de miroirs pour les pousser aux aveux.

Certains psychologues ont procédé à des travaux de recherche afin de déterminer les états d'esprit associés aux couleurs du spectre. N. A. Wells a constaté que l'orange foncé était la couleur qui avait le plus d'effet, suivi de l'écarlate et du jaune-orange. Les couleurs les plus apaisantes sont le jaune-vert, suivi du vert. Le mauve a l'effet le plus envoûtant, suivi du violet.

Le Dr Robert R. Ross, de l'Université Stanford, a tenté d'associer des couleurs avec l'intensité dramatique et l'émotion. Le gris, le bleu et le violet sont les couleurs qui s'allient le mieux à la tragédie; le rouge, l'orange et le jaune, à la comédie. William A. Wellmann, de la Californie, a aussi mis au point une palette «théâtrale» dans laquelle le rouge est la couleur de la vigueur, le jaune la couleur de la chaleur et de la joie, le vert la couleur de l'abondance et de la santé, le bleu la couleur de la spiritualité et de la réflexion, le brun la couleur de la mélancolie, le gris la couleur de la vieillesse, le blanc la couleur de l'énergie et de la conscience, et le noir la couleur du désespoir.

IMPRESSIONS SUBJECTIVES

Peu d'auteurs semblent comprendre cependant qu'une couleur peut avoir des effets opposés, selon le point de vue de l'observateur. Le vert nous en procure un bon exemple. En soi, le vert est une couleur fraîche, claire et généralement agréable. Mais un éclairage vert projeté sur la chair humaine modifie entièrement le point de vue et rend aussitôt la couleur repoussante. Il est donc impossible d'établir une liste d'associations de couleurs sans prendre en ligne de compte la dimension subjective autant que la dimension objective, car les réactions varient selon qu'une personne associe la couleur au monde extérieur ou à elle-même.

Si les couleurs chaudes ne varient pas beaucoup dans le passage de l'objectif au subjectif, les couleurs froides peuvent se révéler tout à fait contradictoires. Le rouge peut sembler beaucoup plus intense lorsqu'on l'applique à soi-même qu'à des objets extérieurs. Les bleus et les verts peuvent sembler paisibles sous un aspect et terrifiants sous un autre.

Les états d'âme produits par la couleur sont donc très divers. On verra dans le tableau qui suit un certain nombre d'associations modernes à la couleur, car toutes les principales couleurs y sont présentées selon leur apparence générale, leurs associations mentales, leurs associations directes, de même que leurs impressions objectives et subjectives.

LA RECHERCHE DANS LE DOMAINE
DE LA PSYCHOLOGIE DES COULEURS

La recherche sur les aspects psychologiques de la couleur est difficile à réaliser, car les émotions humaines sont instables et la composition psychique des êtres humains varie d'une personne à l'autre. On semble cependant pouvoir établir un certain nombre de réactions générales et universelles à la couleur. Gilbert Brighouse, qui cherchait à connaître les réactions humaines à différents éclairages colorés, a mesuré la réponse musculaire chez plusieurs centaines de collégiens. Il a constaté que les réactions étaient 12 p. 100 plus rapides qu'à la normale sous un éclairage rouge, tandis qu'un éclairage vert retardait la réaction.

Il est encore plus vraisemblable de croire que l'organisme humain réagira plus rapidement dans un éclairage très vif plutôt que dans un éclairage tamisé. La quantité de lumière semblerait alors avoir plus d'importance que la couleur.

D. B. Harmon a constaté que la plupart des êtres vivants s'orientent vers la lumière ou l'intensité lumineuse. Il a constaté aussi que lorsque l'énergie est stimulée, la tendance à réagir augmente au même rythme. Il estime donc qu'un environnement bien éclairé conditionne l'organisme à ce qu'il appelle l'activité de fuite (fortement musculaire), mais peut nuire aux tâches plus sédentaires (activité mentale). On peut en tirer un certain nombre de conclusions: les activités à caractère musculaire seront mieux accomplies dans un environnement bien éclairé, tandis que le travail intellectuel se fera mieux dans un environnement aux couleurs plus sombres et à l'éclairage tamisé (complété par un bon éclairage orienté vers la tâche elle-même).

ASSOCIATIONS MODERNES À LA COULEUR

Couleur	Apparence générale	Associations mentales	Associations directes	Impressions objectives	Impressions subjectives
Rouge	Couleur brillante, intense, opaque, sèche	Chaleur, feu, sang	Danger, Noël, Fête de l'Indépendance, Saint-Valentin, Fête des Mères, drapeau	Couleur passionnante, excitante, fébrile, active	Intensité, rage, rapacité, férocité
Orange	Couleur brillante, lumineuse, réverbérante	Chaud, métallique, automnal	Halloween, Action de Grâces	Couleur joviale, gaie, énergique, forte	Hilarité, exubérance, satiété
Jaune	Couleur lumineuse, incandescente, radieuse	Lumière du soleil	Prudence	Joie, inspiration, vitalité, lumière céleste	Bonne humeur, santé
Vert	Couleur claire, humide	Fraîcheur, nature, eau	Fête de la Saint-Patrick	Couleur apaisante, rafraîchissante, paisible, naissante	Horreur, maladie, terreur, culpabilité
Bleu	Couleur transparente, mouillée	Froid, ciel, eau, glace	Forces armées, drapeau	Couleur envoûtante, mélancolique, contemplative, sobre	Désespoir, crainte, dissimulation
Violet	Couleur sombre, douce, atmosphérique	Fraîcheur, rosée, obscurité, ombre	Deuil, Pâques	Couleur digne, solennelle, mystique, couleur du deuil	Solitude, désespoir
Blanc	Espace sidéral – luminosité	Fraîcheur, neige	Propreté, Fête des mères, drapeau	Couleur pure, propre, franche, jeune	Esprit éveillé, normalité
Noir	Espace sidéral – ténèbres	Neutralité, nuit, vide	Deuil	Couleur funéraire, sinistre, mortifère, déprimante	Négation de l'esprit, mort

LES TRAVAUX DE KURT GOLDSTEIN

Un des auteurs les plus stimulants et les plus prolifiques sur la question des aspects psychologiques de la couleur est sans doute Kurt Goldstein. «La vie est un état qui alterne entre l'excitation, la destruction et le déséquilibre d'une part et la réorganisation, l'équilibre et le repos d'autre part. Dans le cours d'une vie, les couleurs ont un rôle à jouer. Chaque couleur a son importance et toutes les couleurs, prises globalement, contribuent à garantir une vie normale.»

Goldstein est une autorité reconnue dans le domaine de la psychoneurologie et ses observations font autorité dans le monde médical. Son livre, *The Organism*, et ses articles publiés dans les revues de médecine des États-Unis témoignent non seulement d'importants travaux de recherche clinique mais aussi d'un grand esprit logique et d'une bonne compréhension de la nature humaine.

Goldstein écrit: «Il n'est sans doute pas faux d'affirmer que *la stimulation par une couleur en particulier s'accompagne d'une réaction précise de l'organisme entier.*» Confirmant les travaux de Metzger et d'Ehrenwald signalés au chapitre précédent, cette réaction organique est observable lorsque la stimulation par la couleur est soigneusement introduite et bien observée. On pourrait en conclure que la réaction à la couleur est profondément ancrée et intimement liée au processus vital lui-même.

«L'effet de la couleur est accru chez les névrotiques et les psychotiques.» Goldstein parle d'une femme atteinte d'une lésion au cervelet qui avait tendance à faire des chutes et qui avait une démarche instable. Lorsqu'elle portait une robe rouge, ses symptômes étaient plus prononcés. Mais des vêtements verts et bleus avaient l'effet opposé et lui donnaient un équilibre presque normal.

La couleur aiderait donc le corps à se situer dans l'espace. Comme nous l'avons dit précédemment, la lumière rouge pousse les bras tendus à s'écarter l'un de l'autre et la lumière verte les fait se rapprocher. Lorsque le patient est atteint d'une lésion au lobe gauche du cerveau, le bras du côté touché dévie beaucoup plus que la normale. «Parce que la déviation, dans certaines conditions, est parfaitement mesurable et est modifiée selon la couleur utilisée pour la stimulation, ce phénomène peut servir d'indicateur dans l'étude de l'effet de la couleur sur le comportement.»

L'équilibre de l'organisme humain est beaucoup plus perturbé par le rouge que par le vert. Goldstein propose une conclusion qui apporte des réponses à ceux qui s'intéressent à la «psychologie de la couleur». Il affirme: «La déviation plus forte qui se produit sous l'effet du rouge correspond à l'impression d'être bousculé, expulsé, anormalement attiré vers le monde extérieur. Il s'agit là d'une autre expression du sentiment d'intrusion, d'agression ou d'excitation subi sous l'effet du rouge. La déviation moins prononcée [sous l'effet du vert] correspond au retrait du monde extérieur, au recentrage en soi et au retour vers la paix. Cette expérience interne représente l'aspect psychologique de la réaction de l'organisme. Le phénomène observable est sa manifestation physique.»

Bien des personnes atteintes de tremblements ou de tics nerveux trouvent du soulagement en portant des lunettes vertes, car elles bloquent les rayons de lumière rouge, ce qui a un effet apaisant. «Dans quelle mesure la thérapie par la couleur, fondée sur l'observation expérimentale de l'influence de la couleur sur les fonctions de l'organisme, saura contribuer au traitement des névroses et des psychoses: voilà ce que l'avenir nous dira.»

ESTIMATIONS DU TEMPS, DE LA LONGUEUR ET DU POIDS

L'évaluation mentale de certaines tâches est aussi influencée par la couleur. Selon Goldstein, la perception du temps est surestimée sous un éclairage rouge, et sous-estimée sous un éclairage vert ou bleu. Lors d'une application fonctionnelle de la couleur, on aurait donc intérêt à choisir des couleurs froides là où des tâches routinières et monotones doivent être accomplies, comme dans les bureaux et les usines. Tandis que des couleurs chaudes conviendront davantage aux lieux de rassemblement, aux restaurants et aux bars-salons – où une perception plus «lente» du temps sera vécue comme une source de plaisir.

De même: «Les estimations de longueur fondées sur le toucher et la vue sont moins justes dans un éclairage rouge. Les bâtonnets semblent plus courts dans un éclairage vert et plus longs dans un éclairage rouge.» Autrement dit, les objets semblent plus longs et plus gros dans un environnement aux couleurs chaudes, et plus courts ainsi que plus petits lorsque les couleurs de l'environnement sont froides.

On constate des résultats semblables dans les estimations de poids. Sous une lumière rouge, les poids sont surévalués et sous un éclairage vert, ils sont sous-évalués. On pourrait donc trouver là une autre application fonctionnelle de la couleur et choisir des couleurs froides pour les boîtes et les contenants qui doivent être soulevés dans le cadre du travail de tous les jours.

Signalons que dans la plupart de ces expériences, on utilisait des rayons de lumière de couleur plutôt que des environnements peints. C'est que dans l'action de voir, l'œil perçoit deux choses: l'éclairage qui emplit l'espace et l'apparence des objets situés dans cet espace. Lorsqu'une personne se trouve exposée à une grande surface rouge, par exemple, sous un éclairage normal, sa vue ne sera pas entièrement «saturée» par la couleur. Mais si l'éclairage est rouge, l'effet de la couleur sera plus prononcé. Les lumières de couleur ont donc un effet plus intense que les surfaces colorées.

LA COULEUR ET LES AUTRES SENS

On sait depuis longtemps que la stimulation par la couleur produit des réactions dans tout l'organisme humain et que l'activité d'un organe des sens se répercute sur les autres. Sherrington a écrit: «Toutes les parties du système nerveux sont reliées entre elles et aucune ne peut réagir sans que cette réaction se fasse sentir sur les autres. Le système nerveux n'est jamais au repos absolu.» La sensation peut être supprimée ou activée. Votre maïs soufflé aura sans doute moins de goût si vous le consommez en faisant un tour de montagnes russes. Et l'effort que vous faites pour entendre la nuit dans les bois aura pour effet d'aiguiser vos autres sens, surtout la vue et l'ouïe.

Au début du siècle, les chercheurs ont constaté qu'il existait un rapport net entre le son et la couleur. La vision des bâtonnets (qui perçoivent le blanc et le noir) semble être réduite si un son stimule l'oreille. La vision des cônes (qui perçoivent la couleur) sera élargie, surtout pour ce qui est de la lumière verte, dans les mêmes conditions.

En 1931, Karl Zietz a fait état d'un phénomène étrange relatif à la couleur et au son. Ses travaux sont mentionnés par Heinz Werner dans *Comparative Psychology of Mental Development*. Alors que des sons aigus ou graves étaient émis, on exposait l'œil à de petites zones de couleur pendant une fraction de seconde. On a pu constater que les sons graves modifiaient l'apparence des couleurs en leur donnant un ton plus foncé. Les sons aigus les faisaient paraître plus pâles. Ainsi, sous l'effet d'un son grave, le rouge paraissait plus foncé ou plus bleuté; l'orange devenait rougeâtre; le jaune devenait brunâtre et parfois rougeâtre; le vert devenait plus bleu; le bleu se rapprochait du violet. Sous l'effet des sons aigus, le rouge paraissait jaunâtre ou orangé; l'orange tendait vers le jaune; le jaune devenait plus pâle; le vert devenait jaunâtre; le bleu semblait plus pâle et plus vert.

On a constaté les mêmes effets dans l'étude de la couleur des images rémanentes. Les sons aigus avaient tendance à préciser les contours de l'image rémanente tandis que les sons graves les rendaient plus flous. Nous verrons, à la lumière d'autres éléments présentés au chapitre 17 sur la question de l'adaptation accélérée de l'œil humain à l'obscurité, que les sonorités aiguës ont peut-être le pouvoir d'aiguiser les sens et d'améliorer les perceptions, bien que dans une faible mesure.

En 1935, un scientifique russe du nom de S. V. Kravkov a publié une série de conclusions intéressantes sur les effets du son sur la sensibilité à la couleur de l'œil. Les observateurs de Kravkov étaient assis dans une pièce obscure devant un spectroscope. Des sons étaient communiqués à leurs oreilles au moyen d'un récepteur téléphonique. Une fois l'œil de l'observateur bien adapté à la lumière et après qu'on eut vérifié la sensibilité particulière de chacun aux couleurs du spectre, une multitude de sonorités leur étaient présentées. Puis une nouvelle vérification était faite. Kravkov affirme: «La sensibilité des cônes aux rayons de la partie bleu-vert du spectre *s'accroît* sous l'effet d'une sonorité simultanée, tandis que la sensibilité à la partie jaune-orange-rouge du spectre *diminue*.»

1. Le son atténue la sensibilité des bâtonnets de l'œil. C'est-à-dire que l'intensité générale de la luminosité perçue au pourtour de la rétine est moindre.
2. Le son augmente la sensibilité des cônes de l'œil au vert (maximum) et au bleu.
3. Le son diminue la sensibilité des cônes de l'œil au rouge (maximum) et à l'orange.
4. On ne constate ni augmentation ni diminution des perceptions dans la région du jaune-vert.

Ces réactions sont très marquées. En général, lorsque l'oreille est assaillie de vibrations sonores, les yeux manifestent une perception plus floue des couleurs à basse fréquence et une sensibilité accrue aux couleurs à haute fréquence. Kravkov écrit: «Cette réduction de la sensibilité au rouge sous l'effet du son oblige à réviser certaines normes relatives à la visibilité des signaux rouges.»

En étudiant les effets de courants électriques sur la rétine, Kravkov a aussi constaté qu'un courant ascendant augmentait la sensibilité des cônes au bleu-vert et la diminuait au rouge-orange. Un courant descendant avait l'effet inverse, et diminuait la sensibilité au vert-bleu tout en l'augmentant au rouge-orange. Le jaune était le point neutre du spectre.

AUTRES TRAVAUX DE RECHERCHE

Les travaux de Kravkov ont été repris et prolongés par Frank Allen et Manuel Schwartz, du Canada. Ces deux hommes ont confirmé les résultats de Kravkov et ont étudié les effets du goût et de l'odorat sur la perception de la couleur.

Bien que, comme pour Kravkov, le son ait eu pour effet de réduire l'intensité apparente des couleurs rouges et d'accroître l'intensité apparente des couleurs vertes: «Après une pause de trois minutes... il se produisait un renversement complet de la sensibilité au rouge et au vert... le rouge apparaissant maintenant plus clair et le vert plus sombre qu'en réalité.»

Pour formuler un principe, il semblerait que l'action immédiate de toute stimulation par une couleur soit suivie au bout d'un certain temps d'un effet contraire. Le rouge augmente la tension artérielle, qui par la suite sombre à un niveau plus bas que la normale. Le vert et le bleu réduisent la tension artérielle mais celle-ci augmente par la suite. Il semble donc qu'une application thérapeutique de la couleur devrait être organisée selon un enchaînement de couleurs au lieu de faire appel à des couleurs individuelles. La stimulation par le rouge sera beaucoup plus évidente et prononcée si elle est suivie d'une stimulation par du vert ou du bleu.

Selon Allen et Schwartz, la stimulation du sens du goût se répercute aussi sur la sensibilité de l'œil à la couleur. En utilisant une solution aqueuse de sulfate de quinine, dont le goût est amer, on a constaté une diminution de la sensation de rouge et une augmentation de la perception du vert. Le sucre ne semble avoir aucun effet sur la perception visuelle.

Quant au sens de l'odorat: «Lorsque la substance stimulante était une odeur d'huile de géranium, la sensibilité au rouge et au violet... était moindre et la sensibilité au vert était accrue.» Encore une fois, après une période de repos, on pouvait constater l'effet contraire.

La signification de ces tests et de ces réactions est sans doute bien résumée dans cette déclaration de Kurt Goldstein. Si le lecteur cherche une généralisation qui lui permettra d'appliquer une psychologie de la couleur, voici peut-être sa chance. «On pourrait sans doute dire que *le rouge incite à l'action et favorise les gestes déterminés par les émotions; le vert crée les conditions propices à la méditation et à l'accomplissement minutieux d'une tâche. Le rouge crée le contexte émotionnel dans lequel les idées et le goût d'agir pourront se manifester; dans le vert ces idées seront précisées et les interventions seront menées à bien.»* (Les italiques sont de Goldstein.)

Chapitre 12

LES NÉVROSES ET LES PSYCHOSES

LES PERSONNES QUI SOUFFRENT de perturbations nerveuses (névroti-ques) et mentales (psychotiques) sont très sensibles à la couleur et y réagissent fortement. Parce que ces personnes, souvent insta-bles, se conduisent sans beaucoup de volonté rationnelle, la cou-leur prend pour eux une très grande signification.

La lumière elle-même, y compris l'infrarouge et l'ultraviolet, exerce des effets sur le métabolisme du corps, les ferments et les anticorps, la peau, la pigmentation, et ainsi de suite. À la lumière du soleil, l'organisme humain rayonne sous l'effet de la chaleur et sa peau prend une coloration plus foncée. Ainsi la lumière et la couleur ont-elles en général un effet salutaire.

Les travaux récents des psychologues et des psychiatres jet-tent un éclairage nouveau sur l'esprit humain. L'approche méca-niste, par exemple, cède aujourd'hui le pas à une approche plus organique. On comprend aujourd'hui que l'esprit n'évolue pas en ligne droite de l'ignorance à l'intellectualisme, ou du primitif à un état d'intelligence très développé. Les hommes les meilleurs vivent à plus d'un niveau mental. Comme l'indique clairement

Heinz Werner, le névrosé ne peut en aucun cas être comparé à un primitif. La maladie mentale n'est pas une régression mais un effondrement. Voici ce qu'en dit Werner: «L'homme primitif vit dans un monde auquel il est admirablement bien adapté; l'homme malade essaie de s'adapter par des comportements primitifs à un monde qui lui paraît inadéquat et non primitif.»

LES TRAVAUX DE DEUTSCH

Felix Deutsch, un médecin, a fait des travaux remarquables sur la signification psychiatrique de la lumière et de la couleur. Son travail est à la fois savant et convaincant et constitue sans doute la meilleure analyse de la couleur que l'auteur de ces lignes ait trouvée. Ses recherches sont libres de tout préjugé et ses résultats éclairent non seulement la notion de couleur dans le contexte médical mais aussi tout le sujet de la psychologie de la couleur.

Deutsch écrit: «L'action de la lumière a dans ses effets des composantes physiques de même que psychiques.» Pour dire les choses simplement, l'énergie de la lumière se fait sentir sur le corps de façon directe, mais aussi par l'intermédiaire de l'œil et du cerveau. Il signale, par exemple, que dans le traitement par la lumière de maladies pulmonaires comme la tuberculose, on constate un effet biologique réel. Mais par ailleurs, le patient réagit avec bonne humeur aux qualités agréables de l'air frais et du soleil. Le patient ressent «des sensations d'excitations psychiques qui, par le biais du système nerveux végétatif, stimulent toutes les fonctions de la vie: augmentation de l'appétit, meilleure circulation, etc., et à travers ces manifestations, l'effet physique de la lumière sur la maladie est accru.»

Deutsch parle donc de l'effet de la lumière, mais aussi de l'impression laissée par la lumière. L'un est d'ordre physique, l'autre d'ordre émotionnel. Chacun a son effet thérapeutique et à eux deux, ils forment un «remède» très efficace dans un grand nombre de cas.

La simple observation montre que l'humeur des hommes varie selon le milieu environnant, la laideur ou la beauté, la pluie ou le beau temps. Les réactions à la couleur ont, elles aussi, un caractère soit dépressif ou exaltant. Placés dans un lieu bien éclairé et harmonieux, la plupart des gens ressentent une impression de bien-être. Et lorsqu'on se sent bien, le système vasculaire, le pouls, la tension artérielle, la tension nerveuse et musculaire sont modifiés. Ces réactions à la couleur sont subtiles et n'obéissent pas à des lois universelles, du moins selon Deutsch. «Pour évaluer ces réactions qu'on pourrait qualifier d'émotionnelles et qui n'ont de manifestations organiques que de manière secondaire, il faut s'en remettre presque exclusivement aux commentaires des sujets soumis aux expériences, commentaires dont la validité n'est pas toujours facile à déterminer.»

Voilà qui nous aide à mieux comprendre la psychologie de la couleur. Les couleurs du spectre ne sont pas une collection de toniques qu'il suffirait de prescrire pour traiter une série de maladies précises. Il ne s'agit pas tant de prescrire du rouge plutôt que du bleu, ou du vert plutôt que du jaune, mais de recourir à *toute couleur* qui suscite chez le patient une réaction favorable. La magie de la couleur devient alors la magie de l'arc-en-ciel lui-même. La couleur est bénéfique lorsqu'elle plaît.

LE MILIEU ENVIRONNANT

Deutsch a constaté dans sa pratique que la couleur provoquait des changements dans la tension artérielle. L'effet se produit de façon indirecte. Le patient voit une couleur, l'aime, et constate que tout son système est plus détendu. Ses perspectives se transforment. Il devient plus optimiste. Le résultat est physique, mais provient d'une impression purement visuelle et mentale.

Deutsch écrit: «Les effets sur l'humeur, le trouble psychique, la peur, le bonheur, la tristesse et les impressions du monde extérieur deviennent perceptibles sous la forme de changements subjectifs et objectifs survenus dans le système vasculaire. Des changements dans la fréquence et le rythme des pulsations et des fluctuations de tension artérielle sont l'expression objective des effets psychiques qui se sont produits.». Ainsi Deutsch a-t-il traité au moyen de la couleur des patients dont les problèmes de santé étaient d'origine nerveuse ou qui souffraient de perturbations du rythme cardiaque. «Pendant la durée de l'expérimentation, toute autre mesure thérapeutique pouvant avoir des effets sur le système vasculaire a été abandonnée.»

Une pièce a été réservée avec vue sur le jardin. Les panneaux de verre des fenêtres ont été traités de manière à accueillir différentes couleurs, et une lumière artificielle de couleur était utilisée à l'intérieur. Deux principales couleurs ont été retenues: un rouge chaud et un vert froid.

Le sujet était prié de regarder paisiblement par la fenêtre. On le laissait seul un quart d'heure ou une demi-heure. Puis on le questionnait sur son état général et ses impressions. Enfin, on lui demandait de faire de l'association libre et de dire tout ce qui lui venait à l'esprit.

ÉTUDES DE CAS

Pour décrire l'effet général de la couleur sur ses patients, étudions deux des nombreuses études de cas citées par Deutsch. Une patiente était troublée par la peur d'une angine. Elle souffrait de dyspnée, de respiration lente et de palpitations. Elle craignait le retour d'un spasme qui quelques années auparavant lui avait fait perdre conscience. L'examen du cœur avait révélé un état essentiellement normal. La thyroïde était légèrement hypertrophiée. Le pouls, au moment de l'examen, était à 112 et la tension artérielle à 115/70.

La patiente a été placée dans un environnement rouge. (La couleur verte la révulsait.)

Première séance: pouls 112; après le traitement le pouls est à 80.
Deuxième séance: pouls 92; après le traitement le pouls est à 76.
Troisième séance: pouls 92; après le traitement le pouls est à 80.
Quatrième séance: pouls 84; après le traitement le pouls est à 74.

Au cours des séances suivantes, le pouls reste à 74. La patiente ressent une bonne sensation de chaleur. Ses insomnies disparaissent et elle se sent de nouveau calme.

Dans un autre cas, une patiente se plaignait d'attaques de faiblesse, de dyspnée et d'une sensation de lourdeur sur la poitrine qui lui faisait craindre l'étouffement. Au moment de l'admission, sa tension artérielle était à 245/125. Le traitement médical n'a rien changé à cette lecture et n'a pas réussi à atténuer ses malaises subjectifs.

Mais lorsque la patiente a été placée pendant de courtes périodes dans une pièce de couleur verte, on a pu constater les modifications suivantes dans la tension artérielle:

Première séance: 250/130; plus tard 210/125.
Deuxième séance: 245/130; plus tard 205/120.
Troisième séance: 240/125; plus tard 205/120.
Quatrième séance: 220/120; plus tard 195/110.
Cinquième séance: 210/115; plus tard 210/110.
Sixième séance: 200/110; plus tard 180.
Septième séance: 195; plus tard 180.

«Pendant toute la suite des autres séances, la tension artérielle s'est stabilisée à 180 mm Hg et la patiente disait se sentir mieux.»

Deutsch estime que l'usage de la couleur provoque une réaction biologique. Il y a une réaction de l'organisme entier à laquelle s'ajoute «la participation de l'appareil psychique». Notons que son application de la couleur vise généralement un effet d'apaisement. La capacité de la couleur de stimuler et d'exciter l'organisme sera traitée plus loin.

EFFETS PSYCHOLOGIQUES

L'importance de la couleur dans le traitement des maladies névrotiques et psychotiques devient ainsi évident. Pour résumer ses conclusions, Deutsch énonce quatre principes.

1. La couleur provoque une action réflexe sur le système vasculaire, mais en passant par les sentiments et les émotions.
2. L'effet obtenu ne tient pas à une couleur en particulier. Les couleurs chaudes calmeront une personne et en exciteront une autre. Les couleurs froides peuvent aussi avoir un effet de stimulation sur une personne et paraître passives aux yeux d'une autre.
3. Une irradiation à la lumière rouge ou verte peut produire une élévation de la tension artérielle et une accélération du pouls. Mais l'effet inverse peut aussi se produire, selon la composition psychique particulière à chaque personne.

4. «L'existence d'un sens de la couleur organique et non optique n'a pas encore été établie.» Il reste cependant qu'une exposition à la couleur provoque une réaction qui peut avoir un effet organique.

Que se produit-il? «Les excitations émotionnelles qui se traduisent par des changements de tension artérielle ou de fréquence et de rythme des pulsations sont verbalisées au moyen d'associations.» Le vert fait peut-être penser à la nature, aux montagnes, aux lacs. Le rouge fera penser à un coucher de soleil, à un feu de foyer. «Ces associations superficielles conduisent à des souvenirs enfouis plus profondément, qui expliquent l'importance affective des attitudes à la couleur.»

La thérapie par la couleur parvient donc à des résultats en se répercutant sur les émotions. Le patient est soulagé de son anxiété. Il se trouve «transporté dans un univers plus agréable, moins conflictuel, et la réaction de l'organisme ne tarde pas». Même si le patient repousse une couleur qui lui paraît rebutante, ce refus emporte avec lui un grand nombre de mauvais sentiments. Et le patient peut ensuite réagir avec enthousiasme à la couleur qu'il préfère. Comme le dit Deutsch: «Le processus psychique à l'œuvre ici est relativement facile à cerner: l'éclairage coloré modifie l'environnement. Et parce que l'environnement a changé d'apparence, la personne est transportée hors de la réalité.» Elle s'engage ainsi sur le chemin de la guérison, aidée en cela par ses propres processus mentaux.

LES FILMS «AURORATONE»

On a réussi à obtenir des résultats semblables à ceux de Deutsch dans le traitement de malades psychotiques dépressifs en utilisant les films abstraits mis au point par Cecil Stokes, un Californien. Ces films étranges sont un montage d'effets de couleurs mobiles auxquels viennent s'ajouter des passages de musique d'orchestre, de musique d'orgue et des chansons de Bing Crosby.

Les effets psychologiques et thérapeutiques des films Auroratone de Stokes ont été étudiés par Herbert E. Rubin et Elias Katz dans un hôpital militaire. «Au cours d'une période d'observation préliminaire, nous avons constaté que les maniaco-dépressifs en

phase dépressive vivaient des expériences cathartiques et semblaient bénéficier du visionnement de ces films.»

Comme l'expliquent Rubin et Katz, un patient gravement
blessé ou infirme peut sombrer dans la dépression. Il peut songer
au suicide et résister farouchement à toute aide médicale. Si sa
dépression s'aggrave, il peut devenir très malade.

L'immense avantage de la couleur, en pareil cas, est de rendre
le patient plus «accessible». Un flot d'émotions l'envahit. La couleur abstraite, la musique, aident à soulager la tension mentale et
émotionnelle. Certains patients se mettent à pleurer. «Dans cet
état d'accessibilité, il devenait possible pour le psychiatre d'établir un rapport avec certains membres du groupe.»

«Patient E. Ce patient de 26 ans a été admis... le 5 juin 1945
pour la suite du traitement de multiples brûlures au deuxième et
au troisième degré... Il n'a manifesté aucun symptôme mental jusqu'au 16 août 1945, date à laquelle il a écrit sur du papier à en-tête
de la Croix-Rouge: "S'il vous plaît, trouvez du poison pour me
tuer." Le patient est défiguré, atteint de très graves blessures au
visage de même qu'aux oreilles et aux deux mains. Il est agité,
dépressif, passif et replié sur lui-même. Il répète sans cesse qu'il
a perdu la maîtrise de sa vie... Il exprime souvent le désir de mourir pour résoudre ses problèmes émotionnels.»

Si la couleur et la musique n'ont pas guéri le patient E., elles lui
ont tout de même été d'un grand secours. Rubin et Katz écrivent:
«21 septembre 1945. Avant le visionnement, le patient semblait plutôt dépressif. Il s'est assis, tête basse, et ne semblait s'intéresser
qu'à ses chaussures. Pendant tout le visionnement, il a semblé
complètement absorbé par la musique et la couleur... À la fin de la
séance, il s'est assis plus droit et a regardé autour de lui. Il n'avait
plus l'air aussi abattu. Au cours de la discussion en groupe qui a
suivi, il a coopéré avec le psychiatre, répondant librement aux questions. En quittant la pièce, il ne se traînait pas les pieds.» Manifestement, il y avait maintenant de l'espoir pour le patient E.

TROUBLES MENTAUX

Il y a environ une génération, de nombreuses expériences ont
été faites au moyen de la couleur et les hôpitaux psychiatriques du

monde entier y ont eu recours pour soulager leurs patients et tenter de les guérir. En 1875, un médecin européen du nom de Ponza avait aménagé un certain nombre de pièces en y installant des panneaux vitrés de couleur, en faisant peindre les murs et en y disposant des meubles colorés. Les couleurs principales étaient le rouge et le bleu. En ce qui concerne le rouge, il écrit: «Après avoir passé trois heures dans une pièce rouge, un homme affligé de délire taciturne a retrouvé sa gaieté et sa bonne humeur; en se levant, le lendemain de son arrivée dans la pièce, un autre dément qui avait refusé toute nourriture a demandé son petit déjeuner et l'a mangé avec un appétit surprenant.» Quant au bleu: «Un patient violent qui devait être maintenu dans une camisole de force a été enfermé dans une pièce ornée de panneaux de verre bleu; moins d'une heure plus tard, il était déjà plus calme.»

Aujourd'hui, les pièces rouges et bleues des asiles n'existent plus. Si la couleur influence l'humeur, son effet est de l'ordre du soulagement, non de la guérison. À l'aide de thérapies comme le choc insulinique et la fièvre provoquée, la médecine moderne obtient des résultats beaucoup plus probants.

Mais il faut néanmoins de la couleur dans les hôpitaux et d'autres recherches sont en cours. En 1938, l'hôpital d'État de Worcester, au Massachusetts, a procédé à une série de tests et a publié un rapport dans l'édition de juillet 1938 du *Bulletin of the Massachusetts Association for Occupational Therapy*. Les expériences ont eu lieu dans une petite salle réservée aux soins psychiatriques, sous la supervision d'une infirmière et d'un préposé. Un éclairage coloré a été installé et on a soigneusement pris note des réactions des patients.

«Pendant plusieurs semaines, le pourpre a eu un effet apaisant sur les patients agités, mais il a perdu son efficacité au bout d'un moment. Cet effet était cependant accompagné d'une certaine stimulation, ce qui créait un sentiment de tension. Cependant, lorsque, au bout d'un mois, le pourpre a été remplacé par de la lumière blanche, les patients sont entrés dans un état d'excitation marqué.

«Le bleu a eu un effet apaisant prolongé tout à fait remarquable. Les patients et le personnel en ont signalé les effets réconfortants. Cette couleur est la plus efficace de toutes celles qui ont été utilisées.»

«Le jaune a eu un très léger effet stimulateur sur les patients déprimés et mélancoliques. Le rouge, utilisé avec le même groupe de patients, s'est révélé plus stimulant que le jaune. La réaction à la couleur des patients dépressifs a été brève et moins manifeste que celle des patients agités.»

L'auteur a appris que ces expériences avaient cessé à l'hôpital de Worcester. Les conditions dans lesquelles elles étaient réalisées n'étaient certes pas idéales. La couleur utilisée pour elle-même n'a pas beaucoup d'effet. L'exclusion de la lumière du jour, le peu d'attention accordée à un aménagement harmonieux des couleurs qui soit à la fois «artistique» et «scientifique» peuvent avoir faussé les résultats. Les êtres humains, comme l'a montré Deutsch, sont sensibles non seulement à la couleur mais à tout l'environnement dans lequel la couleur se déploie. La psychothérapie par la couleur doit aussi faire une place à l'ordre, à l'harmonie et à la beauté.

LA SIGNIFICATION DE LA COULEUR

Le rapport entre la couleur et la folie est très subtil. Un patient acceptera ou refusera certaines couleurs selon la nature de sa psychose.

Dans le cadre du célèbre test de Rorschach, qui consiste en l'interprétation de taches d'encre à caractère abstrait, la couleur prend une grande importance. Marguerite Emery écrit: «Les psychanalystes ont montré qu'un vœu de mort est souvent enfoui dans l'inconscient des gens qui souffrent de ces états [dépressifs] – le désir de tuer quelqu'un et de répandre son sang. Le choix du rouge, par conséquent, n'est pas surprenant.»

Les débiles mentaux, lorsqu'on leur demande d'utiliser la couleur, choisissent le rouge très libéralement. Quant aux autres couleurs: «Le vert a été la couleur de choix chez quelques personnes atteintes d'infantilisme psychosexuel et chez une jeune fille débile... Presque tous les patients qui avaient régressé ou n'avaient jamais progressé au-delà d'un état nettement infantile choisissaient le jaune. Ce choix de couleur était particulièrement fréquent dans le groupe des schizophrènes.»

Le Dr Eric P. Mosse indique que les fous se croient sans cesse exposés au danger. «La différence entre la santé et la maladie mentale tient essentiellement à la façon de faire face à cette situation. La personne normale et bien équilibrée saura affronter les situations et s'adapter à ses problèmes tandis que la maladie mentale est la manifestation de diverses tentatives de fuite. Sachant cela, nous comprenons sans peine pourquoi, dans l'achromatopsie de l'hystérique, l'ordre dans lequel les couleurs disparaissent est le suivant: violet, vert, bleu et finalement rouge. Par ailleurs, nous constatons en règle générale chez les patients hystériques, surtout dans les cas de psychonévrose d'anxiété, une prédilection pour le vert comme symbole du mécanisme de fuite. L'assaut émotionnel du monde extérieur est réprimé, les impulsions "rouges" de haine, d'agressivité et de sexualité sont niées... Pour la même raison, nous ne serons pas étonnés de constater que le *rouge* est la couleur de choix des maniaques et des hypomaniaques, ce qui donne au tumulte de leurs émotions leur expression "brûlante" et "sanglante". Nous comprendrons aussi que la mélancolie et la dépression se manifestent par le "noir total". Enfin, nous considérons le jaune comme la couleur de la schizophrénie... Le jaune est la couleur par excellence de l'esprit morbide. Chaque fois que nous voyons apparaître sa manifestation cumulée, nous pouvons avoir la certitude que nous sommes en face d'un trouble psychotique profond.»

Chapitre 13

ASSOCIATIONS ET ANALOGIES

Les associations à la couleur sont légion. L'homme trouve dans les couleurs du spectre des analogies émotionnelles avec les sonorités, les formes, les odeurs et les saveurs. L'expression de la couleur se retrouve dans le langage, le symbolisme, les traditions et les superstitions. Il en est sans doute ainsi parce que la perception de la couleur est d'ordre élémentaire. Réagir à la couleur, l'apprécier exige peu d'effort de l'intellect ou de l'imagination. La couleur suscite des ambiances qui se rattachent automatiquement aux émotions. Elle est partie intégrante de la composition psychique de l'être humain.

LA COULEUR ET LE SON

Un phénomène psychologique appelé synesthésie (dont nous reparlerons au chapitre 15) fait que bien des gens, spontanément et sans le vouloir consciemment, «voient» une couleur dans les sonorités. Les deux arts – la couleur et la musique – partagent un vocabulaire commun. Tonalité, hauteur, intensité, volume, couleur, chromatique, tous ces mots font à la fois partie de la nomenclature des arts visuels et de la composition musicale. Christopher Ward évoque une foule d'associations émotionnelles lorsqu'il écrit: «... le murmure à peine audible du gris perle, le frou- frou du bleu, la note de hautbois du violet, la flûte fraîche et claire du vert, le joyeux pipeau du jaune, la basse du brun, le coup de clairon de l'écarlate, le cuivre résonnant de l'orange: les couleurs sont musique.»

Au XVIIᵉ siècle, Newton associait des couleurs aux notes de la gamme diatonique: rouge à do, orange à ré, jaune à mi, vert à fa, bleu à sol, indigo à la, violet à si. D'autres coloristes et musiciens ont proposé des agencements différents. Dans son *Prométhée*, Alexandre Scriabine a écrit une partition pour un «clavier de lumière» qu'il avait baptisé «Luce». L'air devait être joué dans l'obscurité tandis que les couleurs étaient projetées sur un écran.

Liszt aurait eu des petites phrases comme: «Plus de rose ici. – C'est trop noir. – Je veux de l'azur partout.» Beethoven associait le noir au si mineur. Pour Schubert, le mi mineur ressemblait «à une jeune fille vêtue de blanc, et portant un nœud rose-rouge sur la poitrine.» Pour Rimski-Korsakov, la lumière du soleil s'exprimait en do majeur et fa dièse était d'un beau rouge fraise.

LA RECHERCHE MODERNE

La question de «l'audition» de la couleur est traitée de façon exhaustive dans une monographie signée Theodore F. Karwoski et Henry S. Odbert. Au cours d'une étude portant sur 148 collégiens, les auteurs ont constaté qu'au moins 60 p. 100 de leurs sujets faisaient une certaine expérience de la couleur en entendant de la musique: 39 p. 100 pouvaient «voir» une couleur ou des couleurs, 53 p. 100 pouvaient «associer» une couleur et 31 p. 100 «ressentaient» une réaction colorée. «Il semble raisonnable d'affirmer qu'une bonne majorité de la population associe la couleur à la musique d'une façon ou d'une autre.»

Karwoski et Odbert ont constaté que la musique lente était en général associée au bleu, la musique rapide au rouge, les notes aiguës aux couleurs pâles et les notes graves aux couleurs foncées, et que des dessins étaient perçus en plus de la couleur. Qui plus est: «La dimension horizontale peut être rapportée au développement de la musique dans le temps; la dimension verticale à des changements de tonalité. Une troisième dimension de profondeur se manifestait à l'occasion, en rapport avec le volume ou l'intensité.» Tous ceux qui ont déjà réfléchi aux rapports qui existent entre la musique, la forme et la couleur accepteront sans doute d'emblée une telle conclusion. La musique bouge lentement ou rapidement selon le tempo. Elle est teintée dans les hautes notes et plus sombre dans les basses. En fortissimo, les couleurs sont proches, intenses, lourdes et massives. Mais en pianissimo, les couleurs sont floues, grises, et semblent plus éloignées.

L'association d'une sonorité à la couleur est un phénomène assez répandu chez les enfants et est probablement généralisée chez les peuples primitifs. Elle se trouve aussi chez les psychotiques, surtout de type schizophrène. Elle peut être induite par certaines drogues comme la mescaline. Pour citer Werner: «Un sujet sous l'influence de la mescaline perçoit des couleurs en même temps que des tonalités. Les notes hautes lui font voir des couleurs voyantes tandis que les notes graves donnent lieu à des couleurs plus ternes. S'il entend par exemple des coups répétés frappés sur le mur, le sujet verra des images optiques danser devant ses yeux sur un rythme parfaitement synchronisé à celui des coups qu'il entend. Un sujet décrivait ses sensations de la façon suivante: «Je pense que j'entends des bruits et que je vois des visages, et pourtant tout ne fait qu'un. Je n'arrive pas à savoir si j'entends ou si je vois. Je ressens le son, je le goûte et je le sens. C'est tout un. Je suis moi-même devenu son.» Cette confusion de tous les sens est aussi expérimentée dans les rêves et parfois dans des états de maladie très graves.

Des hommes comme Thomas Wilfred et Tom Douglas Jones ont tenté d'élaborer un art de la couleur qui soit indépendant de la musique. À bien des égards, la couleur est plus fondamentalement émotionnelle que la musique et exige moins d'effort mental. Un art de cette sorte a été conçu par le grand physicien Albert A. Michelson. Dans son ouvrage intitulé *Light Waves and Their Uses*, il écrit: «Ces phénomènes de couleur me plaisent tant que j'oserais prédire, dans un avenir relativement proche, l'avènement d'un art de la couleur analogue à l'art du son – une *musique des couleurs*, dans laquelle l'interprète, installé devant une gamme chromatique réelle, jouerait les couleurs du spectre dans toutes les combinaisons possibles, faisant apparaître sur un écran toutes les nuances possibles des couleurs, simultanément ou en succession programmée, créant ainsi les modulations de lumière et de couleur les plus délicates et les plus subtiles, ou les contrastes les plus stupéfiants ou encore jouant de véritables accords de couleurs! Il me semble que nous aurions là au moins autant de possibilités de rendre compte des fantaisies, des humeurs et des émotions de l'esprit humain que dans l'art plus ancien de la musique.»

Un art de la couleur mobile recèle de nombreuses possibilités. Par exemple, le Chromaton de Tom Douglas Jones est une version relativement avancée des claviers de lumière. Cet instrument, toujours en cours d'élaboration, sert déjà à l'enseignement de l'art et à l'expression artistique. Sa plus grande valeur cependant (bien qu'elle ne soit pas encore pleinement exploitée) est l'étude de la personnalité humaine. Une méthode comme celle du test de Rorschach pourrait être agrémentée d'éléments supplémentaires tels la couleur, le mouvement, le temps. On parviendrait ainsi à comprendre encore mieux les troubles névrotiques et psychotiques. Le Chromaton de Jones peut faire intervenir des rythmes lents et des rythmes syncopés, des formes abruptes et des formes souples, des couleurs tamisées ou brillantes, et s'il est possible de s'en servir à des fins diagnostiques, l'appareil pourrait aussi avoir des effets agréables et apaisants, dans le cadre d'une psychothérapie bien dirigée.

LES COULEURS ET LES ODEURS

Les associations entre la couleur et les odeurs sont moins évidentes, mais elles entrent néanmoins dans le champ d'expérience d'un très grand nombre de personnes. Les odeurs les plus appréciées sont le parfum de la rose, du lilas, du pin, du muguet, de la violette, du café, du baume, du cèdre, du sapin, du chocolat, de l'œillet, de l'orange, de la vanille. Les odeurs les moins aimées sont celles de la friture, du caoutchouc, de l'huile d'olive, du kérosène, du poisson, de la térébenthine, du vinaigre, de l'oignon, de l'essence, de l'ail, de la transpiration humaine.

En règle générale, on pourrait dire que le rose, le lavande, le jaune pâle et le vert sont les couleurs les plus «odoriférantes». Les couleurs qui ont le moins d'odeur sont sans doute le gris, le brun, le noir et les couleurs foncées en général. Les odeurs sont perçues comme une pellicule de couleur et manquent de points de comparaison avec les éléments structuraux.

Les rapports qui s'établissent entre les perceptions sensorielles ont été étudiés par la science. Les attributs semblent coordonnés. L'expression «unité des sens» témoigne du fait que les notions de couleur, de son, d'odeur, de saveur et d'expérience tactile peuvent toutes être dites «lourdes», «légères», «volumineuses» ou se faire attribuer ainsi une foule d'autres caractéristiques psychologiques. Edwin G. Boring écrit: «Von Hornbostel, en 1931, songeant au fait que les couleurs ont de l'éclat et que l'éclat est sans doute l'attribut le plus facilement assimilable à la tonalité, entreprit de comparer l'éclat d'un gris à l'éclat d'une odeur, puis l'éclat d'un son à une odeur ayant le même éclat. Il a constaté que les choses jugées équivalentes à une même chose sont équivalentes entre elles, et que l'éclat attribué au gris et à une sonorité était de même intensité que celui qui était attribué à l'odeur.»

LES COULEURS ET LES ALIMENTS

Nous sommes presque tous sensibles à la couleur des aliments. L'appétit nous vient ou nous quitte selon la réaction que suscite en nous la couleur des aliments qui nous sont présentés. Parmi les couleurs pures, la plus attirante est sans doute le rouge. C'est la riche couleur de la pomme, de la cerise, de la tranche de bœuf saignant. Du côté de l'orange, le pouvoir d'attraction est encore très élevé. Dans la région du jaune, l'intérêt commence à faiblir, et il atteint son point le plus bas dans la zone du jaune-vert. La courbe redevient ascendante dans la région des verts clairs, couleur de la fraîcheur dans la nature. Le bleu, malgré sa beauté esthétique, n'est pas très attirant dans la nourriture. Et la réaction semble être la même en ce qui concerne le violet et le mauve. On constate que la courbe de l'intérêt présente des creux spectaculaires dans de courts intervalles du spectre: entre le jaune-orange et le jaune-vert, de même qu'entre le rouge et le rouge-violet.

Les couleurs les plus savoureuses sont les couleurs pures. Si le rouge pur paraît succulent, le rose ne l'est absolument pas. La teinte qui remporte le plus de succès semble être l'orange. Le jaune légèrement délavé est aussi un peu mieux perçu que le jaune pur. Le vert pâle est agréable. Les teintes de bleu et de violet ne semblent pas aussi «indigestes» que ces mêmes couleurs à l'état pur.

Dans le domaine des ombres, l'orange domine nettement. Il y a la riche couleur brun associée aux viandes bien cuites, au pain et aux céréales nutritives. Les ombres rougeâtres tendent vers le mauve et perdent ainsi beaucoup d'intérêt. Les ombres jaune-vert ressemblent au vert pur et présentent un certain attrait. Mais les tons de bleu et de violet sont à bannir totalement en ce qui concerne les aliments.

Les aliments que l'on goûte les yeux bandés et qui sont jugés agréables (comme une figue noire) peuvent sembler avoir belle apparence si le palais parvient à convertir l'œil. Cependant, lorsque l'association à la couleur est déjà bien établie, il devient impossible de prendre des libertés en ce qui concerne la couleur. Un boulanger aurait essayé de commercialiser des pains de couleur pastel (bleu et vert), mais a vite constaté qu'une telle entreprise ne mène qu'à la catastrophe.

En règle générale, les couleurs pêche, rouge, orange, brun, chamois, jaune chaud, vert clair, sont les véritables couleurs de l'appétit. Le rose, les teintes de bleu et de violet sont résolument «sucrées» et ne conviennent pas à un plat principal.

Si le bleu n'est pas très appétissant, son caractère esthétique le dédouane. S'il ne convient pas aux aliments comme tel, il fait un très bel arrière-plan et met les aliments en valeur de façon agréable et harmonieuse.

LE SENS DU TOUCHER

En association avec le sens du toucher, les couleurs paraissent chaudes ou froides, sèches ou mouillées. Cette réaction semble inhérente à la psychologie de la plupart des êtres humains. Elle est peut-être due à l'association de certains éléments chauds – le soleil, le feu – avec le rouge et l'orange, et de certains éléments froids – l'eau, le ciel – avec le bleu et le vert.

Malgré les preuves indéniables que nous fournissent les sens, les scientifiques ont tenté de prouver que ces impressions de chaleur et de froideur associées à la couleur étaient des illusions. Le

Lighting Handbook de l'Illuminating Engineering Society dit: «Ces impressions semblent ne trouver aucun fondement dans les faits.» Mais les tests psychologiques perdent souvent toute validité lorsque l'observateur est rendu conscient de la méthode utilisée pour faire le test. L'appétit lui-même risque de disparaître si le chercheur l'aborde froidement et entreprend de fixer des électrodes à la langue pour mesurer les quantités de salive.

Dans le *Bulletin of the American Physical Society* (5 février 1940), S. M. Newhall écrit: «À moins que les conditions de l'expérience soient raisonnablement semblables aux circonstances réelles, les résultats n'auront aucune valeur pratique lorsqu'ils seront appliqués à des situations réelles.» Dans son étude, Newhall a montré 50 échantillons de couleur à 297 observateurs. Chacun devait dire quelles couleurs lui apparaissaient les plus chaudes et les plus froides. «Parmi les couleurs jugées les plus chaudes, on relève un mode mineur parmi les violets... mais un mode résolument majeur dans la région du rouge-orange. Les couleurs les plus "froides" n'ont pas de mode majeur mais se répartissent de façon irrégulière depuis le jaune vers le mauve en passant par le vert et le bleu.» Autrement dit, une couleur comme le rouge-orange est perçue comme indéniablement «chaude» par la plupart des gens. En ce qui concerne les couleurs «froides», il y a plus de latitude car cette qualité sera exprimée par le vert pour certains, le bleu pour d'autres et le violet pour d'autres encore. «La palette relativement large que recouvrent les objets perçus comme froids permet aux associations psychologiques de froideur de se rapporter à un assez grand nombre de couleurs.»

Comme nous l'avons dit au dernier paragraphe du chapitre 10, les couleurs peuvent être perçues chaudes ou froides, actives ou passives selon un jugement purement physique ou psychologique. Le rouge stimule le système nerveux autonome, tandis que le bleu le détend. L'équilibre du corps, le pouls, l'activité du cœur, la respiration, la tension nerveuse, même la digestion peuvent en être touchés.

Si la couleur n'a ni chaleur ni froideur, comme les rédacteurs du manuel de l'Illuminating Engineering Society le croient ainsi que d'autres sceptiques, alors la faim n'existe pas. Un enfant qui s'approche de la table et qui salive à la vue de sa nourriture s'exclame: «J'ai faim!» La faim est un sentiment confirmé par une production de suc gastrique. Pourtant, lorsque le père crie: «Tiens-toi droit! Va te laver les mains! Qu'est-ce que c'est que ces manières?!», la salivation s'arrête, les sucs gastriques cessent d'être produits et la faim disparaît. Bien peu de sensations dans la vie sont à l'abri de tels assauts. La couleur doit être abordée dans une perspective humaine, organique. Toute autre façon de procéder ne donnera lieu qu'à des travaux de recherche fallacieux et fera oublier que la vie mentale et psychique de l'homme est en tout point aussi réelle (et aussi fonctionnelle) que sa vie physique.

LE LANGAGE

L'attitude émotionnelle de l'homme à l'égard de la couleur s'exprime bien dans son langage: dans la langue populaire, les métaphores et les expressions toutes faites.

Le rouge est une couleur ardente et passionnée, attribuée aux saints et aux pécheurs, aux patriotes et aux anarchistes, à l'amour et à la haine, à la compassion et à la guerre. On voit rouge lorsqu'on est en colère, et le rouge nous monte au front lorsqu'on a honte. Quand les affaires vont mal, on est dans le rouge, et lorsqu'on commet des fautes d'orthographe, elles sont aussitôt corrigées au crayon rouge. En politique, quand le vote n'est pas bleu, c'est bien connu, il est rouge. Il y a dans la vie des gens marqués au fer rouge. Le renne du Père Noël a le nez rouge, et il est toujours agréable de prendre un coup de rouge.

Le jaune par contre est la couleur du mépris. C'est la couleur des infidèles, des lâches et des traîtres. Son usage est le plus souvent péjoratif: on a le teint jaune, les dents jaunes, le rire jaune. Les journaux jaunes (la presse à sensation) sont apparus en 1895 lorsqu'un journal de New York a entrepris de publier une bande dessinée – le *Yellow Kid* – pour expérimenter avec la couleur dans l'imprimerie.

Le vert est la couleur de la jalousie. Les raisins sont parfois trop verts, on en dit des vertes et des pas mûres, certains vieillards sont parfois encore verts.

Le bleu est un sentiment en soi: «J'ai les bleus.» Il y a des gens au sang bleu, des cordons-bleus, des jeunes filles un peu fleur bleue. On a une peur bleue. Le bleu est la couleur la plus fréquemment associée à la folie et à la dépression en général.

Le noir est la couleur du désespoir et de la mauvaise conscience. On broie du noir, on est d'une humeur noire, on a des idées noires, on brosse un tableau bien noir de la situation, on se fait un œil au beurre noir, on pratique la magie noire, on travaille au noir, on trafique sur le marché noir. Quant au blanc, il est l'expression de la vanité de la race caucasienne. Dire d'un homme qu'il est de race blanche est un américanisme qui remonte à 1877 et qui avait initialement pour but de jeter du discrédit sur les hommes de race rouge et de race noire. Un blanc-bec cependant est un petit prétentieux.

LA COULEUR ET LA FORME

Dans un sens abstrait, la couleur peut se rapporter à la forme. Le rouge, par exemple, fait penser à un carré ou à un cube. Sa texture est chaude, sèche et opaque. Parce que le rouge s'impose, il a un grand pouvoir d'attraction et paraît solide et substantiel. Parce qu'il est bien perçu par l'œil, il se prête particulièrement bien aux plans structuraux et aux angles aigus.

L'orange fait penser au rectangle. Sa qualité est moins terre à terre que le rouge et davantage touchée par l'incandescence. L'image optique qu'il produit est très nette, bien saisie par l'œil et se prête bien aux angles fins et aux détails.

Le jaune se rapporte au triangle inversé ou à la pyramide. C'est la couleur la plus visible du spectre, ce qui lui donne un caractère pointu et net. Il s'agit cependant d'une couleur plus céleste que mondaine et elle manque de substance et de poids.

Le vert fait penser à l'hexagone ou à l'icosaèdre. C'est une couleur fraîche, délicate et douce. Parce qu'elle n'est pas perçue nettement par l'œil, elle ne se prête pas beaucoup à l'angularité.

Le bleu fait penser au cercle ou à la sphère. C'est une couleur froide, humide, transparente, céleste. Son caractère réservé crée une image un peu floue sur la rétine. Les objets bleus, vus de loin, ne semblent jamais nets.

Le mauve suggère la forme ovale. C'est une couleur douce, gracieuse, dont la perception n'est pas précise. Contrairement au bleu, cependant, elle semble se rattacher davantage à la terre.

LA COULEUR ET LA PERSONNALITÉ

Si on veut bien me le pardonner, j'introduirai encore quelques notes fantaisistes sur les rapports entre la couleur et la personnalité humaine. On dit que les athlètes préfèrent le rouge, les intellectuels le bleu, les égocentriques le jaune, et les conviviaux l'orange. Une telle «analyse de la personnalité» n'est pas aussi superficielle qu'on pourrait le croire. Nos préférences en matière de couleur sont des indices de la personnalité.

Lorsqu'on questionne les gens sur leurs goûts en matière de couleur, on constate que les extravertis ont tendance à préférer le rouge et les introvertis le bleu. Goldstein et d'autres affirment que le rouge pousse l'organisme à l'action tandis que le bleu et le vert favorisent la méditation. Il est donc naturel que les gens impulsifs et les gens prudents aient des goûts bien différents en matière de couleur. Les couleurs ne sont pas toutes compatibles avec tout le monde.

Le mauve est une couleur très appréciée chez les artistes, sinon par goût du moins par formation, car le mauve possède des qualités subtiles que n'ont pas les autres couleurs. Le jaune est la couleur préférée des gens qui ont une tendance à la spiritualité ou à la métaphysique. Lorsque le choix de couleur s'arrête dans une zone intermédiaire, comme le bleu-vert, on a parfois affaire à une nature pointilleuse. Le bon sens porterait à croire que les gens ordinaires aiment les couleurs simples; et lorsque la couleur préférée est fastidieuse, on a souvent affaire à une personne qui ne s'entend pas bien avec les autres.

SYMBOLISME

Un symbolisme de la couleur, en tous points psychologique, s'est élaboré au fil de plusieurs siècles d'histoire, de religion, de traditions et de superstitions. Parlons-en brièvement, car ce symbolisme est l'expression des sentiments et des associations qui se sont développés chez l'être humain tout au long du processus de civilisation.

Dans le rite catholique romain, par exemple, la couleur des ornements sacerdotaux a une signification bien précise:

Le blanc est le symbole de la lumière et signifie l'innocence et la pureté, la joie et la gloire.

Le rouge, symbole du feu et du sang, signifie la charité et le sacrifice généreux.

Le vert, symbole de la nature, signifie l'espérance de la vie éternelle.

Le violet, couleur de la mortification, représente l'affliction et la mélancolie.

Le noir est symbole de deuil et des ténèbres du tombeau.

Une autre très ancienne tradition est celle de la symbolique de l'art héraldique:

Ici le rouge («gueules») signifie le courage et le zèle.

Le bleu («azure») signifie la piété et la sincérité.

Le jaune («or») témoigne de l'honneur et de la loyauté.

Le vert («sinople») signifie la croissance et l'espoir.

Le blanc («argent») représente la foi et la pureté.

Le noir («sable») signifie le deuil et la pénitence.

L'orange («tenné») désigne la force et l'endurance.

Le mauve («moiré») représente la royauté ou le rang hiérarchique.

Aux États-Unis (depuis 1893), les collèges et les universités s'en remettent à un code de couleur pour identifier leurs principales facultés. Le rouge représente la théologie, le bleu la philosophie, le blanc les arts et lettres, le vert la médecine, le mauve le droit, le jaune-or la science, l'orange le génie, le rose la musique.

«Le corps de l'homme est rouge, son esprit est jaune, et son âme est bleue.» Que l'homme ait accordé à la couleur une place aussi importante dans sa vie, depuis le début des temps, est en soi un phénomène d'intérêt psychologique. Car à bien des égards, les émotions et les attributs présents dans le symbolisme historique de la couleur trouvent leurs vérifications dans la recherche scientifique moderne. Seulement, aujourd'hui, les connaissances sont plus étendues et la méthode expérimentale plus éclairée.

Chapitre 14

ANATOMIE DE LA BEAUTÉ

BIEN QUE NOS GOÛTS en matière de couleur nous paraissent absolument personnels — partie intégrante de notre composition psychique —, on constate, après avoir analysé des milliers d'opinions, qu'il existe des similitudes frappantes dans l'expression des préférences. Il semble que même une notion aussi abstraite que la beauté obéisse à des lois universelles.

Parce que des travaux exhaustifs ont été réalisés dans le domaine de l'esthétique, il devient aujourd'hui possible d'aborder la dimension artistique de la couleur et de ses agencements dans une perspective scientifique – non seulement pour déterminer quelles couleurs et harmonies de couleur ont le plus d'attrait, mais aussi pour donner une explication physiologique à un certain nombre de réactions émotionnelles. Ce point de vue est relativement neuf dans les textes qui portent sur la couleur et n'a pas souvent été présenté. Nous lui consacrerons une place importante dans ce livre, car il fournit des données supplémentaires qui peuvent contribuer à résoudre l'énigme de la couleur. Il se pourrait même que nos préférences pour certaines couleurs trouvent leur origine tant dans nos glandes que dans notre âme.

UN ORDRE UNIVERSEL DE LA COULEUR

Il existe au moins une cinquantaine de tests bien structurés permettant d'évaluer les goûts des humains pour la couleur. Les textes à leur sujet sont si détaillés et les résultats si uniformes qu'il devient presque impossible de mettre en doute les conclusions qui en ont été tirées.

Afin d'aborder les choses selon un certain ordre, considérons d'abord la réaction des enfants. Dans les tout premiers mois de la vie, il semble assez difficile d'apprendre à voir, à fixer ses deux yeux sur un seul objet et à dégager un sens de cette expérience visuelle. Certains spécialistes disent que le toucher et la forme dominent chez les nourrissons et que l'intérêt réel pour la couleur ne se manifeste qu'après la deuxième année. La perception des couleurs rivaliserait alors avec la perception de la forme. R. Staples présentait des disques de couleur à des nourrissons et mesurait leur temps de concentration visuelle. Les enfants regardaient les couleurs vives plus longtemps que les couleurs ternes. Leurs couleurs préférées, si on en juge par la fixation du regard et les efforts pour atteindre l'objet, sont le rouge et le jaune. Il semble que le nourrisson soit particulièrement attiré par l'éclat et la richesse de la couleur.

C. W. Valentine a lui aussi présenté des bobines de couleur, deux à la fois, à des bébés de trois mois et a mesuré le temps d'attention accordé à chacune. L'attention de l'enfant restait fixée le plus longtemps sur le jaune, puis sur le blanc, le rose, le rouge. Les couleurs qui retenaient le moins l'attention étaient le noir, le vert, le bleu et le violet.

À six mois, un bébé semble capable de distinguer les couleurs primaires. Plus il grandit, plus il devient intrigué par la couleur et y semble plus sensible qu'à la forme. David Katz fait état d'une expérience assez curieuse portant sur l'abstraction couleur-forme chez les enfants de trois à cinq ans. On présentait aux enfants un certain nombre de triangles rouges et de cercles verts et on leur demandait de choisir les objets «pareils» à un *cercle rouge*. Étrangement, les enfants n'hésitaient pas à grouper les triangles rouges avec le cercle rouge, semblant considérer «pareille» la couleur plutôt que la forme. Chez des adultes et des enfants plus âgés, le même test paraissait trop ambigu pour être réalisé, sans doute en raison d'une appréciation plus évoluée de la forme.

Chez les enfants plus vieux, l'intérêt pour le jaune s'atténue – et ne cesse de régresser avec les années. Les préférences vont alors au rouge et au bleu, les deux grands favoris, et cette fascination se maintiendra tout au long de la vie. L'ordre, chez les enfants, semble donc être le suivant: rouge, bleu, vert, violet, orange, jaune.

Avec la maturité vient un intérêt plus marqué pour les couleurs à plus haute fréquence (bleu, vert) que pour les couleurs à basse fréquence (rouge, orange, jaune). L'ordre devient donc alors le suivant: bleu, rouge, vert, violet, orange, jaune. Cet ordre est par la suite conservé et semble être le même dans le monde entier.

Presque tous les chercheurs s'entendent pour dire que les préférences en matière de couleur sont identiques chez les êtres humains des deux sexes et chez les gens de toutes les nationalités et de toutes les cultures.

T. R. Garth a constaté que les Amérindiens préfèrent le rouge puis, dans l'ordre, le bleu, le violet, le vert, l'orange, le jaune.

Chez les Philippins, l'ordre est le suivant: rouge, vert, bleu, violet, orange, jaune.

Chez les Noirs, l'ordre des préférences est le bleu, le rouge, le vert, le violet, l'orange, le jaune – c'est-à-dire presque le même ordre que pour tout le monde.

Même chez les sujets atteints de folie, S. E. Katz a trouvé le même ordre de préférence: bleu, vert, rouge, violet, jaune, orange. Le vert serait la couleur préférée des internés de sexe masculin et le rouge celle des internés de sexe féminin. Les couleurs chaudes semblent plaire davantage aux patients atteints d'états morbides, et les couleurs froides plaisent davantage aux hystériques.

Pour résumer, H. J. Eysenck a comptabilisé une masse considérable de données de recherche groupant des jugements individuels formulés par 21 060 sujets. L'ordre des couleurs qui s'en dégage est le suivant: le bleu vient au premier rang, suivi du rouge, du vert, du violet, de l'orange et du jaune. En refaisant les calculs selon le sexe, l'ordre s'est révélé presque identique à une différence près: les hommes placent l'orange au cinquième rang et le jaune au sixième tandis que les femmes placent le jaune au cinquième rang et l'orange au sixième.

COMBINAISONS DE COULEURS

Un grand nombre de travaux ont aussi été consacrés aux combinaisons de couleurs. En travaillant avec des enfants, M. Imada a constaté que les goûts en matière de couleur n'étaient pas dus au hasard, même lorsque la distinction des couleurs n'est encore que rudimentaire. Lorsqu'on donne des crayons de couleur noire aux enfants, ils ont tendance à dessiner des objets inanimés: des autos, des maisons. Mais lorsqu'on donne aux mêmes enfants des crayons de diverses couleurs, leur imagination les porte alors à dessiner des êtres humains, des animaux et des plantes. Les combinaisons de couleur préférées sont le rouge avec le jaune, et le rouge avec le bleu.

Dans des expériences semblables, Ann Van Nice Gale a constaté que le jaune était très populaire en combinaison avec le rouge-violet ou le bleu. On semble aussi aimer combiner le bleu et le vert. Le contraste semble plaire davantage que l'analogie ou la subtilité.

Au cours de tests réalisés avec des adultes, et faisant appel à des lumières de couleur projetées sur un écran, William E. Walton et Beulah M. Morrison ont constaté que la combinaison du rouge et du bleu était la plus aimée, suivie de celles du bleu et du vert, du rouge et du vert, de la lumière incolore et du bleu, de l'ambre et du bleu, de l'ambre et du vert, du rouge et de l'ambre, tandis que celle de la lumière incolore et de l'ambre occupait le dernier rang.

LES TRAVAUX DE GUILFORD

Parmi les chercheurs les plus sérieux dans ce domaine, signalons J. P. Guilford qui a réalisé un grand nombre de tests en utilisant des couleurs et des combinaisons de couleurs. En ce qui concerne les harmonies de couleurs, il écrit: «Il semble que les résultats les plus agréables soient produits par des différences de couleur ou minimes ou très grandes plutôt que par des différences d'intensité moyenne. Cette tendance est nettement plus prononcée chez les femmes que chez les hommes.» Nous aurions donc tendance à percevoir l'harmonie entre deux couleurs étroitement reliées ou entre des couleurs opposées ou antithétiques – et non dans d'autres types de rapports. Un cercle de couleur, jaune par exemple, semblera donc harmonieusement combiné avec du jaune-orange et du jaune-vert; ou encore avec du bleu, du bleu-violet ou du violet. Mais la combinaison paraîtra moins agréable si elle est faite avec de l'orange, du vert ou même avec du rouge.

Guilford a aussi constaté par ses travaux de recherche qu'à choisir entre des tons de gris et des couleurs pures, on semble préférer les couleurs pures. Et lorsque le choix se fait entre des couleurs sombres et des couleurs claires, les couleurs claires sont préférées.

LES LOIS NATURELLES DE L'HARMONIE

Selon Guilford, les combinaisons de couleurs plaisent à condition que les couleurs soient 1) étroitement reliées et 2) complémentaires.

Dans le cas des couleurs prises individuellement, on constate d'autres éléments. Les variantes qui plaisent le plus sont celles qui expriment une couleur très nette. Ainsi, les couleurs pures doivent être riches et intenses; les pastels doivent être éthérés et délicats; les tons rabattus doivent être profonds et automnaux. Lorsqu'une couleur s'inscrit à la limite de ces critères, il en résulte une impression de laideur. Par exemple, si on ajoute un peu de blanc au rouge, ce dernier perd son attrait. Cependant, si on ajoute assez de blanc pour créer une couleur pastel (rose), l'attrait est rétabli. Un rouge dans lequel on ajoute une touche de noir semblera terne et «sale». Mais si on ajoute assez de noir pour créer une riche couleur bordeaux, l'impression de beauté est recréée.

I. H. Godlove constate l'existence d'un «ordre naturel» applicable aux combinaisons de couleurs. Lorsque des variantes claires et foncées de différentes couleurs sont combinées, le résultat est particulièrement réussi quand la variante claire est dérivée d'une couleur pleine normalement claire, et la variante foncée dérivée d'une couleur pleine normalement foncée. Ainsi, le vert pâle paraît mieux en combinaison avec le bleu foncé, qu'un bleu pâle en combinaison avec un vert foncé. Car à l'état de couleur pleine, le bleu est plus foncé que le vert.

L'orange chamois paraît mieux avec un violet foncé que le lavande avec le brun (qui est une variante foncée de l'orange).

Le rose paraît mieux avec le bleu foncé ou le violet que le lavande avec le bordeaux.

Le jaune pâle paraît mieux avec le brun, le bleu ou le violet que les verts, les bleus et les lavandes pâles en combinaison avec un vert olive (qui est une variante foncée du jaune).

Pour harmoniser des couleurs modifiées, l'ordre naturel doit aussi être respecté. Les couleurs pures se combinent très agréablement avec les pastels et les blancs, car tous ont des éléments en commun. Les couleurs pures se combinent aussi très bien avec les dégradés foncés et le noir. Les tons de gris sont les formes de couleur les plus neutres. Parce qu'ils sont formés de deux couleurs pures, le blanc *et* le noir, ils se fondent naturellement avec d'autres types de couleur.

LES THÉORIES SCIENTIFIQUES

Nous avons déjà dit au chapitre précédent que les extravertis préféraient le rouge et les introvertis, le bleu. Il semble qu'il en soit de même pour les bruns et les blonds, les premiers préférant le rouge et les deuxièmes le bleu. Pour expliquer ce phénomène, E. R. Jaensch, dans son livre intitulé *Eidetic Imagery*, signale la différence entre les régions tropicales du monde, où domine la «lumière du soleil», et les régions plus proches des pôles, où domine «la lumière du jour». Lorsqu'on se déplace des contrées froides vers les climats plus chauds, la lumière du soleil augmente et la lumière du jour diminue. L'adaptation au soleil devient de plus en plus nécessaire, ce qui donne lieu à une forte pigmentation de la fossette centrale de la rétine.

Cette pigmentation rougeâtre est caractéristique des bruns, comme les Latins. Ces gens ont en général les yeux, les cheveux et le teint foncés. Leur préférence naturelle va au rouge et à toutes les couleurs chaudes, un goût qui n'est peut-être pas tant spirituel que physiologique, c'est-à-dire attribuable à l'adaptation de l'œil à une lumière de basse fréquence.

Les blonds, par contre, «voient vert» et leur rétine semble être dotée d'une pigmentation différente. Voilà le type nordique ou scandinave aux yeux bleus, aux cheveux blonds et au teint clair. Leurs couleurs préférées sont le bleu et le vert.

À l'appui de la théorie de Jaensch, on peut facilement observer que le facteur déterminant dans les choix de couleurs semble être la lumière du soleil (ou son absence). Lorsque le soleil est abondant, les gens ont tendance à préférer les couleurs chaudes et vives. Lorsque la lumière du soleil est moins abondante, on semble préférer les couleurs plus fraîches et les tons plus doux. Les effets de la longueur du jour sur la croissance des plantes et les cycles sexuels des animaux, dont nous avons déjà parlé, donnent à croire que les réactions de l'homme à la couleur sont, elles aussi, fondées sur des considérations biologiques. Un chercheur a déjà émis l'hypothèse d'un lien entre le fonctionnement plus actif des glandes endocrines au printemps (lorsque les jours rallongent) et la préférence accrue pour les couleurs claires et pâles qui se manifeste chez la plupart des gens au cours de cette saison.

On propose aussi une explication au fait qu'en vieillissant, la préférence pour le bleu soit plus marquée. Les fluides de l'œil humain tournent au jaune avec l'âge. Le cristallin de l'œil d'un enfant absorbe environ 10 p. 100 de la lumière bleue; mais chez un vieillard, le cristallin en absorbe 85 p. 100. On peut donc penser qu'une autre forme d'adaptation se produit alors. L'œil humain devient peut-être «assoiffé» de bleu à mesure que le cristallin filtre cette couleur et donc l'élimine progressivement.

Un chercheur qui préfère l'anonymat a constaté un lien entre l'alimentation et la distinction des couleurs. En travaillant auprès d'écoliers mexicains, il a pu constater que l'intérêt pour les couleurs simples comme le rouge, le jaune, le vert et le bleu semble être plus prononcé en cas de déficience calcique. Lorsque l'alimentation est corrigée, l'intérêt pour la couleur se modifie dans le sens d'une distinction plus fine et d'une meilleure appréciation de la subtilité dans les couleurs.

LA PART DES SENS

La vision humaine a tendance à simplifier les expériences et les sensations. Comme ce processus se déroule dans le cerveau, il est hautement psychologique. Combien de couleurs y a-t-il? Certains chercheurs estiment qu'il y en a des millions. Et pourtant, l'expérience donne à croire que leur nombre est relativement restreint.

Lorsqu'on parle de «toutes les couleurs de l'arc-en-ciel», on parle d'un nombre fini. Selig Hecht écrit: «L'œil normal peut distinguer dans le spectre visible environ 180 plages de couleurs qui ne peuvent être confondues les unes avec les autres en variant leur intensité.» Les couleurs du spectre, bien entendu, sont des couleurs pures et ne comprennent pas les variantes dans lesquelles on fait entrer du blanc, du gris et du noir.

En regardant le spectre (ou l'arc-en-ciel), l'œil humain a tendance à «regrouper» les choses. Bien que l'œil soit stimulé par une quantité innombrable d'ondes de lumière de fréquences diverses, le sujet voit une zone rouge qui se fond dans une zone orange, puis dans une zone jaune, puis verte, puis bleue et enfin violette. Bien que le rouge et le violet représentent les deux extrêmes du spectre et soient donc tout à fait opposées du point de vue de la longueur d'onde, elles semblent liées du point de vue psychologique et peuvent être unies pour créer le mauve. Le mauve n'est pas une couleur du spectre et n'a pas de longueur d'onde propre (c'est un mélange de rouge et de violet ou de bleu). Mais le mauve permet de boucler la boucle de la couleur.

Dans la psychologie de la vision, il y a quatre sensations de couleur primaire: le rouge, le jaune, le vert, le bleu (et aussi le noir et le blanc). Bien qu'il soit possible de créer du jaune en combinant des teintes pâles de rouge et de vert, la sensation du jaune est unique et ne témoigne en rien de la présence du rouge ou du vert. Le rouge, le jaune, le vert et le bleu sont les couleurs les plus simples et ne peuvent être créées en procédant à des mélanges *visuels* d'autres couleurs. Et si l'orange ressemble au rouge et au jaune, le rouge et le jaune ne ressemblent en rien à l'orange.

Cette sorte de simplification psychologique s'observe aussi lorsqu'on introduit du blanc, du noir et du gris dans des mélanges de couleur. L'expérience du lecteur confirmera sans doute les réflexions suivantes. La forme naturelle de la couleur est un triangle, sur lequel les couleurs pures figurent dans un angle, le blanc dans un autre angle et le noir dans le troisième. Le noir et le blanc sont des sensations uniques; ces deux couleurs diffèrent l'une de l'autre et sont très différentes de la couleur pure.

Les couleurs blanchâtres, que l'on peut appeler des teintes, sont un mélange de couleur pure et de blanc. Les couleurs noirâtres, que l'on appelle aussi des ombres, résultent du mélange de couleurs pures avec du noir. Le mélange du noir et du blanc donne les diverses nuances de gris. Lorsque les trois sont combinées: une couleur pure, le blanc et le noir, il en résulte un ton de gris.

Dans l'ensemble, toutes les sensations de couleur entrent dans l'une des sept catégories suivantes: couleur pure, blanc, noir, teinte, ombre, gris et nuance de gris. C'est ainsi que l'œil humain et le cerveau trouvent des dénominateurs communs pour l'infinie multitude des sensations de couleur.

S'il est vrai que l'œil humain peut distinguer un million de couleurs, comme certains chercheurs le croient, celles-ci ne sont observables que dans des conditions idéales de luminosité et d'arrière-plan. Lorsque les couleurs sont aperçues dans une luminosité partielle ou tamisée, qu'elles sont vues de loin ou placées à une certaine distance l'une de l'autre, les distinctions fines deviennent de moins en moins possibles.

La langue elle-même témoigne de la tendance à percevoir peu de couleurs plutôt qu'un grand nombre. Dans un délai raisonnable, la personne moyenne ne peut nommer qu'une trentaine de couleurs différentes. Et dans la plupart des cas, il s'agit de synonymes (écarlate, rouge, cramoisi) ou encore de mots empruntés à autre chose comme l'orange et la violette. Si la langue est l'expression de l'intérêt de l'homme pour son environnement, on peut sans doute en conclure que l'homme ne trouve pas nécessaire de distinguer finement les couleurs, car son vocabulaire comprend relativement peu de mots servant à les désigner.

LES MODALITÉS DE L'APPARENCE

Il est concevable qu'un pan de ciel bleu, une feuille de papier bleu et une bouteille de liquide bleu puissent avoir des «correspondances» sur un plan strictement matériel. Dans les trois cas, la longueur d'onde et la luminosité pourraient être les mêmes. Mais l'impression visuelle laissée par chacun de ces objets resterait tout à fait unique du point de vue psychologique.

Ostwald, Katz et d'autres ont fait ressortir la différence entre les couleurs «isolées» et les couleurs «non isolées». Cette distinction, très importante pour le psychologue, n'avait jusqu'aux temps modernes jamais été pleinement appréciée. Même un grand physicien comme Helmholtz semble ne pas l'avoir remarquée.

Les couleurs isolées sont les couleurs de la lumière. Elles ont une qualité céleste, ne sont en rien influencées par l'environnement, et ne contiennent en général aucune trace de noir. Ce sont des couleurs *pellicules* qui, perçues par l'œil humain, donnent l'impression d'emplir tout l'espace.

Les couleurs non isolées sont des couleurs de *surfaces* ou d'*objets*. Elles sont en général perçues en rapport avec leur environnement et permettent de distinguer les peintures, les textiles et les autres substances matérielles. Elles sont nettement localisées pour l'œil, sont structurelles et palpables, et contiennent généralement une part de noir dans leur composition. Les couleurs de surfaces peuvent être perçues comme des couleurs pellicules si on les regarde à travers un écran percé d'une ouverture: un carton, par exemple, dans lequel on aura pratiqué une fente.

Il existe aussi un troisième type de couleur (Katz): la couleur des *volumes*. Cette couleur est perçue comme tridimensionnelle et occupe un emplacement précis dans l'espace. Par exemple, le brouillard sera une couleur pellicule jusqu'à ce qu'on commence à y percevoir des objets. Il deviendra alors une couleur de volume.

La principale différence entre les couleurs isolées et les couleurs non isolées s'observe dans le cas du phénomène du noir. Pour le psychologue, toutes les sensations visuelles font appel à la couleur. Parce que le noir est perçu par la vue, comme n'importe quelle autre couleur, il s'agit bien entendu d'une couleur. Peddie écrit: «Du point de vue physiologique, le *noir* renvoie à une absence de stimulation: sur le plan psychologique, le fait de reconnaître l'absence de lumière est en soi une perception positive.» Helmholtz disait essentiellement la même chose: «Le noir est une sensation réelle, même si elle est produite par l'absence totale de lumière. La sensation du noir est totalement différente de l'absence de toute sensation.»

Le noir est une couleur tout aussi définie et précise que le rouge ou le bleu ou le blanc. On peut le mêler à d'autres couleurs pour modifier leur apparence. Une lumière de couleur orangée (isolée) dans une pièce obscure conservera la même apparence générale, que l'intensité de la lumière soit forte ou faible. La couleur orange sera simplement plus brillante ou plus terne. Mais lorsque l'intensité d'une peinture orange est réduite par l'ajout de noir, le mélange tourne au brun et n'a plus de ressemblance avec la couleur orange. Dans les rayons de lumière, le noir ne joue pas de rôle particulier. Il n'y a pas de brun ou de marron dans un arc-en-ciel ou un coucher de soleil. Mais dans la vie, le noir se trouve partout. Il fait partie intégrante de la plupart des couleurs, modifie leur aspect et s'impose sans cesse à la vue. Southall dit: «En prétendant qu'un corps noir, parce qu'il ne provoque aucune stimulation physique sur la rétine, représente une absence complète de sensation, non seulement on fausse la question à sa base, mais on va jusqu'à nier les preuves que nous fournissent nos sens.»

LA PHYSIQUE ET LA PSYCHOLOGIE

L'étude de la couleur est essentiellement psychologique. Southall écrit: «Du point de vue de la psychologie, les couleurs ne sont ni les propriétés d'objets lumineux ni le résultat d'un rayonnement lumineux, mais sont des contenus de la conscience, des qualités précises de la vue.» En discutant des aspects psychologiques de la vision, il importe de signaler un certain nombre de phénomènes dans lesquels la couleur en tant qu'énergie diffère de la couleur en tant que sensation. Il faut bien comprendre que les êtres humains ne réagissent pas n'importe comment à la stimulation de la lumière. L'œil est bien autre chose qu'un simple appareil de réaction à la luminosité.

D'abord il n'y a pas de rapport étroit, ordonné ou mesurable entre l'énergie de la lumière et la sensation de la couleur. Il est impossible de fixer une longueur d'onde ou une intensité de lumière et d'en faire un stimulus stable, éternellement perçu de la même façon. Par exemple, quelle est la différence entre le noir et le blanc ou entre le gris et le blanc? Il est impossible de répondre à cette question de façon satisfaisante à l'aide d'un spectromètre ou en invoquant des notions de luminosité ou de réflectance. Le blanc n'est pas synonyme de très grande luminosité ou le noir synonyme de faible éclairage – ou d'absence totale de lumière.

Les yeux fermés, dans une pièce sombre, on ne voit pas du noir, mais un gris foncé «subjectif» qui semble remplir tout l'espace – c'est ce qu'il est convenu d'appeler le «chaos rétinien». Ce gris n'a ni la profondeur ni la solidité d'une surface noire. Par ailleurs, le noir apparaîtra encore plus noir s'il est fortement illuminé. Aucune surface n'absorbe toute la lumière; ce que l'œil perçoit comme étant noir reflète peut-être 5 p. 100 ou plus de la lumière qui l'éclaire. Et pourtant, une telle surface paraîtra de plus en plus noire à mesure que l'intensité de la lumière qui l'éclaire s'accroît – c'est-à-dire, en fait, plus l'œil reflète de lumière.

Un phénomène encore plus curieux est celui de la transformation d'une surface blanche en une surface apparemment grise, sans que la quantité de lumière réfléchie par l'objet ait le moindrement changé. Dans une expérience classique, mise au point par le grand psychologue Ewald Hering, un panneau de carton blanc est placé sur le rebord d'une fenêtre, tandis que l'observateur fait face à la lumière. Puis, un autre carton blanc est tenu à l'horizontale au-dessus du premier. Au centre de ce deuxième carton se trouve un trou de forme carrée au travers duquel il est possible de voir le premier carton. Si les deux cartons sont parfaitement horizontaux, et si celui du dessus ne projette pas d'ombre sur celui du dessous, les deux paraîtront blancs.

Mais si on fait basculer le carton du haut sur son axe horizontal vers le bas, c'est-à-dire vers le rebord de la fenêtre, il reflétera immédiatement plus de lumière. Résultat: le carton vu par le trou paraîtra gris ou même noir. En modifiant les conditions de l'expérience, on peut faire bouger le carton du dessous et le faire passer du blanc au gris – sans que la quantité de lumière qui y est réfléchie soit modifiée de quelque façon que ce soit! La couleur en tant qu'énergie rayonnante et la couleur en tant que sensation sont deux choses complètement différentes.

AUTRES PHÉNOMÈNES PSYCHOLOGIQUES

D'autres particularités de la vision sont inexplicables en termes de stricte énergie lumineuse. L'œil humain ne peut pas distinguer et séparer les éléments qui entrent dans la composition d'une couleur dominante. Lorsque plusieurs notes sont jouées ensemble au piano, une oreille bien déliée parviendra à les distinguer toutes. Mais lorsque des rayons de lumière s'entremêlent, l'œil ne perçoit qu'un résultat unique.

Cela signifie que l'œil s'intéresse peu à la composition physique des couleurs. La lumière polarisée a la même apparence que la lumière ordinaire. Les couleurs qui doivent leur existence à l'absorption et à la réflectance de certains pigments ne sont pas très différentes des couleurs opalescentes ou iridescentes qui doivent leur existence à la diffraction, à l'interférence ou à la diffusion de rayons lumineux. Les gris obtenus par mélange de blanc et de noir ne sont pas très différents visuellement des gris obtenus en combinant du rouge et du vert, ou de l'orange et du bleu.

Une surface jaune semblera plus claire sur un fond noir que sur un fond blanc. Les couleurs de rehaussement apparaissent opaques à l'œil; les ombres semblent transparentes. Des ombres accolées semblent se fondre en un seul objet et faire partie de lui. Les ombres projetées semblent couvrir une surface comme une membrane transparente.

Enfin, un certain nombre d'illusions subjectives n'ont aucun rapport avec l'énergie électromagnétique comme telle. Une pression exercée sur le globe oculaire peut produire une sensation de couleur. La visualisation d'une zone rouge peut produire comme réaction la vue de la couleur opposée: le vert. Les surfaces lustrées comme la soie produisent d'autres phénomènes visuels. L'œil voit une différence entre le coton blanc et la soie blanche; l'une est brillante et lustrée, l'autre ne l'est pas. Les cotons auront toujours l'apparence du coton, même dans une très forte luminosité, et la soie garde encore l'apparence de la soie, même dans l'ombre. La quantité de lumière réfléchie par le tissu semble avoir peu d'importance.

Certaines personnes très sensibles peuvent se concentrer sur l'image mentale d'une surface rouge et apercevoir ensuite dans la réalité une image rémanente verte. Les apparences de couleur sont aussi modifiées par l'esprit et l'imagination. C'est tout à fait humain de percevoir des yeux bleus et des cheveux roux nettement plus bleus et plus roux qu'ils ne le sont en réalité. Le sens de la couleur s'agite dans le corps de l'homme et cherche à s'en dégager pour influencer nos perceptions visuelles.

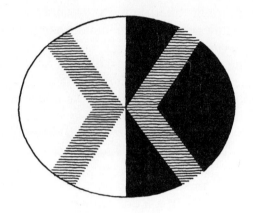

Chapitre 15

CE MONDE ILLUSOIRE

LA VUE SE DÉROULE autant dans le cerveau que dans l'organe de la vue. La perception visuelle est souvent beaucoup plus une question d'interprétation que de simple réaction aux stimuli. Si l'intérêt pour la vision humaine fait découvrir un très grand nombre de curiosités, l'une des plus intéressantes est sans doute celle qui gravite autour de l'apparence plus ou moins stable du monde, quelles que soient les conditions d'illumination.

En règle générale, nous ne sommes pas très conscients du fait que la qualité de la lumière se transforme considérablement de l'aurore au crépuscule, tant du point de vue de l'intensité que de la couleur. La lumière de l'aurore est dorée; la lumière réfléchie par le ciel est plutôt bleutée; la lumière du coucher de soleil sera d'un rose très intense. La luminosité peut s'établir à 10 000 candelapieds à midi, à 1000 candelapieds à l'ombre d'un arbre et à moins de 100 candelapieds au crépuscule. Or, malgré toutes ces différences (qui seraient sans doute très marquées si elles étaient mesurées par photomètre), la vision humaine fonctionne avec une remarquable uniformité, ce qui donne au monde une apparence

normale en tout temps grâce à la simplification et à la coordination constante d'un éventail complexe de stimuli optiques.

COULEUR ET LUMIÈRE

Il y a quelque chose de très mystérieux dans les rapports qui
existent entre la lumière et la couleur. David Katz écrit: «Par la vue,
nous ne cherchons pas à voir les ondes lumineuses comme telles,
mais plutôt les objets extérieurs tels qu'ils sont façonnés par ces
ondes; l'œil doit nous renseigner, non pas sur l'intensité et la qualité de la lumière qui provient des objets extérieurs, mais sur ces
objets eux-mêmes.» La lumière elle-même est rarement vue. Sa
présence est rendue sensible par l'apparence des surfaces sur lesquelles elle reluit. L'œil percevra une lumière tamisée, par exemple,
d'après l'apparence des objets qui se trouvent dans son champ de
vision; il n'a pas à analyser la source lumineuse elle-même. Inversement, l'apparence générale des surfaces perçues permettra de
savoir que l'éclairage est abondant. L'éclat lumineux des surfaces
est associé à une luminosité intense, et le manque d'éclat d'une
surface est associé à un faible éclairage.

Quelle que soit l'intensité de la lumière, cependant, les couleurs tendent à conserver leur apparence «authentique» en tout
temps. Voilà un phénomène – appelé la constance de la couleur –
qui constitue sans doute l'une des aptitudes les plus remarquables de la vision humaine. Techniquement, on peut dire qu'une
surface blanche reflète la totalité (ou la quasi-totalité) de la
lumière. Une telle surface, perçue isolément, peut apparaître
grise, comme le montrait l'expérience de Hering (décrite au chapitre
précédent). Mais si la surface blanche est vue dans des conditions
d'éclairement général, elle restera blanche, que la lumière soit
forte ou faible! Des surfaces blanches placées à angles différents
par rapport à une même source lumineuse (et réfléchissant par
conséquent des quantités différentes de lumière) paraîtront toutes blanches à l'œil. De même, des feuilles de papier blanc placées
près ou loin d'une fenêtre auront toutes le même aspect du point
de vue de la couleur. Ce phénomène de la vision est impossible à
reproduire au moyen d'un appareil-photo.

MAGIE DE LA CONSTANCE DES COULEURS

En raison de la constance de la couleur, les phénomènes de surexposition ou de sous-exposition n'existent pas (ou presque pas) dans la vision humaine. Dans la lumière éclatante du soleil de juillet ou dans l'ombre d'un sous-sol, un objet blanc persiste à paraître blanc. Une poule grise en plein soleil et une poule blanche dans l'ombre d'une grange ont l'air respectivement grise et blanche — même si les plumes grises reflètent en réalité une plus grande quantité de lumière. La constance de la couleur se maintient même sous un éclairage chromatique. Lorsqu'une grande surface ou un intérieur sont baignés dans la lumière rouge, par exemple, les yeux perçoivent la qualité de la lumière et persistent à voir le blanc des objets blancs — malgré la distorsion produite par la lumière et malgré le fait que la lumière réfléchie par la surface blanche soit en réalité rouge.

En revanche, lorsque l'éclairage est très faible, toutes les couleurs (sauf peut-être le blanc et le noir) subissent des modifications étranges. Lorsqu'un corps — un morceau de fer, par exemple — est chauffé jusqu'à incandescence, il émet de la lumière dans la partie rouge du spectre. Si la chaleur augmente, on verra apparaître des couleurs à plus haute fréquence: l'orange, le jaune, et enfin un blanc bleuté.

De façon semblable, les couleurs sortent peu à peu du champ de vision à mesure que diminue l'éclairage. C'est ce qu'on appelle l'effet Purkinje. Si le jaune et le jaune-vert sont les couleurs les plus visibles du spectre à la lumière du jour, la palme passe au bleu-vert dans un éclairage tamisé. L'éclat semble se déplacer vers les ondes à plus haute fréquence du bleu et du violet. Ainsi, un éclairage plus faible accroît la valeur des couleurs fraîches et réduit celle des couleurs chaudes. L'orange et le rouge, qui ont une très forte valeur à la lumière du jour, paraîtront plus foncées, dans la lumière tamisée, que le vert ou le bleu.

Ces illusions sont monnaie courante. Au crépuscule, les rouges de la nature paraissent noirs tandis que les bleus et les verts semblent plutôt pâles (mais sans couleur prononcée). Pour expliquer ce phénomène, on pense que la tâche de voir revient aux bâtonnets de l'œil lorsque l'éclairage diminue — or les bâtonnets sont plus sensibles au bleu et au violet qu'au rouge. Dans l'adaptation à l'obscurité, toutefois, les bâtonnets restent plutôt insensibles aux différences de longueur d'onde et, par conséquent, ne transmettent pas d'impression chromatique précise au cerveau.

Le rôle de la lumière dans la perception des couleurs a été traité, dans ses nombreux aspects étranges, par Harry Helson. En étudiant les effets de différents éclairages colorés sur des objets gris, il a constaté l'existence de trois phénomènes:

1. Lorsque les objets gris sont très brillants, ils prennent la couleur de la source lumineuse.
2. Lorsque les objets gris sont modérément brillants, ils semblent rester gris (sous l'effet étrange de la constance de la couleur).
3. Lorsque les objets sont peu brillants, ils prennent la couleur de l'image rémanente, c'est-à-dire la couleur complémentaire à celle de la source lumineuse.

Il a constaté aussi qu'en modifiant l'arrière-plan, il pouvait transformer considérablement l'apparence des objets. Mais les modifications de quantité d'éclairage produisaient peu de changement, du point de vue de l'intensité ou de la couleur.

En travaillant avec des objets de couleur, Helson a constaté que leur apparence restait plus normale que celle des objets gris neutre lorsqu'ils étaient vus sous un éclairage chromatique. Ils perdaient cependant de leur saturation ou de leur pureté et paraissaient plus troubles.

LA SYNESTHÉSIE: LES «PENSEURS DE LA COULEUR»

Au chapitre 13, nous avons parlé de gens qui «voient» des couleurs dans les sons. Les variantes de ce phénomène, qu'on appelle la synesthésie des couleurs, sont nombreuses. Les couleurs du spectre peuvent être associées à des lignes, à des formes, à des dessins, à des lettres, à des chiffres, à des mots. Elles peuvent aussi être associées à des saveurs, à des odeurs ou à des sons. Même certaines sensations cutanées et organiques ressemblent, pour certaines personnes, à des couleurs.

Le pouvoir de la couleur

Il y a plus de 50 ans, Francis Galton a rédigé son *Inquiries Into Human Faculty* et s'est fait connaître comme le premier chercheur sérieux intéressé par ce phénomène. Galton a constaté que ses «penseurs de la couleur» ne pensaient pas tous la même chose. Mais tous insistaient pour dire que les associations de couleur qu'ils faisaient leur venaient très spontanément et étaient pour la plupart inexplicables. Une recherche plus approfondie a conduit à présumer que la synesthésie était héréditaire et suivait les lois de l'hérédité.

Les récits de Galton sont souvent très vivants et illustrent des expériences typiques. Un de ses correspondants écrit: «Je ne sais pas comment ça se passe pour les autres, mais pour moi les couleurs des voyelles sont si fortement marquées que j'arrive mal à comprendre qu'elles puissent apparaître d'une autre couleur, ou pire encore, qu'elles puissent n'avoir aucune couleur aux yeux des autres. Pour moi, elles sont et ont toujours été, du plus loin que je me souvienne, de la couleur suivante:

«A, d'un blanc pur et d'une texture semblable à la porcelaine.

«E, rouge mais non transparent; du vermeil sur une porcelaine blanche en serait une bonne représentation.

«I, jaune léger et très brillant; jaune gomme gutte.

«O, noir mais transparent; la couleur d'une eau profonde vue au travers d'une couche de glace épaisse et claire.

«U, mauve.

«Y, une couleur un peu moins nette que le I.

«Les voyelles à sonorité plus courtes ont une couleur moins vive et moins pure. Les consonnes me paraissent presque sans couleur, bien qu'il y ait un peu de noir dans le M...

«Une de mes deux filles voit des couleurs très différentes (A, bleu; E, blanc; I, noir; O, brun un peu blanchâtre; U, brun opaque). L'autre ne diffère de moi que pour le A et le O; A lui paraît noir, et O lui paraît blanc. Ma sœur et moi n'avons jamais réussi à nous entendre sur ces couleurs et je ne pense pas que mes frères aient une perception chromatique des voyelles.»

Une autre correspondante, directrice d'une école pour jeunes filles, écrit: «Les voyelles de la langue anglaise me semblent toujours, lorsque j'y pense, posséder certaines couleurs... Les consonnes, lorsque j'y pense isolément, sont d'un noir un peu violet;

mais lorsque je pense à des mots complets, la couleur des consonnes tend à devenir celle des voyelles. Par exemple, dans le mot "Tuesday", quand je pense à chaque lettre séparément, les consonnes me paraissent noir violet, *u* est d'une couleur tourterelle pâle, *e* est d'un vert émeraude pâle, et *a* est jaune; mais quand je pense au mot lui-même, la première partie est d'un gris-vert pâle et la deuxième partie est jaune. Chaque mot est un tout bien distinct. J'ai toujours associé les mêmes couleurs aux lettres et j'ai beau faire des efforts, il m'apparaît impossible de modifier la couleur d'une lettre et de l'attribuer à une autre lettre. Par exemple, le mot "red" m'apparaît vert pâle, tandis que le mot "yellow" est gris pâle au début et rouge vers la fin. Parfois, lorsque je me demande comment épeler un mot, il m'arrive de penser à la couleur qu'il devrait avoir et j'arrive ainsi à prendre une décision. Je me suis épargné bien des fautes d'orthographe de cette façon, autant en anglais que dans d'autres langues. La couleur des lettres est toujours nette, jamais trouble. Je n'ai aucun souvenir de quelque chose qui aurait pu me faire associer ces couleurs aux lettres et ma mère ne se souvient pas d'un livre de lecture que j'aurais peut-être lu dans l'enfance et qui m'aurait présenté les lettres selon ce schème de couleur. Je n'associe aucune couleur aux notes musicales ni aux perceptions de mes autres sens.»

Galton parle aussi d'un homme qui associait des couleurs aux chiffres: 1 lui paraissait noir, 2 était jaune, 3 était d'une couleur brique pâle, 4 était brun, 5 était d'un gris un peu noir, 6 d'un brun un peu rouge, 7 était vert, 8 était bleu, et 9 était brun rouge. «Ces couleurs m'apparaissent très nettes lorsque je pense aux chiffres séparément; mais lorsqu'ils sont réunis dans un chiffre composé, la couleur est un peu moins apparente. Il faut dire que la manifestation la plus remarquable des couleurs survient dans mes souvenirs chronologiques. Quand je pense à des événements qui se sont déroulés au cours d'un siècle donné, ils m'apparaissent invariablement sur un fond de la couleur du chiffre principal de la date ou du siècle; par exemple, des événements qui se sont produits au XVIIIe siècle m'apparaissent invariablement sur un fond vert, qui est la couleur du chiffre 7.»

Galton présente de nombreux graphiques dans lesquels ces associations de couleurs sont illustrées. Il nous montre l'apparence de mots comme *London*, *argue*, *agree*, *grind*, *grand*, *range* et *sweet* pour lesquels des couleurs expriment certaines lettres, voyelles ou consonnes, telles qu'elles sont perçues par un de ces sujets.

La synesthésie est innée. Dans la plupart des cas, ces associations curieuses sont découvertes dès les premières années de la vie et restent constantes la vie durant. Il est difficile de les attribuer à des souvenirs d'enfance ou à quelque expérience précise qui aurait pu en être la cause.

LA FUITE DES COULEURS

L'étude de la couleur permet de découvrir de nombreux effets subjectifs. Il y a 2000 ans, Aristote parlait d'une «fuite des couleurs» en regardant le soleil. Il écrit: «Si, après avoir regardé le soleil ou un autre objet très brillant, nous fermons les yeux, alors, si nous sommes attentifs, nous l'apercevrons dans notre champ visuel d'abord de sa propre couleur, puis il passera au rouge, puis au violet, puis au noir et finalement disparaîtra.»

Goethe voyait d'abord une lumière éclatante, puis du jaune, du mauve, du bleu. Regarder fixement le soleil est un passe-temps dangereux. En courant moins de risques, on peut regarder une ampoule givrée ou une feuille de papier blanc fortement éclairée. Si le stimulus est de forte intensité, la séquence commencera peut-être par le vert et évoluera vers le jaune, l'orange, le rouge et le mauve, pour ensuite passer au bleu, puis s'évanouir en passant par le vert et le noir. Si le stimulus est plus faible, la séquence commencera peut-être par le mauve et passera par le bleu, le vert et le noir. Bien que ces couleurs n'aient aucune existence réelle, elles paraissent tout à fait réelles pour les sens, se déplacent avec le regard, ont une forme et sont parfaitement localisées.

LES TRAVAUX DE JAENSCH

Depuis quelques années, le psychologue étudie l'imagerie mentale en général et découvre des phénomènes nombreux et étonnants. E. R. Jaensch est un chercheur digne de mention dans ce domaine. Les images perçues par les êtres humains sont de trois types: les images mnésiques, les images rémanentes et les images eidétiques. Les premières sont le produit de l'esprit et de l'imagination, elles ont la qualité d'une idée ou d'une pensée. Les images rémanentes sont plus littérales. Elles sont réellement vues, et ont une forme, une dimension et une couleur précises. Leur taille varie selon que l'œil regarde loin ou proche. En général, il s'agit d'une image complémentaire, c'est-à-dire blanche lorsqu'on regardait du noir, rouge lorsqu'on regardait du vert et ainsi de suite.

L'image eidétique est sans doute la plus remarquable de toutes. Jaensch écrit: «Les images eidétiques sont des phénomènes qui s'inscrivent en position intermédiaire entre les sensations et les images. Comme les images rémanentes ordinaires, elles sont toujours *vues* au sens propre. Elles ont nécessairement cette propriété, qu'elles partagent avec les sensations, quelles que soient les circonstances.»

L'imagerie eidétique semble être le don de l'enfance et de la jeunesse. Tout en ayant quelque chose d'un peu magique, elles n'en sont pas moins une réalité sensorielle. L'enfant qui joue avec ses jouets est peut-être capable d'en produire une image vivante dans son esprit. Ces images ne sont peut-être pas uniquement des produits de l'imagination. Elles sont peut-être beaucoup plus tangibles, ont des dimensions, des couleurs, du mouvement. Elles sont en quelque sorte des «diapositives» de l'œil et du cerveau, projetées dans un espace bien défini et localisé. Ce sont des images aussi réelles que des projections de diapositives.

Le phénomène n'avait jamais reçu beaucoup d'attention jusqu'à récemment. Parce qu'il disparaît avec l'âge et ne se manifeste plus en général à partir de la puberté, l'esprit de l'adulte, capable de composer avec lui, le relègue le plus souvent à la période plus effervescente de l'enfance. Il n'en reste pas moins que des images sont vues. Des tableaux se présentent devant les yeux dans lesquels se trouvent des détails qui peuvent être dénombrés et dont la couleur peut être précisée. Selon Jaensch, les images eidétiques sont soumises aux mêmes lois que les autres sensations et perceptions. Elles ne sont «en vérité, rien d'autre que le signe le plus manifeste de la structure de la personnalité normale dans l'enfance». Et elles sont absolument fascinantes à étudier.

LA FACULTÉ EIDÉTIQUE

Pour la plupart des gens, il y a un écart reconnu entre la sensation et l'imagerie. Cependant, Jaensch dit: «Certaines personnes ont des "expériences intermédiaires" entre les sensations et les images.» Ce sont là les eidétiques réels dont les réactions sont tout à fait franches et spontanées. Pour eux, la sensation et l'imagination vont de pair et sont étroitement unies par une expérience visuelle absolument réelle.

Pour découvrir cette personnalité eidétique, Jaensch propose trois formes d'expériences. Bien qu'il sache que la faculté eidétique est présente chez les petits enfants, il préfère travailler avec des jeunes de 10 ans ou plus, car ils sont mieux en mesure de comprendre ce que le psychologue cherche à découvrir et peuvent s'exprimer de façon cohérente.

D'abord on explique à la personne (ou au groupe de personnes) que l'expérimentateur est à la recherche d'images littérales et non d'images mnésiques. Pour débusquer les véritables eidétiques, on procède d'abord à une expérience simple à l'aide d'images rémanentes. On demande au sujet de se concentrer 20 secondes sur un carré de papier rouge placé contre un fond gris. La personne voit ensuite une surface verte de même dimension. On lui explique qu'il s'agit là d'une véritable expérience qui a des fondements physiologiques.

Lorsqu'on répète l'expérience, en réduisant le temps d'exposition à l'échantillon de couleur, on découvre que certaines personnes continuent de voir une image rémanente pendant un temps relativement long. Dans certains cas, l'image rémanente n'est plus de couleur complémentaire (une image verte après visionnement d'une surface rouge), mais une image de *même* couleur que l'échantillon visionné. Dans ce cas, on peut en conclure que la faculté eidétique est relativement élevée.

Les eidétiques ayant été repérés, on leur montre une silhouette relativement compliquée et comportant de nombreux détails. Le dessin est en général un peu plus grand qu'une carte postale. L'image est observée pendant 15 secondes. Par la suite, la personne moyenne voit en général une image floue, où se trouvent des zones claires et des zones sombres de couleurs complémentaires à l'original (et ressemblant donc à une image rémanente). L'eidétique, cependant, verra tout le tableau ou du moins une grande partie du tableau, et dans des couleurs qui correspondent à l'original!

On poursuit alors les expériences en utilisant des images qui sauront intéresser un enfant. La période d'exposition est raccourcie encore davantage. C'est alors que se révèlent les véritables eidétiques pour lesquels les images continuent de vivre, projetées devant leurs yeux comme des choses et des expériences réelles!

L'image eidétique a quelque chose d'éthéré, comme les images rémanentes. Même si les objets qui en sont à l'origine possèdent une couleur texturée, l'image eidétique ressemble plutôt à de la lumière. Mais, comme nous l'avons dit, c'est une image positive plutôt que négative. Dans certains cas, elle paraît même tridimensionnelle. Jaensch signale que l'image eidétique revient en mémoire plus facilement que l'image mnésique et paraît, bien entendu, plus «réelle» lorsqu'elle est rappelée.

Il a aussi constaté qu'un apport en calcium affaiblissait relativement la faculté eidétique. L'image vue alors est de couleur complémentaire à l'originale. Inversement, un apport en potassium parvient parfois à activer une faculté eidétique latente et à accroître considérablement le pouvoir eidétique, qui prend alors une plus grande intensité.

PSYCHOLOGIE ET PSYCHIATRIE

L'imagerie eidétique est un domaine aussi fascinant que celui des perceptions extrasensorielles. Mais elle peut servir à des fins utiles. Jaensch écrit: «Les chercheurs du domaine eidétique ont montré que l'état d'esprit qui ressemble le plus à celui d'un enfant n'est pas la structure mentale du logicien mais plutôt celle de l'artiste.» À l'école, lorsqu'on impose à l'enfant un point de vue et une façon de penser d'adulte, on risque de supprimer chez lui la personnalité eidétique et de faire obstacle à son expression spontanée et créatrice. Heinrich Klüver, un chercheur américain, écrit: «Un enfant eidétique peut, sans effort particulier, reproduire des symboles tirés de l'alphabet phénicien, ou des mots hébreux, etc. Ou encore, une personne capable de forte imagerie eidétique peut regarder un certain nombre de mots imprimés puis s'installer dans une pièce obscure et retrouver le texte de manière eidétique. On peut alors photographier le mouvement des yeux du sujet pendant qu'il lit le texte eidétique.»

La faculté eidétique existe, on le sait, chez les peuples primitifs et les êtres humains en font indéniablement l'expérience sous l'effet des drogues. Les curieuses hallucinations des malades mentaux, les statues «miraculeuses» qui bougent, parlent ou saignent, les «visions» des ascètes sont sans doute apparentées à ce phénomène. Werner écrit: «Il est aussi probable que l'art soi-disant naturaliste des chasseurs primitifs (Inuit, Bochiman, etc.) soit fondé sur des images eidétiques vues sous forme de projection sur la surface du matériau sur lequel l'image est par la suite dessinée ou peinte.»

Certains chercheurs ont tenté d'établir des rapports entre l'imagerie eidétique et la personnalité. Les introvertis auraient une tendance à voir des ensembles significatifs et interreliés. Les extravertis auraient plutôt des réactions plus objectives et analytiques. En psychiatrie, on considère parfois l'image eidétique comme une «manifestation de psychose sous-jacente». Sans doute le phénomène a-t-il un certain intérêt psychiatrique. Peut-être se rapporte-t-il à certaines théories portant sur les hallucinations et permet-elle de jeter un éclairage nouveau sur les mystères de la perception humaine et sur la dynamique générale de la vie.

PHÉNOMÈNES PSYCHIQUES

Il n'est pas toujours facile d'expliquer certains phénomènes psychologiques et psychiques – et ce n'est pas toujours nécessaire. En ce qui concerne la couleur, il y a chez l'être humain un grand nombre de mystères étranges et inexplicables. Pour conclure ce chapitre, nous citerons quelques passages d'un article publié par John J. O'Neill dans le *New York Herald Tribune*.

«Un antagonisme télépathique à la couleur rouge a été révélé par les expériences de perceptions extrasensorielles réalisées par le professeur Gardner Murphy et par Ernest Taves, du département de psychologie de l'université Columbia, dans le cadre d'un programme de recherche réalisé pour l'American Society for Psychical Research...

«Dans un grand nombre d'expériences, le choix se limitait à deux possibilités: oui ou non, pile ou face, noir ou blanc. Pour d'autres tests, on utilisait les cartes ordinaires de perception extrasensorielle de même qu'un paquet appelé «cartes Rook», composé de 56 cartes, réparties en quatre séries de couleurs différentes, les cartes de chaque série étant numérotées de 1 à 14...

«En comptabilisant et en analysant les lectures de cartes Rook, on a pu constater que les résultats dans l'ensemble étaient supérieurs à la moyenne. En subdivisant les résultats par couleur, on a constaté que pour les cartes imprimées en rouge sur fond blanc, les résultats tombaient bien en deçà de la moyenne obtenue dans tous les autres tests...

«Cet effet, lié à la couleur rouge, a paru si intéressant que le professeur Murphy a communiqué avec d'autres professeurs de psychologie dans diverses universités du pays pour leur demander de répéter l'expérience. Il a aussi procédé à d'autres tests auprès du groupe de l'American Society for Psychical Research, en utilisant les cartes rouges. Il a fait au total 6975 lectures et dans tous les tests, on a pu constater la présence d'un antagonisme à la couleur rouge...

«Même si les sujets n'étaient pas informés du fait qu'ils travaillaient avec des cartes rouges, ils s'en sont aperçus. Quelque part, sous le niveau de la conscience, ils sentaient que quelque chose les empêchait de bien identifier les cartes par télépathie. Cette chose avait le même effet sur le processus télépathique qu'un feu rouge ou un signal de danger de couleur rouge...

«Les scientifiques de Columbia, qui commentaient la faible exactitude des lectures de cartes rouges, ont dit: "Nous avons formulé une hypothèse provisoire, mais il faudra poursuivre la recherche avant d'affirmer quoi que ce soit. Néanmoins, il semble à première vue que quelque chose dans la présence simultanée du rouge et du blanc suscite une réaction négative. La chose est peut-être due à la présence de facteurs obscurs: la valeur symbolique du rouge et du blanc est très profondément ancrée dans notre culture, et cette caractéristique du matériel utilisé a peut-être eu un certain effet sur les résultats obtenus."»

Partie 4

La dimension visuelle

Chapitre 16

LES ANOMALIES DE LA VUE

Les effets directs de l'éclairage, de la lumière et de la couleur sur l'œil – et leurs effets indirects sur l'organisme humain – sont un champ d'étude en soi. L'attention de la science se tourne vers eux depuis quelques années, ce qui a permis de faire quelques découvertes remarquables. De ces efforts sont nées une science de la vue, une science du génie de l'éclairage et une science de la couleur fonctionnelle. Parce que l'auteur a participé activement à cette recherche et a consacré beaucoup de temps aux applications pratiques de la couleur dans les usines, les bureaux, les écoles et les hôpitaux, il possède aujourd'hui une connaissance de première main des avantages que présente l'application intelligente de techniques bien pensées.

On sait aujourd'hui que des conditions impropres à la vue peuvent diminuer l'efficacité humaine, entraîner la fatigue et causer des accidents. Les facteurs en cause ont peu à voir avec l'apparence ou l'esthétique, mais se rapportent directement aux mauvaises réactions du mécanisme de la vue. Là où la couleur peut servir à soulager ce qu'on appelle la «fatigue oculaire», il est possible de mettre en œuvre des techniques et des méthodes scientifiques nouvelles qui n'ont pas été souvent mentionnées dans ces pages, mais qui constituent en soi un aspect particulier de l'étude de la couleur.

LA VISION PRIMITIVE

Pour comprendre toute la magie de la vision humaine, passons rapidement en revue en quoi consistent les yeux de certains animaux de règne inférieur. La réaction à la lumière est vitale à la survie de la plupart des êtres vivants. L'humble amibe entre et sort de la lumière, et «voit» avec la totalité de son organisme. Son cousin un peu plus évolué, l'euglène, possède quelques cellules photosensibles à la base de son «palpeur». Certains vers de terre ont des cellules réceptrices éparpillées ici et là sur la paroi de leur corps. Chez bien des escargots, les cellules se trouvent au bout des antennes. Le pétoncle a des sites oculaires en bordure de son manteau, et la palourde en possède sur le rebord interne de son siphon. Le nautile possède un «œil» placé au fond d'une cavité sphérique que la lumière pénètre par une petite ouverture. Comme la lumière frappe sa rétine en divers angles, le nautile a peut-être un certain sens de l'orientation.

Ces «yeux», cependant, ne «voient» pas beaucoup de forme, de détail ou de couleur – et peut-être même pas du tout. Chez le triton et la salamandre, des excroissances du cerveau se couvrent d'une lentille de peau épaisse. Si la lentille est excisée, elle repousse. Si cet organe optique est greffé sur la queue du triton, une lentille s'y développe en peu de temps.

Il est probable que la capacité de faire le point sur un objet ait son origine chez des animaux comme les poissons, les grenouilles et la seiche. Leur cristallin, cependant, est dur et s'accommode à la distance en avançant et en reculant un peu comme la lentille d'un appareil-photo. L'œil capable de s'adapter de lui-même à la distance apparaît chez le serpent et la tortue, de même que la paupière, la fossette centrale de la rétine et les premières manifestations d'une perception de la couleur.

Chez l'oiseau, le sens de la couleur est très développé. Peu de mammifères, cependant, voient la couleur – les primates et les humains étant l'exception. Les créatures nocturnes sont en général plus sensibles au rayonnement à courte longueur d'onde (bleu). Les animaux diurnes sont plus sensibles au rayonnement à plus grande longueur d'onde (rouge). Les yeux des animaux nocturnes sont pourvus d'un tapis choroïdien, placé derrière la rétine (le tapetum), responsable de leur phosphorescence dans l'obscurité. Les animaux diurnes ont des gouttelettes de couleur dans les yeux ou un cristallin fortement teinté de jaune afin de réduire l'intensité aveuglante de la lumière du soleil et de faciliter l'acuité.

Il faut comprendre que la vision des animaux n'est pas reliée, comme chez l'homme, à un cerveau rationnel. Le mécanisme de l'œil est peut-être bon, mais la «matière grise» qui le sous-tend est moins développée. Ce qui n'empêche pas l'animal d'être bien adapté à sa vie et à son milieu. Ses réactions visuelles sont plus automatiques, plus instinctives. Son existence a une qualité dynamique. Il pourrait arriver qu'une grenouille meure de faim si sa nourriture ne bouge pas. Werner écrit: «Buytendijk, dans des expériences d'une importance cruciale, a montré qu'un chien, au repos, était incapable de distinguer un cercle d'un triangle, mais pouvait réaliser cet exploit si on le laissait courir librement.» La dynamique de la vue révolutionnera peut-être un jour la science de l'éclairage de même que la science de l'utilisation fonctionnelle de la couleur dans les écoles, les bureaux, les usines, etc. Il se peut que des modifications soigneusement contrôlées de l'intensité de la lumière de même que de la couleur se révèlent plus normales, et par conséquent supérieures aux valeurs statiques reconnues aujourd'hui.

L'OPTIQUE DE LA VUE

Le système optique de l'œil humain n'a rien d'exceptionnel. Le cristallin est structuré de telle sorte que les couleurs et les formes paraissent floues dans certaines conditions. «Heureusement, dit W. D. Wright, les effets les plus sérieux de ces aberrations sont compensés d'une certaine façon soit par la rétine ou par le cerveau, dans une mesure suffisante pour qu'en temps normal, nous soyons tout à fait insensibles à leur existence.»

Comme la plupart d'entre nous le savons, l'œil humain fonctionne un peu comme un appareil-photo. En surface du globe oculaire se trouve la cornée, une sorte de pellicule extérieure transparente ayant un peu la forme d'un verre de montre. Derrière la cornée se trouve l'iris, structure semblable à un anneau, qui forme la pupille de l'œil. Derrière la pupille se trouve le cristallin qui s'accommode aux objets éloignés ou proches. L'iris, devant le cristallin, se dilate ou se contracte afin de régler l'ouverture pupillaire: large en situation de faible éclairage, étroite dans une lumière éclatante. Derrière le tout se trouve la rétine, où vient s'inscrire tout un réseau de terminaisons nerveuses très sensibles. Voilà le lieu où la lumière se concentre et d'où partent les impulsions transmises au cerveau.

Tout indique que l'œil humain a été conçu par la nature pour voir de façon raisonnablement efficace dans des conditions d'éclairage très variables. S'il est vrai que l'homme ne voit pas aussi bien dans l'obscurité qu'un chat ou une chouette, il voit mieux qu'eux dans la lumière du jour. Et s'il ne tolère pas aussi bien le plein soleil que le chien de prairie ou l'aigle, il n'est pas forcé de se terrer lorsque le soleil se couche. Ainsi, sans avoir l'œil le plus parfaitement adapté à la lumière du jour ou à l'obscurité, l'homme est doté d'une vision supérieure à celle de tous les êtres vivants, et très bien adaptée à l'ensemble de ses conditions de vie.

La quantité de lumière qui pénètre dans l'œil est réglée par l'iris. L'ouverture pupillaire est ronde, chez l'homme, mais elle a la forme d'une fente verticale chez les chats et les tigres et d'une fente horizontale chez les chèvres et les chevaux. Voilà qui convient aux besoins de chaque animal, permettant aux uns de bien voir en sautant du haut d'un arbre ou d'un rocher, et aux autres de «garder l'œil» sur l'horizon.

Presque tous les mammifères, y compris l'homme, ont les yeux bleus à la naissance. C'est que l'iris n'a alors aucune pigmentation. Le bleu que nous voyons résulte de l'éparpillement de la lumière dans le système dioptrique de l'œil. Chez certains oiseaux, la couleur de l'iris change avec le temps pour devenir en général plus foncée. Le mâle a souvent l'iris d'une autre couleur que celui de la femelle. Chez la tortue-boîte commune, le mâle a un iris rouge et la femelle un iris jaune ou brunâtre. Chez une espèce de pingouin, l'iris de même que le bec passent du rouge au jaune puis du jaune au rouge avec les saisons. G. L. Walls écrit:

«Ces changements sont sans signification, mais sont sans doute liés au mouvement ascendant et descendant du taux d'hormones sexuelles dans le sang.»

LA RÉTINE

La vision cependant ne répond pas aux simples lois de l'optique. S'il est vrai que le système optique de l'œil humain est imparfait, la nature a réussi de véritables miracles dans sa conception de la rétine et du système de vision cérébral. Un des plus grands ouvrages écrits dans ce domaine est sans doute celui de Stephen L. Polyak, *The Retina*, que l'on consultera toujours avec profit.

«Sur le plan structurel, la rétine peut être considérée comme une extension photosensible du cerveau» (W. D. Wright). La rétine est cette pellicule photosensible qui se trouve à l'arrière du globe oculaire et sur laquelle la lumière provoque des impulsions nerveuses qui sont acheminées vers le cerveau. Dans la rétine humaine, il y a deux sortes de cellules photoréceptrices: les bâtonnets (environ 130 000 000 dans chaque œil) répartis assez uniformément sur toute l'étendue de la rétine, et les cônes (environ 7 000 000) très perfectionnés et particulièrement nombreux dans la région de la fossette centrale de la rétine.

Bien que le processus exact de la vision soit encore un mystère à bien des égards, les scientifiques s'entendent de manière générale pour dire que la «théorie de la duplicité» formulée pour la première fois par Max Schultze en 1866 est logique et semble vraisemblable. Selon cette théorie, la vision à faible intensité serait une fonction des bâtonnets de la rétine; la vision à haute intensité serait une fonction des cônes. On croit que les bâtonnets réagissent à la lumière et au mouvement dans un éclairage tamisé. Les cônes, très nombreux au centre de l'œil, réagiraient à la lumière et au mouvement, mais percevraient aussi les couleurs. C'est donc dans la fossette centrale et sa région environnante que se produirait l'essentiel de la vision, car c'est là seulement que l'œil est en mesure de percevoir la couleur et la finesse des détails. La vision de la fossette centrale est essentiellement due aux cônes et est une vision diurne; la vision périphérique est due aux bâtonnets et est surtout utile la nuit.

La fossette centrale de la rétine est imprégnée d'un pigment jaunâtre (que l'on appelle la *macula lutea* ou tache jaune). Bien que cette zone ait un diamètre d'à peine un demi-centimètre, elle contient des dizaines de milliers de photorécepteurs, surtout les cônes, qui sont tous *individuellement* reliés au cerveau. Voilà sans doute pourquoi la fossette centrale est si remarquablement sensible à la finesse des détails. En périphérie, cependant, les connexions nerveuses vers les cônes et les bâtonnets sont organisées en faisceau. Wright observe donc: «On peut en conclure que la rétine périphérique est tout à fait incapable de percevoir le détail d'une image, mais rend possible la sommation des réponses à de faibles stimuli et donne à la périphérie un avantage sur la fossette centrale dans le domaine de la détection des images imprécises.»

LA RÉTINE CÉRÉBRALE

Chez l'humain, la région cérébrale responsable de la vue se répartit en zones correspondant à la fossette centrale et à la périphérie de l'œil, mais avec une différence digne de mention: la zone réservée à la vision périphérique est relativement petite; la zone réservée à la vision fovéale est beaucoup plus grande. Concrètement, cela signifie que même si la fossette centrale est à peine plus grosse qu'un point sur la rétine, sa fonction de perception de la couleur et du détail fin est absolument vitale et exige une grande part de «matière grise». Inversement, si la zone périphérique de la rétine est relativement grande, ses réactions plus simples à la lumière, au mouvement et à la forme brute exigent moins d'espace dans le cerveau.

Le fait que le côté droit du cerveau contrôle le côté gauche du corps (et inversement) s'applique aussi à la vision, mais de façon un peu étrange. Dans le cas de la vision humaine, la structure est la suivante. Chaque moitié des deux rétines est reliée à son propre côté du cerveau. Ainsi, la moitié droite de la rétine droite et la moitié droite de la rétine gauche, qui toutes deux considèrent le côté gauche du monde, relient leurs fibres à l'hémisphère droit du cerveau. Inversement, les moitiés gauche de l'œil droit et de l'œil gauche, qui observent le côté droit du monde, sont reliées à l'hémisphère gauche du cerveau. Certains spécialistes croient cependant que les cônes de la fossette centrale sont reliés aux deux hémisphères du cerveau. Wright commente: «La question n'est pas encore élucidée de savoir si les fibres de toute la fossette centrale de chaque œil sont reproduites dans les deux tractus optiques ou si chaque demi-fossette envoie ses fibres dans un seul tractus optique, d'une façon analogue au reste de la rétine. Les données accumulées sont à l'appui de cette deuxième possibilité.»

Que la vision soit autant une fonction du cerveau qu'une fonction de l'œil deviendra encore plus évident si nous rendons compte de quelques autres curiosités. L'œil humain voit mieux que celui des animaux de règnes inférieurs essentiellement parce que le cerveau humain est supérieur. Les stimuli captés par les yeux n'ont en fait aucune signification tant que le cerveau ne les a pas interprétés. Un embryon d'œil peut être prélevé dans l'œuf d'une poule et mis à croître dans une solution saline. Il se développera et formera un cristallin. Mais sans connexion à un cerveau, ce cristallin ne «voit» absolument pas.

Southall écrit: «Si l'œil n'a pas d'expérience préalable pour le guider dans une situation donnée, il sera difficile pour le cerveau d'interpréter correctement le phénomène visuel. Si la chaîne de communication entre la partie centrale de l'organe de la vue et son tractus optique adjacent est rompue ou endommagée, l'objet extérieur sera certes visible mais restera incompréhensible pour le cerveau. Dans ce cas, le spectateur voit l'objet *en soi* et peut même parfois en tracer une esquisse, mais il ne peut nommer l'objet ou dire ce qu'il signifie à moins d'y toucher et, ainsi, de compléter son sens de la vue en faisant appel à d'autres sens.» Bref, la vue n'est pas une simple question d'enregistrement de stimuli externes, mais aussi un mouvement de remise en mémoire de souvenirs et d'expériences antérieures. Le cerveau et l'œil ne font qu'un.

Un autre phénomène de ce genre a aussi été décrit par Walls. Lorsque le tractus optique droit ou gauche est sectionné quelque part entre l'œil et le cerveau, le sujet devient aveugle du côté gauche ou du côté droit de son champ visuel. Mais il peut encore percevoir des effets de contraste et voir des images rémanentes. Après avoir fixé une zone très lumineuse, il pourra ressentir une impression de luminosité dans la moitié aveugle de son champ visuel. En se concentrant sur une couleur en particulier, il pourra aussi en arriver à voir, dans la zone aveugle, une image rémanente de couleur complémentaire. Walls conclut: «Seule une interaction des deux côtés du cortex cérébral est en mesure d'expliquer un tel phénomène.»

LE POURPRE RÉTINIEN

Nous ne savons pas grand-chose des complexités de la vision humaine après le moment où la lumière frappe la rétine. LeGrand H. Hardy écrit: «Ce qui se produit lorsque la lumière exerce son effet sur un photorécepteur est pour l'essentiel inconnu.» Il est probable, cependant, que des courants électriques se produisent dans le nerf optique et soient transmis au cerveau.

Une substance appelée le pourpre rétinien inonde la rétine. Sa couleur normale est le rouge magenta. Sous l'effet de la lumière, elle se décolore, puis se resynthétise dans l'obscurité. Selon A. C. Krause: «Exposée à la lumière, la couleur du pourpre rétinien, à la température ambiante, passe rapidement au jaune, mais au froid, elle passe lentement à l'orange et ensuite au jaune. Dans les deux cas, le pourpre rétinien perd complètement sa couleur avec le temps.»

La science a montré récemment qu'il existe des liens essentiels entre l'œil, la vitamine A et l'état général de santé du corps. Krause écrit: «La synthèse du pourpre rétinien dépend des réserves de vitamine A et de l'activité métabolique de la rétine.» La carence rétinienne en vitamine A peut bien entendu être causée par une grande fatigue oculaire, l'éblouissement extrême ou l'exposition prolongée à une lumière très vive. Mais elle peut aussi être causée par certaines maladies.

Signalons à cet égard une observation récente faite par George Wald. «À mesure que la vitamine A se libère pendant l'adaptation à la lumière, la capacité de la rétine de la conserver se trouve débordée et la vitamine se répand dans les tissus contigus et dans la circulation sanguine... Voilà un phénomène important, car il relie le cycle rétinien par ailleurs fermé avec la circulation générale et le métabolisme de la vitamine A dans tout l'organisme.» Peut-être faut-il en conclure que l'œil n'est pas seulement un organe de la vue, mais aussi un organe responsable de la distribution de la vitamine A dans l'ensemble du corps. Non seulement la carence en vitamine A peut réduire la capacité de l'œil de voir clairement (surtout dans un faible éclairage), mais certains croient qu'une exposition trop prolongée à une luminosité extrême peut détruire la vitamine A, nuire à sa circulation dans l'ensemble du corps et conduire ainsi à un état de débilité générale.

L'ÉQUATION HUMAINE

Southall écrit: «Une bonne vue est une faculté qui s'acquiert au cours d'un long processus d'initiation, de pratique et d'expérience. La vision adulte est le résultat d'un grand nombre d'observations et d'associations d'idées de toutes sortes et est donc totalement différente de la vision non structurée d'un nouveau-né qui n'a pas encore appris à fixer son regard, à adapter ses yeux et à interpréter correctement ce qu'il voit. Une grande partie de notre jeune vie est inconsciemment consacrée à recueillir et à coordonner une vaste quantité de données sur notre environnement, et chacun de nous doit apprendre à utiliser ses yeux pour voir tout comme il faut apprendre à utiliser ses jambes pour marcher et sa langue pour parler.»

Un insecte qui voit au moyen d'un œil à facettes réagit à une mosaïque de formes lumineuses. Les oiseaux et les poissons, qui ont les yeux de chaque côté de la tête, sont incapables de centrer leur regard sur un objet avec la même précision que l'homme. En fait, ces êtres voient probablement deux univers différents en même temps et se concentrent sur l'un ou sur l'autre en faisant appel à un mécanisme «d'élimination» du côté gauche ou du côté droit.

Dans la vision binoculaire de l'homme, la fossette centrale de la rétine fait le point à la fois sur la forme, la luminosité, la couleur et le détail, et parvient à une image claire et à une exacte perception de la taille, de la forme, de la distance, etc. Pendant ce temps, les zones périphériques réagissent au mouvement ou à une modification de luminosité aux limites extérieures du champ visuel. Ainsi, le joueur de base-ball, tout en fixant sa fossette centrale sur la balle, peut utiliser sa zone périphérique pour guider le mouvement de son bâton. Le boxeur, tout en gardant l'œil sur le menton de son adversaire, pourra voir venir les «jabs» latéraux par lesquels son adversaire cherche à le mettre hors de combat.

VITESSE DE LA PERCEPTION VISUELLE

L'équation humaine se manifeste aussi dans le domaine de la discrimination du détail. Ralph M. Evans écrit: «Un fil de téléphone peut être vu à une distance de plus d'un quart de mille.» Alors qu'une image aussi fine serait indétectable par un appareil-photo, même dans les meilleures conditions possibles, l'œil humain (et le cerveau) est en mesure de construire une image remarquablement précise. Il semble que la rétine ait besoin d'à peine quelques indices de l'existence du fil pour que le cerveau puisse en construire l'image complète.

En ce qui concerne la vitesse, le cerveau peut enregistrer une image raisonnablement claire d'un événement ou d'un objet même si la perception visuelle elle-même a duré moins d'une fraction de seconde. Les éclairs lumineux produisent une impression subjective de luminosité plus forte qu'une source lumineuse constante. Lorsque deux éclairs lumineux se produisent simultanément, l'un frappant la fossette centrale et l'autre la périphérie de la rétine, la lumière perçue par la fossette centrale semblera s'être manifestée avant l'autre. De même, un voyant bleu doit clignoter plus lentement qu'un voyant rouge pour que le clignotement soit perçu. Walls affirme: «Une compagnie suédoise de chemin de fer a récemment constaté que certains signaux rouges, qu'il fallait voir clignoter, étaient perçus correctement à condition de clignoter 75 fois par minute. Mais dans le cas de signaux bleus, le clignotement devait être réduit à 20 fois par minute, sans quoi il y avait un risque de fusion des signaux lumineux dans l'œil, adapté à l'obscurité, du mécanicien.»

LE POINT AVEUGLE

Près de la fossette centrale de la rétine se trouve un «point aveugle», là où le nerf optique de l'œil est fixé. Situé vers l'intérieur, près du nez et non loin du centre de la rétine, ce point est orienté à l'oblique vers le monde. Ce «point mort» a été découvert à la fin du XVIIe siècle par l'abbé Mariotte, un physicien français intéressé à l'ophtalmologie. E. W. Scripture écrit (1895): «L'homme et ses ancêtres animaux avaient toujours eu un point aveugle, mais celui-ci a été formellement découvert il y a environ 200 ans lorsque Mariotte, au cours d'une expérience à la cour du roi d'Angleterre, a fait sensation en montrant comment il était possible de faire entièrement disparaître la royauté.»

De proche, le point aveugle couvre une zone relativement restreinte du champ visuel. À 2 mètres, la zone mesure environ 20 centimètres de large et continue de croître à mesure que la distance augmente. Si on regarde vers le ciel, elle couvre une région mesurant environ 11 fois la taille de la lune. Bien que l'œil ne voie rien à cet endroit, nous n'avons jamais un sentiment de vide ou de noir. Le cerveau «complète» l'image du milieu environnant. Un point aveugle entouré de caractères d'imprimerie semblera rempli de caractères d'imprimerie. La perception des couleurs est du même ordre: l'œil «pense» qu'il voit rouge dans son point aveugle si la zone est entourée de rouge.

LES IMAGES RÉMANENTES

Dans la perception des objets et des couleurs, on constate un certain retard rétinien. La vision n'est pas un processus rétinien instantané. Lorsque l'œil parcourt l'espace, il ne le fait pas au moyen d'un balayage continu mais plutôt par sauts et par bonds. La stimulation perçue à tout moment persiste jusqu'au moment suivant. (C'est ce qui rend possible l'impression de mouvement au cinéma.) Les impressions visuelles restent lucides et ne sont pas embrouillées.

Mais il y a plus encore. Lorsqu'on perçoit une couleur, l'œil a fortement tendance à susciter la couleur opposée. Cette réaction est si prononcée qu'elle nous fait réellement voir des images rémanentes. Après avoir fixé une surface rouge, on constate en regardant une surface neutre qu'on ressent une sensation de vert. L'image rémanente du jaune sera bleue. Ce phénomène a de sérieuses répercussions sur les effets de couleur, car il donne de l'intensité aux violents contrastes et de la douceur aux agencements de couleurs analogues.

Des expériences scientifiques récentes semblent indiquer que l'image rémanente se produit dans le cerveau plutôt que dans l'œil lui-même. Il en serait de même de certaines illusions associées à des contrastes de luminosité (le fait que certaines couleurs aient l'air pâles sur un fond sombre et plus foncées sur un fond pâle). En ce qui concerne les images rémanentes, on a demandé à des sujets hypnotisés de se concentrer sur des stimuli de couleur qui n'avaient pas d'existence réelle. Bien que leurs yeux n'aient rien perçu, des expériences de couleur survenaient. Les sujets «voyaient» des images rémanentes de couleur complémentaire malgré le fait que la rétine de leur œil n'ait pas été excitée. Plus étonnant encore, «le phénomène s'est produit chez des personnes qui, à l'état de veille, ne savaient pas qu'il existait un phénomène appelé l'image rémanente – et encore moins qu'un tel phénomène soit normalement de couleur complémentaire à la couleur du stimulus!» (Walls).

LA DYNAMIQUE DE LA VUE

Chez les formes animales moins évoluées, les nerfs des yeux sont directement connectés aux muscles du corps. Les réactions à la lumière sont souvent involontaires. Or, ce phénomène existe aussi chez l'homme dans une mesure étonnamment grande. Une luminosité ou un mouvement brusque à la limite extérieure du champ visuel peut provoquer un mouvement de tête ou une constriction musculaire – avant que nous ayons eu la chance de penser. La réaction émotionnelle à un jour ensoleillé ou à un jour pluvieux peut aussi être attribuée à une réaction du système nerveux autonome. Sous l'effet de drogues comme le haschich ou la mescaline, les objets semblent changer de taille, de forme ou de position. Ce qui est normalement statique peut alors devenir dynamique.

Le fait est que la vision humaine se déroule selon un mouvement croissant et décroissant comme l'ensemble des processus physiologiques du corps, comme les humeurs de l'esprit et les grands mouvements de la nature. La maladie peut se répercuter sur l'acuité de la vision et la perception des couleurs. Une peur extrême peut nuire à la vue de façon complète ou partielle. Les jours ensoleillés ont le pouvoir, sous l'effet de la vision, de susciter une attitude différente et même des perceptions différentes de celles qui caractérisent les jours pluvieux.

Bref, l'homme voit mieux lorsqu'il est en bon état physique et mental. Et en règle générale, un milieu environnant agréable favorise la santé du corps et de l'esprit. L'application de la couleur à la vie – à domicile, au travail, à l'école – a donc une portée réelle capable de réaliser des objectifs aussi humbles que grandioses et de contribuer de façon essentielle au bien-être physique comme à l'équilibre mental.

Chapitre 17

DALTONISME ET CÉCITÉ NOCTURNE

DANS SA SENSIBILITÉ à la couleur, l'œil humain réagit à une zone
relativement restreinte du spectre électromagnétique complet.
Peut-être la vue a-t-elle évolué dans l'eau, car le spectre visible de
la lumière est en règle générale le spectre de transmission de
l'eau. Selon Walls, «Le spectre des bâtonnets est étroitement
adapté à l'eau, le spectre des cônes est un peu mieux adapté à
l'air». Un tel développement est sans doute parfaitement naturel.

    Bien que la perception des couleurs ait des connotations spi-
rituelles, émotionnelles et esthétiques pour l'homme, la nature
s'intéresse moins à la beauté qu'à la visibilité. La couleur facilite
la perception. Son utilité est fonctionnelle. Elle a été élaborée par
la nature, non pour rendre les humains plus heureux mais pour
assurer une meilleure adaptation au milieu environnant. La
lumière et la couleur ont une signification biologique. Les effets
directs de la lumière et de la couleur sur l'œil et le corps produisent des réactions psychologiques complexes dans le cerveau. Ces
réactions, à leur tour, influencent la vue. Tout comme la nature
s'impose à l'homme par l'intermédiaire de la vue, l'homme inter-

prête la nature selon les indications de son cerveau. Bref, la vue fonctionne à double sens: un stimulus physique venu du monde externe pénètre dans l'œil et envoie des impulsions au cerveau; le cerveau ajoute alors la part de l'expérience, du jugement et de la perception et porte sur le monde un regard empreint de sagesse.

THÉORIES DE LA PERCEPTION DE LA COULEUR

Au mieux, la science se perd en conjectures lorsqu'elle tente d'expliquer les mystères de la perception de la couleur. Un grand nombre de théories ont donc été formulées au fil des ans. Le psychologue Ewald Hering, par exemple, a proposé un système selon lequel le mécanisme de la vue reposerait sur trois processus antagoniques: un processus noir-blanc, un processus bleu-jaune et un processus rouge-vert. Lorsqu'un «fractionnement» se produit sous l'effet de la lumière, nous faisons l'expérience du blanc, du bleu et du rouge. Lorsqu'il y a «superposition», nous voyons plutôt du noir, du jaune et du vert. La théorie de Hering propose une explication adroite des couleurs complémentaires et des images rémanentes. Mais elle ne parvient pas à convaincre – pas plus d'ailleurs que les autres théories de la perception des couleurs – lorsque d'autres phénomènes sont pris en compte.

Selon la théorie de Ladd-Franklin, l'évolution du sens des couleurs aurait commencé par une substance photosensible ayant permis à l'œil de faire la distinction entre la lumière et l'obscurité. Puis serait apparue une substance sensible au jaune et une autre sensible au bleu. Enfin, la substance sensible au jaune se serait subdivisée pour permettre à l'œil de voir le rouge et le vert. Bien que ces postulats rendent compte de certaines formes de daltonisme, et reconnaissent l'existence des couleurs primaires du physicien (le rouge, le vert et le bleu) et de celles du psychologue (le rouge, le jaune, le vert et le bleu), rien ne prouve que les fibres nerveuses de la rétine agissent vraiment de cette façon.

Selon la théorie de Müller, défendue par de nombreux scientifiques, des processus photochimiques auraient constitué une première étape, à laquelle auraient fait suite des processus supplémentaires donnant lieu aux sensations de noir, de blanc, de jaune, de bleu, de vert et de rouge. Les nerfs optiques seraient stimulés par diverses parties du spectre. Des réactions chimiques se produiraient dans la rétine, ce qui aurait pour effet de transmettre des impulsions au cerveau. Le daltonisme s'expliquerait par des imperfections du nerf optique, lesquelles bloqueraient la transmission de certaines impulsions. Deane B. Judd écrit: «Une des critiques les plus fréquemment adressées à la théorie de Müller est qu'étant donné sa complexité, elle explique tout mais ne prédit rien.»

LA THÉORIE DE YOUNG-HELMHOLTZ

«Les théories de la perception des couleurs sont nombreuses à proposer l'existence, dans les cônes rétiniens de l'œil humain normal, d'un groupe de trois substances sélectivement sensibles à certaines régions du spectre, capables de se décomposer indépendamment les unes des autres sous l'effet de l'énergie rayonnante» (Judd). Selon la théorie de Young-Helmholtz, il existerait sur la rétine trois types de cônes différents, les uns essentiellement sensibles à la partie rouge du spectre, les deuxièmes sensibles à la partie verte et les troisièmes, à la partie bleue. Les sensations de couleur seraient ainsi attribuables à la stimulation de ces récepteurs. Par exemple, la stimulation simultanée des cônes sensibles au rouge et au vert permettrait de voir le jaune; la stimulation simultanée des trois types de récepteurs produirait une sensation de blanc.

Bien que rien encore n'ait prouvé de façon concluante que la rétine contient des cônes de types différents, les partisans de cette théorie ne se laissent pas décourager. Récemment, Polyak a parlé de trois types de connexions neuronales avec les cônes et Granit a pour sa part recueilli des preuves de sensibilité à différentes zones du spectre.

Quoi qu'il en soit, les travaux dans le domaine de la perception des couleurs et du daltonisme s'appuient aujourd'hui sur l'hypothèse selon laquelle l'œil humain est doté d'un mécanisme trirécepteur. Toutes les couleurs du spectre se forment à partir de trois rayonnements lumineux (le rouge, le vert et le bleu). «La preuve semble ainsi raisonnablement faite que, pour préciser la couleur d'un élément uniforme placé dans son champ de vision,

l'observateur normal fait appel à au moins trois variables indépen-
dantes» (Judd). Le daltonisme peut être abordé dans un contexte
tricolore. La colorimétrie et la spectrophotométrie peuvent aussi
être réalisées à l'aide de trois couleurs et peuvent servir à mesurer
et à préciser les couleurs.

LE DALTONISME

Bien que le daltonisme soit assez répandu, personne ne
semble y avoir fait attention avant la fin du XVIIIe siècle. La première description intelligente qui en a été faite remonte à 1798 et
est due au chimiste anglais John Dalton. Dans sa jeunesse, il attribuait les erreurs de jugement à une ignorance des mots qui servent à désigner la couleur. Mais il a découvert plus tard qu'il ne
percevait aucune différence entre une feuille de laurier et un bâton
de cire à cacheter rouge. Dalton comparait la couleur d'une tunique écarlate à celle des arbres et se serait déjà présenté à une
assemblée quaker vêtu d'un manteau beige et de chaussettes
rouge feu. Ses propos ont si bien marqué les esprits que l'incapacité physiologique de percevoir certaines couleurs porte désormais son nom: daltonisme.

Le daltonisme peut être congénital ou acquis. Lorsqu'il s'agit
d'un état congénital, on ne constate en général aucun déficit dans
la capacité de percevoir la lumière, la forme, le détail et ainsi de
suite. Cet état congénital est beaucoup plus répandu chez les
hommes que chez les femmes et est généralement transmis par la
lignée maternelle. Une mère normale peut transmettre la déficience à ses fils. Le daltonisme a une fréquence d'environ 8 p. 100
chez les hommes tandis que chez les femmes, sa fréquence est
inférieure à 0,5 p. 100.

Le daltonisme acquis peut être dû à une maladie des yeux, du
tractus optique ou du cortex cérébral. Il peut être causé par l'anémie pernicieuse, une carence en vitamine B_1, l'exposition à certains poisons comme le disulfure de carbone, le plomb ou le thal-
lium. Les cas de daltonisme acquis sont en général dus à une
dégradation générale de la vue, il est donc inutile de les étudier
pour comprendre ce que voit un daltonien dont la santé générale
est par ailleurs bonne.

PERCEPTION NORMALE DES COULEURS

La terminologie dans le domaine du daltonisme est une accumulation de mots compliqués: dichromatisme, protanopie, deutéranopie, tritanopie, etc. Dans l'intérêt du lecteur, cependant, nous tenterons de décrire le phénomène en utilisant un vocabulaire plus simple. Dans la vision normale des couleurs, le spectre perçu comprend le rouge, l'orange, le jaune, le vert, le bleu et le violet. Les régions les plus lumineuses sont le jaune et le jaune-vert. Toutes les couleurs sont formées par mélange de trois rayonnements lumineux: le rouge, le vert et le bleu. Pour citer Judd: «Il est commode de classifier les perceptions d'un observateur normal en trois groupes: pâle-foncé, jaune-bleu et rouge-vert. Ainsi, un observateur normal peut distinguer les couleurs pâles des couleurs foncées, les couleurs jaunâtres des couleurs bleues et les couleurs verdâtres des couleurs rouges.»

TRICHROMATISME ET DICHROMATISME

Dans un premier groupe de daltoniens, trois rayons colorés (comme chez les gens normaux) entrent dans la formation de toutes les couleurs du spectre, mais les proportions nécessaires se démarquent radicalement de la norme. Chez certaines personnes, on constate une fonction verte anormale; chez d'autres, une fonction rouge anormale. Certains daltoniens réussissent à faire croire qu'ils ont une bonne perception des couleurs et peuvent, bien qu'avec effort, nommer un grand nombre de couleurs. Mais dans bien des cas, l'expérience est alors le facteur dominant, la personne sachant que le ciel est bleu, l'herbe verte et le beurre jaune. Mais s'il faut faire des distinctions fines ou si les couleurs ont un ton grisâtre, les «trichromates anormaux» risquent de se retrouver dans la confusion la plus totale.

Pour un second groupe, deux rayons colorés seulement servent à la construction des couleurs du spectre. En général, ces personnes (les dichromates) ont une bonne perception visuelle du pâle-foncé et du jaune-bleu, mais ne perçoivent pas le rouge-vert. Elles acquiescent en général à tous les énoncés de couleur faits par les observateurs normaux, mais lorsqu'elles sont laissées à elles-mêmes, il arrive parfois des incidents un peu bizarres. Pour citer Wright: «Une surface grise, par exemple, sera parfois décrite comme étant grise mais peut tout aussi bien être dite bleu-vert ou mauve. Ou encore, une surface rouge, une surface jaune foncé ou une surface verte seront toutes décrites comme étant brunes.» Les couleurs à haute fréquence risquent d'apparaître bleutées (plutôt que vertes) et les couleurs à basse fréquence, d'apparaître jaune (plutôt que rouge ou orange).

Les couleurs qui créent le plus de confusion chez les daltoniens sont le rouge et le vert. Dans la tranche des 8 p. 100 d'hommes atteints de daltonisme, cette cécité au rouge-vert se manifeste d'une façon ou d'une autre. Certains sujets, plutôt rares, ont une perception déficiente du jaune-bleu et un nombre plus restreint encore sont incapables de distinguer quelque couleur que ce soit.

En dépit d'un travail expérimental considérable, aucun remède n'a encore été trouvé pour guérir le daltonisme congénital. Bien des traitements ont été proposés par des charlatans sous forme de médicaments, de psychothérapie, de rééducation et même de régimes. Se prononçant au nom de la marine américaine, Dean Farnsworth écrit: «Les spécialistes les plus compétents et les mieux informés dans le domaine de la perception des couleurs affirment sans détour que le daltonisme congénital ne peut être corrigé ni par l'alimentation ni par les médicaments, la rééducation ou toute autre forme de traitement actuellement connu par la science.» Néanmoins, pendant la Deuxième Guerre mondiale, une population crédule a été inondée de publicité, à la radio ou sous forme de cours par correspondance, proposant des traitements de toutes sortes: injections d'iode ou de venin de cobra, stimulation électrique du globe oculaire, suppléments vitaminiques, exercices de visualisation de rayons lumineux, port de lunettes à verres colorés, etc.

LE MANQUE D'OXYGÈNE

Le système nerveux est très sensible aux moindres fluctuations de la tension en oxygène du sang. Le manque d'oxygène trouble la vue et empêche de voir clairement. Ce qu'on appelle «l'anoxie» (manque d'oxygène) peut se produire à la pression atmosphérique normale lorsque la concentration en oxygène de l'atmosphère faiblit, ou encore en altitude, lorsqu'on est exposé à l'air «raréfié» des hautes montagnes. On peut alors constater une perte de l'acuité visuelle, une sensibilité moindre à la luminosité et à la couleur et une disparition partielle ou complète des images rémanentes. Les mouvements volontaires des yeux peuvent être perturbés et une tâche comme la lecture peut devenir très difficile. Pour compenser sans doute, la pupille des yeux tend alors à se dilater pour faire pénétrer plus de lumière vers la rétine.

Une perte temporaire de la vue (sans perte de conscience) peut se produire lorsque le corps est soumis à de très hautes vitesses ou à de très fortes pressions comme dans les situations de bombardement en piqué. Mais si le niveau d'humidité peut être maintenu constant sur le globe oculaire, on pourra éviter le phénomène du «voile noir».

LA VISION NOCTURNE

Pour parler en métaphores, disons que la vision humaine ne s'élève pas depuis les profondeurs d'un puits. C'est-à-dire que la capacité de voir n'évolue pas dans une progression continue depuis l'obscurité jusqu'à la lumière, et que la réaction de l'œil n'est pas directement proportionnelle à la force du stimulus. La vue commence, si on peut dire, vers le milieu du puits, car un mécanisme permet l'adaptation à l'obscurité, et un autre rend possible l'adaptation à la lumière. Les deux fonctionnent séparément. La vision des cônes s'atténue lorsque l'éclairage diminue tandis que la vision des bâtonnets s'accroît. Étrangement, un stimulus de faible intensité peut sembler *devenir plus brillant* lorsque l'éclairage ambiant diminue. Ce qui voudrait dire que la vision des bâtonnets s'améliore à mesure que décroît la quantité de lumière qui pénètre dans l'œil!

Au chapitre 15, nous avons indiqué que le jaune-vert était la région du spectre la plus éclatante pour l'œil dans la lumière du jour tandis que dans l'obscurité, la région la plus claire devenait le bleu-vert. C'est-à-dire que pendant la transition des cônes aux bâtonnets, la sensibilité au rouge diminue et la sensibilité au bleu augmente. Ce phénomène, appelé l'effet Purkinje, rend l'étude de la vision encore plus mystérieuse et fascinante. Un rouge et un bleu, par exemple, de luminosité équivalente dans la lumière du jour, ne paraîtront pas nécessairement équivalents dans un éclairage plus faible; le rouge semblera alors plus foncé et le bleu plus pâle.

Précisons d'abord que la couleur n'est perçue que dans un éclairage normal et par le centre de l'œil seulement. Pour le vérifier, on peut se livrer à l'expérience suivante: depuis l'arrière de la tête et à hauteur des yeux, introduire lentement des bouts de papier coloré dans le champ de vision. Bien qu'il soit possible de «voir» les bouts de papier même lorsqu'ils se trouvent relativement loin sur le côté de la tête, il est impossible d'en déterminer la couleur exacte tant qu'ils ne sont pas directement devant les yeux. Pendant tout l'essai, il faut garder les yeux fixés droit devant soi.

Pour vérifier que les yeux ne perçoivent pas la couleur lorsqu'ils sont adaptés à l'obscurité, on peut s'installer dans un lieu très faiblement éclairé pendant une période d'environ 30 minutes et essayer par la suite de distinguer des couleurs non identifiées. Voilà un bon moyen de passer le temps par les nuits d'insomnie. On peut aussi faire une autre expérience qui consiste à se boucher un œil avec la paume de la main tandis qu'on expose l'autre à une lampe allumée. Si on se plonge ensuite dans l'obscurité, on constatera que la vue est très bonne du côté de l'œil adapté à l'obscurité tandis que l'œil exposé à la lumière ne voit rien.

L'ADAPTATION À L'OBSCURITÉ

Charles Sheard écrit, dans un article publié par le *Journal of Optical Society of America* (août 1944): «Ce qui frappe le plus dans la transition visuelle qui se produit lorsqu'on entre et qu'on reste dans une pièce obscure est sans doute l'amplitude du phénomène; car l'adaptation peut passer de 100 000 unités d'intensité lumineuse au début de la transition à une seule, une fois l'adaptation terminée.» Pendant la transition des cônes aux bâtonnets, la perception des couleurs et de la luminosité est réduite. Par exemple, les tons d'un dégradé de gris resteront perceptibles dans un éclairage normal ou très vif. Mais dans un éclairage très faible, les couleurs intermédiaires et les couleurs foncées auront tendance à se «fondre» et à paraître noires. La vision dans l'obscurité est donc incolore, vaporeuse, pauvre en détails, et les silhouettes des objets paraissent plates, vagues et difficiles à cerner.

Dans la quasi-obscurité, le centre de l'œil, c'est-à-dire la fossette centrale, est plus ou moins aveugle. Les objets seront donc mieux vus s'ils sont regardés «à l'oblique». En fait, les petits objets peu éclairés risquent de disparaître complètement si on les regarde de front.

On dit que les Noirs voient mieux dans l'obscurité que les autres races. Les personnes aux yeux foncés ont aussi un seuil de perception plus bas que celles qui ont des yeux bleus. Parce que la vitamine A est essentielle à une bonne vue dans un faible éclairage et comme elle s'accumule pendant l'adaptation à l'obscurité, toute déficience à cet égard réduira la capacité de l'œil de voir la nuit. (Le manque de vitamine A dans le système humain peut donner lieu à d'autres troubles comme une dermatite.) Tassman signale que 50 p. 100 des femmes enceintes sont atteintes de cécité nocturne, un état qui peut s'améliorer lorsqu'on leur administre des quantités importantes de vitamine A. La cécité nocturne est la maladie du pauvre, car elle est souvent consécutive à une alimentation inadéquate. Elle frappe souvent des colonies entières de personnes ayant une alimentation mal équilibrée ou insuffisante.

COULEUR ET VISION NOCTURNE

Pendant la Deuxième Guerre mondiale, la vision nocturne avait une grande d'importance pour les forces armées. L'aviateur, la vigie sur un sous-marin ou un navire de surface, l'éclaireur avaient tous besoin de posséder une excellente vue la nuit et pendant les périodes intermédiaires de l'aube et du crépuscule. L'alimentation était donc suivie de près et complétée par des suppléments de vitamine A.

Tant en Angleterre qu'aux États-Unis, on s'est livré à d'importantes recherches pour tenter de résoudre l'énigme de la cécité nocturne et trouver les moyens de favoriser au maximum la vision dans l'obscurité. Lorsqu'il était impossible de créer des conditions d'obscurité totale et de faciliter ainsi l'adaptation, quelles couleurs seraient les plus efficaces? De même, lorsque des instruments et des cadrans devaient être surveillés par un observateur forcé par moments de scruter le lointain dans la nuit, quelles couleurs nuiraient le moins à l'acuité de sa vision?

Comme nous l'avons dit, lorsque l'œil humain est adapté à l'obscurité, sa sensibilité au rouge est moindre que sa sensibilité au bleu. Autrement dit, un objet de couleur rouge ou un voyant rouge n'est vu distinctement que par le centre de l'œil (la fossette centrale); à la limite externe de l'œil (la périphérie), l'objet devient moins distinct et risque même de disparaître. Parce que la vision nocturne revient essentiellement aux bâtonnets, la lumière rouge s'est révélée très utile.

D'abord, la lumière rouge est fréquemment employée comme source générale d'éclairage pendant la période où les yeux s'adaptent à l'obscurité ou lorsqu'il faut conserver une vision nocturne. Des lunettes à verre rouge peuvent aussi servir à cette fin. Un aviateur sur le point de décoller pour une mission de nuit ou un marin qui s'apprête à entreprendre son quart de nuit sera raisonnablement bien adapté à l'obscurité s'il a au préalable été exposé à un éclairage rouge de faible intensité. (Il n'aura donc pas besoin de se retirer dans l'obscurité avant d'entreprendre son travail.) On recourt aussi à la lumière rouge pour éclairer les instruments et les cadrans de manière à ne pas troubler la vision adaptée à l'obscurité.

Ainsi, les bâtonnets de l'œil humain, qui se trouvent surtout à l'extérieur de la fossette centrale de la rétine, sont presque insensibles à la lumière rouge de faible intensité. En fait, en portant des lunettes à verres rouges, il est parfois possible de conditionner l'œil à l'adaptation nocturne tout en restant à la lumière du jour. Les filtres rouges permettent aux cônes de l'œil de fonctionner tout en laissant les bâtonnets inactifs et donc prêts à voir dans l'obscurité.

Il en est peut-être ainsi parce que le pourpre rétinien contenu dans les bâtonnets de l'œil n'absorbe pas beaucoup de lumière rouge et par conséquent n'est pas décoloré ou transformé chimiquement. Dans un éclairage rouge, la vision centrale est raisonnablement claire et précise, mais la vision périphérique est faible. Inversement, dans un éclairage bleu, la vision centrale est trouble mais la vision périphérique fonctionne très bien. Les instruments et les cadrans seront donc plus faciles à lire la nuit s'ils sont éclairés par une lumière rouge. En revanche, une lampe de poche à éclairage bleu permettrait de se déplacer plus sûrement la nuit, car sa lumière serait projetée sur une distance beaucoup plus grande.

ADAPTATION ACCÉLÉRÉE À L'OBSCURITÉ

Dans des conditions normales et pour la plupart des gens, l'adaptation complète à l'obscurité exige une trentaine de minutes. Est-il possible d'accélérer le processus? Les aviateurs disent qu'ils réussissent à garder une bonne acuité visuelle la nuit en jetant des coups d'œil occasionnels à des instruments illuminés. Il semble que l'obscurité totale ne favorise pas l'adaptation autant qu'un milieu dans lequel des stimuli lumineux de faible intensité sont présents. Sans doute y a-t-il une grande différence entre laisser l'œil «s'endormir» et l'alerter à l'obscurité. La respiration rapide peut favoriser la vision nocturne, mais l'effet est de courte durée. Le manque d'oxygène, comme nous l'avons déjà dit, nuit à la vision. L'alcool et la benzédrine auraient semble-t-il le pouvoir d'accroître la capacité de l'œil de voir la nuit.

Une série d'expériences inusitées, conçues pour obliger les bâtonnets de l'œil à s'adapter plus rapidement à l'obscurité, ont été réalisées en Russie. Ces expériences sont semblables aux études de Kravkov, décrites au chapitre 11, et montrent que la stimulation de tout organe des sens se répercute sur la perception visuelle. Il est clair que le système nerveux est étroitement lié au sens de la vue. La capacité de bien voir est en partie déterminée par le pouls, la tension artérielle et la respiration.

Des études ont montré, par exemple, qu'une faible stimulation peut améliorer la vision nocturne. Il va sans dire qu'une personne somnolente a une vision (de même qu'une audition) atténuée. Comme les Russes l'ont montré, la stimulation agit de façon générale sur les centres visuels du cerveau et contribue à améliorer l'acuité des yeux.

La stimulation des papilles gustatives, l'application d'eau froide dans le visage, l'activité musculaire: tout cela semble favoriser l'adaptation à l'obscurité. Selon K. Kekcheev, «comme le système nerveux autonome contrôle la synthèse de la rhodopsine (pourpre rétinien), des expériences ont été menées visant à accélérer l'adaptation à l'obscurité par stimulation du système nerveux sympathique... En recourant à des stimuli gustatifs, proprioceptifs (effort physique) ou à des sensations de froid, il s'est révélé possible de ramener la période d'adaptation à l'obscurité à environ 5 à 6 minutes.»

Comme on le voit, encore une fois, la vision est un sens complexe et le cerveau, de même que l'organisme entier, participent à l'activité de voir. Dans les études de l'adaptation à l'obscurité, on a pu observer que la production de pourpre rétinien atteint un maximum au-delà duquel l'œil n'en a plus besoin. Mais même au-delà de cette limite, on peut aider l'œil à voir encore mieux en stimulant d'autres sens. Manifestement, «la sensibilité accrue de l'œil adapté à l'obscurité par suite de la stimulation d'autres récepteurs doit être attribuée à l'action immédiate du système nerveux sympathique sur les centres visuels du cerveau» (Kekcheev). Non seulement la vision réagit à la stimulation des autres sens, mais l'effort mental, la volonté de voir clairement, suffisent en soi à améliorer l'acuité des yeux.

Chapitre 18

PROBLÈMES DE FATIGUE OCULAIRE

IL EST GÉNÉRALEMENT RECONNU aujourd'hui que l'usage abusif de l'œil humain entraîne des conséquences funestes. Les problèmes de fatigue oculaire, d'éblouissement, d'éclairage, de luminosité et de couleur ont pris une telle ampleur que de nouvelles sciences appliquées ont vu le jour, appelées «techniques d'illumination» et «conditionnement par la couleur». Voici un nouveau champ d'application pour la couleur, qui se fonde sur une approche fonctionnelle et s'appuie sur des données mesurables et de solides techniques d'ingénierie.

Quand l'œil est très fatigué, une longue suite de réactions se produisent dans le corps. Nous verrons dans ce chapitre les principales causes de la fatigue oculaire, les réactions physiologiques qu'elle entraîne, et nous tenterons de mettre de l'avant un certain nombre de principes scientifiques ayant des applications pratiques très nombreuses au chapitre de la correction des conditions nuisibles à la vue. Voilà une étude dont la valeur pratique se révélera immense.

QU'EST-CE QUE LA FATIGUE OCULAIRE?

En règle générale, l'utilisation constante et même excessive des yeux ne devrait pas être plus dommageable que l'utilisation correspondante d'autres organes ou d'autres muscles du corps. On pense rarement à l'exercice physique comme à quelque chose d'abusif. Rien ne permet de conclure qu'un homme qui fait un usage intensif de ses yeux pendant sa journée de travail est plus mal en point qu'un autre qui, pendant la même période, creuse un fossé.

Sauf dans des conditions d'extrême luminosité ou d'éblouissement, les yeux sont rarement «épuisés». Bien au contraire, tout semble indiquer que la vue s'améliore à l'usage. Bien des gens croient à tort que la «fatigue oculaire», lorsqu'elle se produit, est une question de fatigue des nerfs de la rétine. Il semble plutôt qu'elle soit d'origine musculaire. Nous y reviendrons dans un moment. Il est presque impossible de «fatiguer» les yeux en les exposant à des modifications raisonnables de luminosité. Bien sûr, si on fixe longuement le soleil on risque d'endommager ses yeux. Mais comme l'affirme Luckiesh: «Le mécanisme de compensation de l'œil peut s'appliquer à des modifications de luminosité d'environ un million pour un, il est donc raisonnable de croire que des modifications inférieures à cent pour un n'imposent pas aux yeux un effort suffisant pour causer de la fatigue oculaire ou tout autre effet indésirable.» L'œil humain peut donc en toute sécurité poursuivre sa tâche de voir, comme il le fait depuis des millions d'années, et ne s'en porter que mieux – à moins, bien entendu, que les tâches exigées de lui dépassent les limites prévues par la nature.

L'œil humain est parfaitement capable de travailler longtemps et de travailler dur. Penser que trop voir entraîne une fatigue oculaire est aussi illogique que de craindre la fatigue de l'ouïe, du toucher ou du goût. S'il y a abus des yeux, ce n'est pas pour cause de surmenage ou de sur-utilisation mais plutôt par suite d'une exposition dommageable à des stimuli qui rendent les fonctions normales de la vue difficiles sinon impossibles.

FRÉQUENCE DES TROUBLES DE LA VUE

Les chiffres compilés par les services de santé publique des États-Unis montrent qu'environ 22 p. 100 des écoliers de niveau élémentaire et secondaire ont une vision imparfaite. Chez les collégiens, le pourcentage est de 40 p. 100. Le seuil des 50 p. 100 est franchi chez la population âgée de 30 à 40 ans. À 50 ans, la fréquence des troubles de la vue atteint 70 p. 100. À 60 ans, elle est de 90 p. 100.

D. B. Harmon, cependant, signale qu'un pourcentage encore plus élevé a pu être établi au cours d'études récentes menées auprès d'écoliers de niveau élémentaire. Il affirme que: «Les enfants anglo-américains inscrits dans les écoles élémentaires sont atteints, dans une proportion de 59,0 p. 100, de troubles de réfraction ou d'autres troubles qui nuisent à leurs fonctions visuelles ou les perturbent.» Comme d'autres spécialistes, Harmon a pu constater l'existence d'un lien entre les troubles de la vue et d'autres problèmes physiques ou physiologiques. Par exemple, 62 p. 100 des écoliers souffrant d'un retard de développement physiologique ou scolaire ont aussi des problèmes de vue. C'est l'enfant attardé, plutôt que le petit studieux, qui a le plus besoin de lunettes.

CAUSES DE LA FATIGUE OCULAIRE

Bien des spécialistes, surtout dans le domaine de l'éclairage, citent à tort et à travers des chiffres qui donnent à croire que les troubles de la vue sont principalement causés par des tâches visuelles difficiles ou par un éclairage insuffisant. Il semble facile de convaincre le profane que ses yeux s'abîmeront s'il les utilise trop ou s'il fait son travail dans un éclairage insuffisant. Il serait beaucoup plus exact de dire qu'une bonne vue est d'abord une question d'hérédité. Les parents qui ont une bonne vue ont plus de chances d'avoir des enfants qui ont eux aussi une bonne vue. Et les troubles de la vue peuvent être attribués à: 1) des maladies graves, 2) une mauvaise alimentation, 3) des tâches difficiles qui exigent beaucoup des yeux, 4) des conditions d'éblouissement ou de contrastes lumineux extrêmes, et 5) un éclairage insuffisant.

Comme on le constatera, l'éclairage arrive au dernier rang de cette énumération. Car son importance est le plus souvent surévaluée. Trop de lumière et trop d'éblouissement ont souvent des effets plus nuisibles qu'un éclairage insuffisant. Et de toutes façons, le niveau d'éclairage est rarement le critère principal des conditions visuelles idéales. Dans une étude très complète réalisée par Ernst Simonson et Josef Brosek, il est conclu que: «En général, les techniciens d'illumination exagèrent les effets des variations dans le niveau d'éclairage.» Les deux chercheurs n'ont pas décelé une grande différence de fatigue oculaire dans des conditions d'éclairage variant de 5 à 300 candelapieds. Après avoir procédé à une longue série d'essais, ils écrivent: «La seule interprétation possible est que la fatigue résultant d'un travail visuel est causée par des éléments présents sous tous les niveaux d'éclairage. Mais l'éclairage n'est en aucune façon la variable déterminante en ce qui concerne la fatigue oculaire.»

Il reste cependant que l'œil humain, s'il est en mesure de faire un excellent travail, peut être endommagé par un éblouissement ou une luminosité extrême, ou par l'exposition à des vapeurs ou à des radiations nocives. Les tâches qui exigent de fixer longuement le regard, d'être attentif à de tout petits détails, de faire un travail intellectuel minutieux ou de procéder à de nombreuses discriminations peuvent toutes produire de la fatigue qui se répercute sur l'organisme en général, de façon directe ou indirecte.

RÉSULTATS DE LA FATIGUE OCULAIRE

Lorsque les yeux sont surmenés et que la vue s'exerce dans des conditions d'effort ou de forte tension, un certain nombre de réactions physiologiques et psychologiques sont observables.

L'œil lui-même peut se mettre à cligner plus rapidement.

On peut constater une dilatation de la pupille au bout de quelques heures, même sans modification de l'intensité d'éclairage.

La capacité de fixer, de distinguer de légers écarts de luminosité, ou de faire le point de manière à percevoir clairement une image peut se trouver réduite.

On peut aussi constater une diminution de l'acuité visuelle au pourtour de l'œil. L'œil verra moins bien dans les zones périphériques de la rétine.

La plupart de ces effets disparaissent après une période de repos. Un usage abusif prolongé peut cependant entraîner un dommage permanent. La pathologie de la fatigue oculaire est traitée en profondeur par Ferree et Rand. La principale cause des malaises et des problèmes est la présence de zones éblouissantes dans le champ de vision. Ces sources d'éblouissement obligent la pupille à se contracter, ce qui prive l'œil de la quantité de lumière nécessaire à une bonne vue. Il peut en résulter une congestion malsaine des vaisseaux sanguins de l'œil. Chez les jeunes, une telle congestion peut aller jusqu'à provoquer l'élongation du globe oculaire et, par conséquent, la myopie. Comme en concluent Ferree et Rand, il peut se produire des troubles du mécanisme de l'œil, de l'iris et du cristallin. Il peut aussi y avoir un endommagement de la rétine elle-même qui prendra la forme d'une inflammation ou d'un détachement. «L'œil a évolué à la lumière du jour. Par conséquent, trois adaptations seulement se sont créées, et seules ces trois adaptations sont nécessaires: une réaction de la pupille qui sert à régulariser la quantité de lumière qui pénètre dans l'œil et aide le cristallin à s'adapter à la lumière émise par des objets placés à des distances différentes, de même que l'accommodation et la convergence qui permettent de placer l'objet dans l'axe principal du cristallin et de l'image sur la fossette centrale...». Ces adaptations tendent à se coordonner. Lorsqu'elles se dissocient, des difficultés se manifestent. Une forte illumination dans le champ de vision, si elle se trouve isolée de la tâche à accomplir, peut créer une perturbation. L'œil devra alors lutter pour mettre de l'ordre dans la situation. «*Cet effort pour parvenir à une perception juste par des mésadaptations inefficaces est ce qui cause le plus couramment ce qu'on appelle la fatigue oculaire.*»

AUTRES MANIFESTATIONS

Lorsque la fonction visuelle s'exerce dans des conditions qui nuisent à la vue, l'œil fournit néanmoins un effort maximum. Un film projeté hors foyer, par exemple, oblige le cristallin à mener une lutte à la fois constante et inutile. Lorsque l'effort oculaire persiste, la tension musculaire s'accroît dans tout le corps. La tension artérielle et le pouls augmentent à leur tour. Puis se manifesteront des symptômes de toutes sortes: mal de tête, nausée, nervosité et irritabilité.

Luckiesh croit à l'existence d'un lien entre des tâches qui exigent une grande précision visuelle et la prévalence accrue des maladies du cœur à notre époque. «Une étude récente de la morbidité et de la mortalité professionnelles, réalisée par les services de santé publique des États-Unis, montre que dans une entreprise où environ 6000 travailleurs étaient occupés à des tâches de montage de précision, environ 80 p. 100 des cas de mortalité survenus en cinq ans étaient dus à des troubles cardiaques. Cette tendance s'est retrouvée chez 59 000 travailleurs d'usine dont les dossiers professionnels et médicaux ont été étudiés. Il se peut que les effets réflexes d'une activité visuelle de précision soient liés à la prévalence d'une mortalité due à la maladie cardiaque en contexte professionnel.»

Dans certains cas, l'effort visuel est presque entièrement mental ou psychologique. Dans une étude de cas réalisée par l'auteur, on a pu constater que les nausées et les symptômes de maladie présents chez un groupe de travailleuses étaient dus non pas à un éclairage insuffisant mais à l'incapacité de classer les couleurs au cours d'une tâche de câblage électrique très complexe. Les patrons avaient beaucoup insisté sur la précision et, comme les travailleuses avaient beaucoup de mal à faire la distinction entre certaines couleurs (orange et marron clair, bleu et bleu-vert, etc.), l'effort mental extrême que nécessitait ce travail venait à bout de la patience humaine et poussait les travailleuses à chercher refuge à l'infirmerie pour y trouver un peu de repos et de temps de récupération.

Que l'esprit puisse contribuer à la fatigue oculaire, voilà qui est facile à vérifier. Il suffit d'essayer de lire ou de réaliser une autre tâche relativement précise dans un éclairage très faible ou extrêmement brillant. S'asseoir sur la plage à midi ou sur la galerie la nuit pour laisser simplement porter son regard au loin n'exige aucun effort. Mais essayer de lire dans l'une ou l'autre de ces situations entraînera promptement un état de fatigue et de malaise, jusqu'à ce que des correctifs aient pu être apportés.

La peur extrême peut aussi complètement perturber le sens de la vue. Des cas de cécité psychologique ont été constatés chez des soldats. Les yeux restent alors parfaitement fonctionnels, mais le cerveau cesse de décoder les messages qu'il reçoit. Les yeux continuent de «voir», mais le sens de la vue a disparu parce que les sensations enregistrées dans le cerveau n'ont plus la moindre signification. La cécité psychologique fait souvent suite à un choc et peut être rétablie au moyen d'un autre choc.

LUMINOSITÉ

La plupart des êtres vivants, les plantes autant que les animaux, s'orientent naturellement vers la lumière. Harmon constate des troubles de posture chez les enfants par suite d'un mauvais éclairage dans la salle de classe. L'enfant se tord la colonne vertébrale, courbe les épaules, tend le cou dans un effort pour mieux voir. Si ces comportements sont répétés jour après jour, la mauvaise posture peut devenir visible et peut même entraîner une malformation des os.

La quantité de lumière n'est jamais le facteur le plus important dans la création de conditions idéales à la vue. Ferree et Rand disent: «Pourvu que la lumière soit bien distribuée dans le champ de vision et qu'il ne s'y trouve aucune surface éblouissante, nos essais semblent indiquer que l'œil, en ce qui concerne la question de l'éclairage, se comporte de façon presque indépendante de l'intensité lumineuse.» Il en est ainsi sans doute à cause du phénomène de la constance des couleurs et parce que l'œil, au cours de millions d'années d'évolution, a appris à s'adapter de façon très efficace à de très nombreuses variations d'intensité lumineuse.

Mais comment l'œil réagit-il à une luminosité dont la principale variable est la couleur? L'œil humain a évolué en fonction de la lumière du soleil qui est de couleur jaune. Cette région du spectre est le lieu de la plus haute visibilité. La lumière jaune est une excellente lumière, qui crée des images claires, est relativement libre de distorsions et de flou, et est très agréable sur le plan esthétique.

Contrairement à la croyance populaire, la capacité de bien voir diminue lorsque l'éclairage tend vers la région bleue du spectre. Ferree et Rand écrivent: «La meilleure vue, la plus grande rapidité de perception visuelle, le plus grand pouvoir de concentration, etc. sont donnés par les fréquences intermédiaires du spectre: le jaune, le jaune-orange et le jaune-vert.» Les couleurs les moins souhaitables pour une source de lumière sont le vert, le rouge et le bleu, cette dernière couleur étant la moins acceptable de toutes.

Les ampoules incandescentes ordinaires et les tubes fluorescents dont la température de couleur s'établit à 3500 degrés sont tout à fait satisfaisants pour une bonne vue. À cause des effets de la couleur sur la capacité d'adaptation de l'œil, les hypermétropes préféreront les couleurs chaudes et les myopes les couleurs froides. Car les couleurs chaudes rendent le cristallin convexe et facilitent donc la vue aux hypermétropes tandis que les couleurs froides «aplatissent» le cristallin, ce qui rend service aux myopes.

Certains laissent entendre que les fluorescents et autres sources de lumière électrique émettent un rayonnement ultraviolet qui risque d'être nuisible en causant la destruction rapide des vitamines dans les fluides de l'œil, ce qui peut conduire à un déséquilibre alimentaire qui se répercutera sur tout le corps. Ces spéculations ont été énergiquement contestées mais trouvent encore preneur. Comme l'affirme Luckiesh: «Il n'y a pas de domaine plus fertile en charlatans que celui de la lumière, de la couleur et de l'énergie rayonnante.»

Il n'en reste pas moins que la lumière artificielle diffère sensiblement de la lumière du jour ou de la lumière du soleil et risque de susciter une réaction de rejet chez la personne moyenne. Que l'objection soit d'origine psychologique ou qu'elle trouve son fondement dans des effets physiologiques encore inconnus, la prudence devrait nous amener à conclure que l'éclairage, en ce qui concerne la couleur, a tout intérêt à se rapprocher le plus possible de la nature.

TECHNIQUES D'ILLUMINATION

Luckiesh écrit: «Une tâche visuelle est inséparable de son milieu environnant... La visibilité, la perception visuelle facile et les conditions idéales à la vue sont incontestablement le résultat d'une bonne ingénierie de la luminosité.» La fatigue oculaire trouve ainsi son maître non seulement dans la luminosité, la bonne alimentation et les soins médicaux, mais aussi dans la couleur et la capacité de la couleur de rendre la vue plus efficace et plus confortable. Il va sans dire, par exemple, que s'il y a dans le champ de vision de très forts contrastes de luminescence, la pupille de l'œil devra se modifier sans cesse pour tenter de s'y adapter. Les zones de couleurs trop pâles peuvent créer des distractions psychologiques et rendre la concentration sur la tâche presque impossible. «Les yeux se fixent parfois d'eux-mêmes sur un objet périphérique clair, même si l'attention est orientée ailleurs» (Luckiesh). Dans ce genre de situation, il devient aussi difficile de voir qu'il serait difficile d'entendre un conférencier alors qu'on sonne une cloche à portée de notre oreille.

Pour résumer les conditions propres à une bonne vue, au risque d'anticiper un peu sur les principes de la couleur fonctionnelle et les études de cas qui seront présentées au prochain chapitre, voici un certain nombre de conclusions générales.

Les problèmes de luminosité, d'éclairage et de couleur, dans la création de milieux propices à une bonne vue, sont complexes. Ils ne peuvent être résolus du seul point de vue de l'optique, car d'importants facteurs physiologiques, neurologiques et psychologiques doivent aussi être pris en ligne de compte.

Une vue efficace et confortable ne peut être garantie uniquement par l'intensité lumineuse. En effet, il est impossible d'affirmer qu'un éclairage faible est plus dommageable pour les yeux qu'une lumière éclatante. Les yeux ont indéniablement besoin de lumière pour voir et une forte intensité lumineuse semblerait plus souhaitable qu'un éclairage trop faible. Cependant, la lumière intense peut créer un phénomène d'éblouissement et donner lieu à des contrastes extrêmes qui seront néfastes, gaspilleront la lumière et nuiront à la vue.

Ferree et Rand disent: «La présence d'éléments très brillants dans le champ de vision attire l'œil et l'incite à se fixer sur eux et à s'adapter à eux, tendance qu'il faut alors combattre par un effort volontaire constant. Cette lutte de la volonté contre une réaction réflexe a pour résultat de fatiguer l'œil rapidement et de lui faire perdre sa capacité de conserver le niveau d'adaptation nécessaire à un travail de précision.»

En règle générale, si le matériel dans une pièce est de couleur sombre et si les murs environnants sont de couleur pâle, un éclairage d'intensité supérieure à 25 ou 35 candelapieds risque d'être nuisible. Si des éléments plus lumineux peuvent être introduits dans le décor (mais d'une réflectance inférieure à 60 p. 100, sauf au plafond), on pourra aussi introduire des niveaux d'éclairage plus élevés et créer ainsi des conditions très propices à la vue.

Ainsi l'augmentation de l'intensité lumineuse dans les bureaux, les usines et les salles de classe n'aura aucune valeur pratique à moins d'être épaulée par un bel effort d'ingénierie de la luminosité chez les fabricants de revêtements de plancher, de meubles de bureau, de boiseries, de peinture, etc.

En attendant, et pour la moyenne des tâches à accomplir aujourd'hui dans les intérieurs moyens, une intensité lumineuse approchant des 25 candelapieds peut être jugée satisfaisante. Les tâches exigeant plus de précision pourront être accomplies dans un éclairage de 25 à 50 candelapieds.

De l'avis de l'auteur, l'éclairage général dans une pièce ne devrait pas dépasser 100 candelapieds – sauf dans des conditions étroitement surveillées. S'il faut augmenter l'intensité lumineuse, mieux vaut ajouter une source de lumière supplémentaire au-dessus de la tâche à accomplir.

En ce qui concerne la réflectance, un aspect ne doit pas être oublié. Le teint moyen des humains de race blanche reflète environ 50 p. 100 de la lumière. Comme presque tous les intérieurs ont été conçus pour l'occupation humaine, la couleur des murs (de même que la couleur des planchers, des meubles, des appareils ou de la machinerie) ne doit pas être d'une couleur trop éclatante. Car dans ce cas, l'apparence humaine en souffrira. Un halo apparaîtra autour du visage et la peau paraîtra de couleur plus foncée et plus trouble. Qui plus est, les éléments les plus brillants de l'environnement seront source de distraction et rendront la concentration plus difficile. Pour un intérieur vraiment idéal, aucune couleur ne devrait avoir une réflectance inférieure à 25 p. 100 ou supérieure à 60 p. 100 (sauf les plafonds).

Les contrastes de luminosité devraient aussi être relativement faibles. L'éblouissement doit être contrôlé. La vue est à son meilleur lorsque la luminosité projetée sur la tâche à accomplir est légèrement supérieure à la luminosité générale de l'environnement. Il faut éviter la monotonie. Et accorder une attention particulière à l'aspect psychologique de la vue et à des phénomènes comme la constance de la couleur. Car la vue se déroule dans le cerveau, dans la composition psychique de la personne, autant que dans l'organe de la vue.

Chapitre 19

LA COULEUR FONCTIONNELLE

L'EXPRESSION «COULEUR FONCTIONNELLE» s'applique généralement à des utilisations de la couleur pour lesquelles la beauté et l'apparence passent au second rang, après des buts à caractère plus pratique. Lorsque la couleur a surtout pour fonction de faciliter l'acuité visuelle – comme dans une salle d'opération –, il va sans dire qu'une attitude objective doit être adoptée plutôt qu'une attitude subjective; il s'agit de favoriser la perception visuelle et non de servir les goûts et les préférences des uns ou des autres. Autrement dit, un grand nombre de problèmes de couleur doivent être abordés dans une perspective technique plutôt qu'artistique. La couleur fonctionnelle se rapporte à des données mesurables. Elle se fonde sur la recherche, sur des réactions visuelles connues, sur des données pouvant faire l'objet d'analyses statistiques. Ce domaine d'activité se démarque de la «décoration d'intérieur» en ce que les goûts personnels et les choix à caractère émotionnel sont mis de côté au profit de pratiques scientifiques bien ordonnées. Une autre distinction importante doit être faite: la *beauté* dans un agencement de couleurs à caractère décoratif ne se rapporte à aucun autre critère qu'à celui du goût et de l'opinion personnelle; le caractère *fonctionnel* d'un agencement de couleur repose entièrement sur des données concrètes.

LA VISIBILITÉ

La visibilité est un des facteurs de la couleur qu'il est possible de mesurer avec exactitude. La capacité de voir clairement peut être déterminée par des tests et des expériences et ne fait appel ni à l'émotion ni au jugement. Comme nous l'avons déjà mentionné, l'œil voit le mieux dans une lumière blanche, jaune ou vert-jaune et le moins bien dans une lumière bleue. Les verres fumés seront donc plus efficaces s'ils sont colorés en jaune ou en jaune-vert. Ces couleurs contribuent non seulement à accroître la visibilité et l'acuité visuelle en réduisant l'éclat du plein soleil, mais elles contribuent aussi à supprimer l'effet nocif de l'ultraviolet. Par une belle journée ensoleillée, des verres teintés jaunes peuvent en fait améliorer la vue et aider l'œil à voir plus clairement et plus loin.

Dans le cas des signaux lumineux, la lumière vive est bien entendu mieux perçue que la faible lumière. À intensité égale, cependant, la lumière rouge est la plus facile à percevoir, suivie du vert, du jaune et du blanc. Les lumières bleues et mauves sont mal perçues par l'œil et semblent floues. Qui plus est, ce rayonnement se «disperse» dans l'atmosphère.

Quant à la dimension apparente des couleurs, le jaune et le blanc semblent avoir la plus grande taille, suivis du rouge, du vert et du bleu. Le sentiment de la distance est directement tributaire du mécanisme optique de l'œil. Le rouge, par exemple, se focalise normalement en un point situé derrière la rétine. Pour le percevoir, le cristallin de l'œil se gonfle (devient convexe), ce qui rapproche la couleur. Inversement, le bleu se focalise normalement en un point situé devant la rétine, ce qui oblige le cristallin à s'aplatir pour faire reculer la couleur. Walls écrit: «Puisque le système dioptrique de l'œil place ordinairement le foyer du jaune sur la couche où se situent les cellules visuelles, il faut procéder à une *accommodation* lorsque nous passons d'un objet bleu à un objet rouge situés à même distance de l'œil, puis relaxer cette accommodation lorsque nous reportons notre regard sur l'objet bleu.»

Le jaune est la couleur la plus visible non seulement en tant que source lumineuse mais aussi comme couleur de surface ou comme peinture. Le jaune allié à du noir permet d'obtenir la combinaison la plus lisible qui soit. Puis viennent dans l'ordre les combinaisons de vert sur blanc, rouge sur blanc, bleu sur blanc, et blanc sur bleu, le noir sur fond blanc ne s'inscrivant qu'au sixième rang. Ces combinaisons de couleurs cependant sont mieux adaptées aux grandes affiches publicitaires et à la signalisation routière qu'au papier destiné à l'imprimerie. Car lorsque le *confort* entre aussi en ligne de compte (et non la visibilité seule), d'autres facteurs doivent être pris en considération. Une couleur aussi brillante que le jaune fatiguerait les yeux après une période de concentration prolongée et produirait une image rémanente pénible.

ARRIÈRE-PLANS COLORÉS

Un grand nombre d'études scientifiques ont cherché à déterminer les couleurs d'arrière-plan les plus favorables à certaines tâches visuelles critiques comme la lecture. On a longtemps pensé que le vert était la couleur la plus reposante pour les yeux, mais cette hypothèse a été réfutée par un certain nombre de spécialistes. Ferree et Rand écrivent: «Toute coloration du papier tendant vers le vert est à déconseiller, car elle augmente la fatigue oculaire et l'inconfort.» Comme pour les sources lumineuses, les papiers et les arrière-plans sont à leur meilleur lorsqu'ils sont blancs. Si une coloration est jugée souhaitable, on optera de préférence pour les régions jaune, jaune-orange et jaune-vert du spectre. «Toute couleur est inférieure au blanc si le caractère d'imprimerie doit être noir» (Ferree et Rand). Suivent, dans l'ordre, l'ivoire ou le crème pâle, puis le jaune-vert pâle. Cependant, comme la lisibilité est la conséquence directe du contraste, le noir sur blanc ou le noir sur ivoire sont presque insurpassables.

La visibilité varie aussi selon l'intensité lumineuse. Dans une lumière vive, les objets blancs sur fond noir sont les mieux perçus. Dans un faible éclairage, les objets noirs sur fond blanc sont ce qu'il y a de mieux. Ces données ont pu être vérifiées par l'auteur pendant la Deuxième Guerre mondiale dans le contexte d'une étude portant sur les cadrans de divers instruments utilisés par la marine américaine. Sous un faible éclairage, un cadran blanc est non seulement plus facile à repérer mais il est aussi plus facile à lire. Dans ce contexte, Ferree et Rand ont écrit: «Nos résultats sur la rapidité de la perception visuelle montrent qu'au seuil d'acuité (c'est-à-dire lorsque l'angle de vue est très réduit ou la lumière de très faible intensité), la discrimination est le plus rapide lorsque les objets à repérer sont du type lettres noires sur fond blanc... plutôt que lettres blanches sur fond noir.»

LE CONDITIONNEMENT PAR LA COULEUR

La science appliquée que l'on appelle aujourd'hui le «conditionnement par la couleur» s'occupe principalement de résoudre des problèmes de visibilité, d'acuité visuelle et de fatigue oculaire. Elle s'intéresse aux conditions visuelles créées dans les usines, les bureaux, les écoles et les hôpitaux, et cherche à atteindre des conditions idéales par l'application de principes scientifiques éprouvés.

Dans une perspective historique, on peut dire que le conditionnement par la couleur a vu le jour au milieu des années vingt. À cette époque, on cherchait principalement, dans les hôpitaux, à réduire l'éblouissement et à améliorer les conditions visuelles des chirurgiens. Pour y parvenir, des techniques ont été mises au point afin de mesurer la fatigue à l'aide d'instruments. Les résultats obtenus ont établi de façon concluante la valeur de la couleur comme moyen d'améliorer l'efficacité et le bien-être humains.

Dans les hôpitaux et les écoles – et plus tard dans les usines et les bureaux –, le conditionnement par la couleur avait pour but d'améliorer la production et la qualité du travail, de réduire le nombre des défauts de fabrication, de prévenir les accidents, d'améliorer les normes d'entretien des usines et de la machinerie, de réduire l'absentéisme et de relever le moral du personnel.

La demande est montée en flèche pendant la guerre, car la production devait alors être accrue, la main-d'œuvre était rare, et les exigences de qualité étaient très élevées: la valeur du conditionnement par la couleur s'est alors imposée.

LE PROCÈS DU BLANC

Le système optique de l'œil humain est réglé par la quantité de lumière qui y pénètre. La luminosité est donc un facteur important dans l'action de voir. Bien que l'uniformité d'éclairage soit très propice à une vision efficace et confortable, les écarts de luminosité marqués peuvent causer un problème.

Prenons le cas de l'éclairage. Deux systèmes d'éclairage peuvent très bien fournir la même quantité de candelapieds sur une surface de travail donnée. Mais si, dans un cas, les éléments d'éclairage sont à découvert et que dans l'autre, ils sont dissimulés, l'adaptation de l'œil sera très différente. Lorsque le dispositif d'éclairage est à vue, la pupille de l'œil peut avoir à se contracter indûment, ce qui rendra la vision difficile et même douloureuse. Dans une étude très bien documentée, publiée en Angleterre par R. J. Lythgoe, on note que l'acuité visuelle s'améliore de façon constante à mesure que l'éclairage environnant s'accroît jusqu'à égaler la luminosité de la tâche. Cependant, si l'éclairage environnant est supérieur à la luminosité de la tâche, l'acuité visuelle est immédiatement perdue. Luckiesh affirme: «On peut conclure qu'un éclairage ambiant légèrement inférieur à la luminosité du champ central est le plus souhaitable. Tous les résultats d'expérience montrent qu'un éclairage périphérique d'une intensité supérieure à celle du champ visuel central est nettement indésirable.»

Bien que des ingénieurs en illumination soient prompts à recommander l'emploi du blanc et du blanc cassé comme couleur de choix en milieu de travail (afin de maximiser la lumière par watt consommé), un environnement aussi fortement éclairé est à bannir. Les murs blancs obligent la pupille à se contracter, ce qui rend la vision difficile et crée des sources de distraction. Pour une amélioration de 5 à 10 p. 100 de l'efficacité de l'éclairage, on risque de perdre 25 p. 100 et plus de l'efficacité humaine. Lorsque, dans un milieu de travail, les planchers sont sombres de même que les machines et les matériaux utilisés, les murs doivent être doucement colorés pour que les conditions soient propices à la vision.

REVUE DES GRANDS PRINCIPES

Il est tout à fait possible d'établir des critères de luminosité idéale pour une usine ou un bureau. Les plafonds – presque sans exception – doivent être blancs. Voilà qui garantira l'efficacité d'un système d'éclairage indirect. Et si l'éclairage est direct, le blanc des plafonds réduira le contraste entre les luminaires et leur environnement. Parce qu'il est «neutre», le blanc attire moins l'attention et constitue donc une moins grande source de distraction.

Le haut des murs (généralement jusqu'aux poutres du toit ou de l'armature) doit avoir une réflectance de 50 à 60 p. 100 (si les planchers et la machinerie sont plutôt sombres) ou de 60 à 70 p. 100 si la plupart des surfaces intérieures sont (ou peuvent être rendues) relativement pâles. Pour les murs, une luminosité supérieure à 70 p. 100 pourra être considérée acceptable, si le système d'éclairage est moderne et perfectionné et que les planchers et la machinerie sont pâles – ou encore s'il s'agit d'un espace secondaire, comme un entrepôt, où aucune tâche visuelle critique n'est exécutée. Il faut cependant garder à l'esprit que les murs clairs ne sont pas flatteurs pour le teint.

Si un lambris d'appui est nécessaire pour camoufler les taches, sa couleur aura une réflectance de 25 à 40 p. 100. Si possible, les planchers auront une réflectance d'au moins 25 p. 100. Quant aux machines, appareils et meubles, leur facteur de réflectance s'établira entre 25 et 40 p. 100, plus pâle si le plancher est pâle et plus foncé si le plancher est foncé.

Ces rapports et pourcentages ont été appliqués avec succès dans de nombreuses usines et s'appuient donc sur de nombreuses expériences pratiques et un grand nombre de données concrètes.

Certains raffinements peuvent aussi être introduits. Les cadres de fenêtre devraient être blancs ou de couleur pâle afin de réduire le contraste avec la luminosité extérieure. La machinerie peut recevoir des touches de couleur, conformément au principe de la vision tridimensionnelle de du Pont, afin que les parties les plus importantes des machines reflètent plus de lumière, ce qui aidera les travailleurs à mieux se concentrer. Pour faciliter les tâches qui demandent beaucoup de minutie, un écran peut être mis en place pour 1) réfléchir la lumière et faire immédiatement contraste avec les matériaux, 2) encadrer la vision du travailleur et stabiliser son adaptation visuelle, 3) éliminer les ombres ou les mouvements perçus au loin, et 4) donner au travailleur une meilleure impression d'isolement. Normalement, ces écrans devraient couvrir 45 à 60 degrés du champ visuel.

L'application de couleurs intermédiaires sur les murs d'extrémité a aussi fait l'objet de nombreux essais pratiques. Lorsque la plupart des travailleurs sont occupés à des tâches visuellement exigeantes et sont tous orientés dans la même direction, le mur qui se trouve face à eux devrait être peint d'une couleur agréable ayant une réflectance de 25 à 40 p. 100. Ce mur d'extrémité évitera la contraction extrême de la pupille. Les travailleurs, en levant les yeux, auront droit à un moment de détente plutôt qu'à une stimulation accrue causée par l'éblouissement. Le mur soulagera aussi la tension qu'entraîne la fixation prolongée du regard et offrira une surface apaisante et agréable à regarder. Ici encore, il s'agit d'un principe largement appliqué dans l'industrie, avec beaucoup de succès.

TYPES DE COULEURS

Dans les usines, les teintes douces et délicates, dans les tons de gris, sont ce qu'il y a de mieux. Elles ne sont ni agressives ni distrayantes et contribuent efficacement à dissimuler la poussière et les taches. En général, les couleurs primaires comme le bleu et le jaune fatiguent. Les tons plus subtils (le bleu-vert, le pêche, etc.) créent un environnement plus agréable et sont «supportables» pendant de longues périodes.

Il est logique de recourir à des couleurs «froides» comme le vert et le bleu lorsque les conditions de travail exposent les employés à des températures relativement élevées. Inversement, les tons «chauds» de l'ivoire, du crème ou du pêche contribuent à adoucir les espaces clos ou froids et compensent pour le manque de lumière naturelle.

Dans les lieux de passage, comme les toilettes, les salles de repos et la cafétéria, on peut utiliser des couleurs plus claires et plus nettes. Pour respecter les préférences de couleur les plus répandues, on choisira du bleu pour les lieux réservés aux hommes, et du rose pour les lieux réservés aux femmes. Dans les cages d'escalier et les couloirs, qui sont généralement privés de lumière naturelle, le jaune est une couleur efficace. Dans les lieux d'entreposage, le blanc est un bon choix et permet d'exploiter au maximum l'éclairage.

Là où il faut effectuer du travail de précision, cependant, et où les distractions doivent être évitées, les couleurs les mieux adaptées sont les nuances les plus douces du vert, du gris et du bleu. Les grands espaces aveugles peuvent être avivés par une application d'ivoire, de crème ou de pêche sur les murs, ou encore par du jaune sur les murs d'extrémité. Des machines grises, rehaussées de touches de beige ou de marron clair dans les endroits les plus utilisés, se révéleront efficaces. Le gris moyen est aussi une couleur de choix pour les éléments sans grande importance stratégique comme les bacs, les tablettes et les rayonnages. Il faut garder à l'esprit que la couleur retient plus l'attention que la neutralité. Par conséquent, si elle est appliquée de façon intelligente, elle peut mettre de l'ordre dans le chaos, permettre de mieux distinguer les éléments importants des éléments secondaires et aider les travailleurs à se concentrer sur leur travail. En théorie comme en pratique, le but de la couleur n'est pas «d'inspirer» le travailleur – car un excès en ce sens ne conduirait qu'à la distraction et au dispersement. Tout au contraire, la couleur devient partie intégrante de la tâche à accomplir. L'efficacité est accrue et la fatigue atténuée presque automatiquement du fait que l'œil humain voit mieux et avec moins d'effort. La couleur s'intègre au milieu environnant plutôt que de s'affirmer pour elle-même. Elle contribue à une meilleure visibilité et à une meilleure disposition.

LA MÉDECINE

Chaque fois que possible, la science appliquée du conditionnement par la couleur s'appuie sur des données concrètes: dossiers de production, statistiques d'accidents, mesures de l'appareil oculaire réalisées à l'aide d'instruments. Elle ne sert pas à la mise en marché de peintures ou de nouvel équipement plus coloré. Elle cherche plutôt à accroître l'efficacité et à conserver l'énergie humaine. Il y a donc lieu de passer en revue certains des aspects les plus tangibles de la couleur fonctionnelle et de citer les résultats d'un certain nombre de travaux de recherche particulièrement rigoureux.

L'auteur a eu l'honneur d'exposer les aspects scientifiques du conditionnement par la couleur devant des médecins réunis en congrès national. Au moyen de livres et de publications spécialisées, les plus grands principes de la couleur ont été réunis et mis au service des ophtalmologistes. En règle générale, les professionnels de la santé reconnaissent que la couleur est intimement liée à la sécurité et à l'hygiène de la vue. Les médecins et les chirurgiens du domaine de la vue accordent aujourd'hui une attention particulière aux aspects industriels et commerciaux de la couleur et sont initiés à ces questions dans presque toutes les grandes écoles de médecine de l'Amérique du Nord.

SONDAGE AUPRÈS DE L'INDUSTRIE

Le National Industrial Conference Board des États-Unis a procédé à une enquête très approfondie portant sur la valeur de la couleur dans le milieu industriel. Plus de 350 entreprises qui utilisaient la couleur sur une petite ou une grande échelle ont été priées de répondre à une longue série de questions. On a constaté cependant que «plusieurs entreprises se sentaient mal préparées à évaluer leur programme, en grande partie à cause de la difficulté que présente la tâche de mesurer les effets d'un service aussi intangible que la couleur».

Cependant, malgré la nouveauté de la science du conditionnement par la couleur, les données recueillies sont impressionnantes.

64,7 p. 100 des entreprises affirment que la couleur a amélioré l'efficacité de l'éclairage.

27,9 p. 100 font état d'augmentations de production.

30,9 p. 100 constatent une amélioration de la qualité du travail exécuté.

19,1 p. 100 parlent de réduction de la fatigue oculaire et de la fatigue en général.

14,7 p. 100 attribuent à la couleur la réduction du nombre des absences. Cet aspect est aussi une indication du meilleur moral des employés.

Dans l'ensemble, 75 p. 100 des entreprises se sont dites entiè-rement satisfaites ou très satisfaites de leur programme de couleur; 5,9 p. 100 étaient insatisfaites; 19,1 p. 100 n'avaient pas d'opinion ni dans un sens ni dans l'autre.

SERVICES DE SANTÉ PUBLIQUE

Aux États-Unis, l'administration des immeubles publics et les services de santé publique ont procédé conjointement à un vaste programme d'évaluation de la couleur. Ils ont en fait procédé pen-dant deux ans à un examen minutieux de la productivité dans un bureau gouvernemental et, fait à signaler, se sont laissés guider dans tous les détails de cette étude par des spécialistes du domaine de la vue, de l'éclairage et de la couleur. Les données de productivité ont été recueillies par le Bureau of Internal Revenue.

Une étude rigoureuse a été réalisée visant à mesurer l'effica-cité de travail d'un groupe d'employés chargé d'utiliser des machines de bureau. Trois situations ont été analysées: 1) la pièce initiale; 2) la pièce munie de nouvelles installations d'éclairage; 3) la pièce à laquelle des éléments de couleur avaient été ajoutés.

Les rapports auxquels cette étude a donné lieu confirment que la luminosité uniforme est essentielle à une vue efficace et confor-table. Dans son état premier, la luminosité dans la pièce mesurait 1195; dans son deuxième état, elle s'établissait à 47 et dans son troisième état elle était à 20. Plus important encore, les rapports de luminosité dans la pièce, à l'état premier, étaient à plus de 100 pour 1. En ajoutant de nouveaux éléments d'éclairage (état 2) on a pu réduire ce rapport à 40 pour 1 – ce qui est encore excessif. Mais après qu'un bon conditionnement par la couleur eut lieu (état 3), le rapport de luminosité a pu être ramené à l'idéal de 4,7 pour 1.

En ce qui concerne l'efficacité des travailleurs, on a pu consta-ter une amélioration de 37,4 p. 100 pour une des tâches à exécu-ter. Cependant, le chiffre plus général de 5,5 p. 100 peut être accordé à l'amélioration globale qui a été constatée.

Mais cette amélioration de production de 5,5 p. 100 a permis d'économiser 13 229 $ sur la rémunération de quelque 95 employés du gouvernement. Si ce chiffre est digne de foi – et l'au-teur est absolument convaincu qu'il l'est –, on pourrait affirmer qu'un bon éclairage et un bon agencement de couleurs vaut environ 139,25 $ par an par employé moyen dans l'industrie nord-américaine d'aujourd'hui! Une entreprise qui compte 100 employés pourrait donc réaliser des économies annuelles de 13 925 $. Pour 1000 employés, les économies annuelles se chiffreraient à 139 250 $. Ces chiffres, bien sûr, ne s'appliquent que dans le cas où la différence entre l'état premier et l'état final des lieux se compare à la situation qui prévalait dans le cas de l'étude gouvernementale. Mais comme de nombreuses usines et de nombreux bureaux sont aujourd'hui dans un état lamentable, on peut penser que la valeur monétaire de la couleur est très élevée et qu'il faudrait en tenir compte dans toute bonne gestion d'entreprise.

LA SÉCURITÉ

En 1944, l'auteur a mis au point un code de couleur pour la sécurité, en collaboration avec du Pont. La plus grande partie de ce code a ensuite été acceptée comme norme nationale par l'American Standards Association et a connu depuis lors une histoire fulgurante. Sa structure générale est la suivante:

Le jaune (ou le jaune avec des raies noires) est la convention qui sert à indiquer les obstacles et les dangers de collision, de heurt ou de chute. Ce code est peint sur les obstructions, les poutres basses, les impasses, le rebord extrême des plates-formes et des excavations. Comme il s'agit de la couleur la plus visible du spectre, elle est perceptible dans toutes les conditions d'éclairage et s'adapte bien à sa fonction.

L'orange est la convention qui sert à marquer les risques de blessures graves: coupures, fractures, broyages, brûlures ou chocs électriques. Cette couleur est peinte sur les lames et les rouleaux des machines, de même qu'à l'intérieur des boîtes électriques et des barrières de sécurité qui entourent les machines. Elle «crie» haut et fort dès que ces lieux sont laissés grands ouverts.

Le vert est la convention qui sert à indiquer le matériel de premiers soins, les rangements des civières, des masques à gaz, des médicaments, etc.

Le rouge est réservé exclusivement au marquage du matériel de protection contre l'incendie. On l'applique sur le mur derrière les extincteurs, sur le plancher pour prévenir les obstructions, sur les soupapes et les raccords des tuyaux d'arrosage.

Le bleu est la couleur des appels à la prudence. Le secteur ferroviaire s'en sert pour marquer les wagons qui ne doivent pas être déplacés. Dans les usines, on s'en sert comme symbole pour marquer le matériel, les ascenseurs, les machines, les réservoirs, les fours, etc. qui sont hors fonction et doivent être réparés. On l'applique sur la boîte des manettes de commande d'une machine pour rappeler sans bruit à l'opérateur de bien s'assurer d'avoir tout le dégagement nécessaire avant de mettre sa machine en marche.

Le blanc, le gris et le noir sont les conventions qui servent à la circulation et au bon entretien des lieux. On utilise ces couleurs pour marquer les allées, les corbeilles à papier ou les poubelles. Le blanc dans les coins et sur les plinthes invite à ne pas laisser traîner de détritus et à passer le balai soigneusement.

Ce code a été très largement employé pendant la Deuxième Guerre mondiale et est aujourd'hui obligatoire dans tous les établissements terrestres de la marine américaine. Selon un communiqué publié par les Forces armées américaines, ce code aurait permis de réduire la fréquence des accidents dans certains immeubles gouvernementaux de 46,4 à 5,58 p. 100. Dans un entrepôt général, l'incidence des blessures graves a pu être réduite de 13,25 à 6,99 p. 100.

Un code de couleur bien conçu et judicieusement appliqué a aussi permis de réduire la fréquence des accidents de 42,3 p. 100 au sein de la Société de transport de New York, qui compte plus de 38 000 travailleurs. Dans ce cas, le code de couleur se complétait d'un programme de formation à la sécurité, ce qui a permis d'obtenir des résultats spectaculaires. Du point de vue financier, une réduction de 42,3 p. 100 du nombre d'accidents sur une population de 38 000 travailleurs équivaut à des économies de 500 000 $ en un an, si l'on en juge d'après les statistiques établies par l'assureur.

Les dossiers gouvernementaux évaluent à environ 1044 $ chaque accident de travail. Faut-il préciser qu'une protection suffisante contre la perte de vie ou la mutilation est non seulement essentielle du point de vue humain, mais constitue aussi une pratique de gestion tout à fait valable du point de vue financier?

Le pouvoir de la couleur

Sans doute l'histoire concrète de la couleur continuera-t-elle de s'enrichir de nouvelles études de cas à mesure que ses applications pratiques deviendront plus nombreuses. Le contrôle de l'homme sur son milieu environnant se fera mieux et plus intelligemment. Nombre de problèmes s'atténueront, car la couleur est désespérément nécessaire en bien des endroits, et l'investissement consenti à cet égard se révélera extrêmement rentable dès qu'il aura été mis à l'épreuve.

Chapitre 20

UNE PRESCRIPTION DE COULEUR

L'ART PRATIQUE et la science de la couleur offrent d'excellentes perspectives de bénéfices. L'étude des aspects thérapeutiques et psychologiques des couleurs du spectre nous ouvre la possibilité d'exercer plus de contrôle sur le média de la couleur et de réaliser ainsi de nombreux objectifs à caractère tout à fait vital. Les questions de goût et de tempérament peuvent désormais prendre appui sur une connaissance plus sûre des effets de la couleur sur la vie humaine. Alors qu'autrefois l'artiste ou le décorateur devait chercher l'inspiration en son âme, il peut aujourd'hui – pour peu qu'il accepte de se renseigner – rédiger une véritable prescription qui se fondera sur des données concrètes plutôt que sur l'imagination, et qui ajoutera à la dimension de la beauté une valeur fonctionnelle. Bien que les progrès de la science soient infinis, il est possible dès aujourd'hui de résumer et d'appliquer une quantité impressionnante de données et d'améliorer considérablement nos pratiques d'autrefois.

LA POSITION DE L'ARTISTE

Lorsque la couleur vise principalement le confort et le bien-être humains, elle n'a aucune valeur intrinsèque à moins d'être utilisée avec art et avec goût. Le rouge, par exemple, peut avoir un effet excitant sur la plupart des gens. Mais dans un hôpital ou une maison, si on l'applique crûment sur un mur nu, l'effet physiologique sera complètement annulé par la révulsion que suscitera une telle grossièreté. Le rouge – ou toute autre couleur –, pour exercer son effet de stimulation thérapeutique ou psychologique, doit aussi présenter un attrait esthétique.

Faut-il rappeler que bien des expériences mettant en cause la couleur ont échoué faute d'avoir su respecter ce principe? Asseoir des gens dans des cubicules peints de couleurs différentes et tenter de mesurer leurs réactions est une entreprise aussi ridicule que futile. À moins que les conditions du test se comparent favorablement aux conditions dans lesquelles la couleur devra être appliquée, et à moins que le test puisse se dérouler dans un climat agréable, l'équation humaine annulera totalement l'équation scientifique.

Bien des applications de couleur dans les usines, les bureaux et les écoles ont échoué lamentablement parce qu'elles ont été conçues comme si les gens réagissaient exclusivement à des plans de couleur et non aussi à la forme, aux proportions et à l'harmonie. La couleur ne peut pas faire de miracles si d'autres facteurs comme la chaleur, le froid, l'éblouissement, le bruit, les odeurs, les vapeurs et les dangers matériels et professionnels ne sont pas eux aussi pris en compte.

Mais la prescription de couleur ne doit pas non plus trop pencher vers le domaine artistique, car la couleur n'y est pas toujours bien employée. Lorsque son emploi est exagéré, que les couleurs sont trop vives, les combinaisons trop «dramatiques», l'effet peut être complètement raté et l'observateur s'en trouver distrait de sa tâche et mal à l'aise dans son environnement.

UNE MÉTHODE DE LA COULEUR

Bien que l'auteur ait beaucoup d'expérience dans l'utilisation de la couleur à des fins très précises, il est parfaitement conscient du fait qu'un immense champ d'énergie reste encore inexploité. Il est aujourd'hui possible d'élaborer une nouvelle thérapie par la couleur, totalement coupée du monde ésotérique, de coordonner les efforts du biologiste, de l'ophtalmologiste, du psychiatre et du psychologue et de s'en remettre à une méthode structurée plutôt qu'à l'émotion dans les efforts pour mettre la couleur au service des meilleurs intérêts de l'humanité.

En quelques années à peine, l'auteur a eu à résoudre des problèmes de fatigue oculaire dans les usines et les grands établissements. Il a eu recours à la couleur pour réduire les accidents. Il a travaillé en collaboration avec des éducateurs, des administrateurs d'hôpitaux, et des organismes voués à la prévention de la cécité. Bien qu'il ait fait peu de recherche fondamentale, il a eu de nombreuses occasions d'interpréter et de mettre en pratique un grand nombre des principes énoncés dans ce livre.

Il importe de pouvoir s'en remettre à une méthode au moment de proposer un agencement de couleurs. Car pourquoi s'en remettre à l'essai et à l'erreur devant la quantité impressionnante de données concrètes qu'a recueillies le monde médical? Si le spectre de la lumière visible doit être utilisé de façon intelligente et si le coloriste ou l'ingénieur doivent pouvoir se considérer capables de résoudre un certain nombre de problèmes humains, il leur faut pouvoir s'appuyer sur un système structuré plutôt que sur l'intuition. Les êtres les plus compétents en cette matière sont ceux qui comprendront l'étrange fonctionnement de la couleur, ses effets directs sur l'organisme et les effets indirects qu'elle suscite, par l'intermédiaire de la vue. Car en s'appuyant sur des données de recherche, on peut mieux prévoir les résultats de son travail et aborder les tâches à accomplir dans une perspective raisonnée.

INCIDENCE DES PRINCIPALES COULEURS

Voici quelques remarques sur l'efficacité des principales couleurs du spectre. Elles permettront de rassembler certaines des principales considérations de ce livre et de préciser les qualités premières de chaque couleur sous une rubrique facile à consulter.

La signification du rouge

Le rouge est sans doute la couleur la plus forte et la plus dynamique. Son énergie exerce un effet considérable sur la croissance des plantes. Le rouge accélère le développement de certains animaux de règnes inférieurs, accroît l'activité hormonale et sexuelle et favorise la cicatrisation.

Dans ses effets sur l'organisme humain, le rouge tend à perturber l'équilibre du corps. On le prescrit pour guérir les coups de soleil, l'inflammation et le rhumatisme. Le rouge fait monter la tension artérielle et accélère le pouls, mais ses effets sont parfois suivis d'une réaction inverse qui se manifeste au bout d'un moment.

Sur le plan psychologique, le rouge excite, agite et accroît la tension nerveuse. Il suscite une plus grande attraction pour le stimulus et par conséquent crée un environnement propice à la création (mais non à l'exécution). Sous l'effet du rouge, le temps est surévalué et les poids semblent plus lourds. La couleur est plus prononcée sous l'effet d'une lumière forte. (Le rouge est la première couleur à s'atténuer lorsque l'éclairage diminue.)

En situation pratique, cependant, il est rare de pouvoir utiliser un rouge pur, cette couleur s'affirmant avec trop de force et laissant une image rémanente trop marquée. Le rouge vif attire l'attention, mais la fréquence du daltonisme chez les hommes introduit à cet égard certaines restrictions. Les formes modifiées du rouge – rose, bordeaux, vieux rose – sont expressives et universellement appréciées, et ont une dimension émotionnelle très forte. Le rouge et ses variantes plaisent surtout aux extravertis; cette couleur a donc sa place en psychothérapie pour relever l'humeur et combattre la mélancolie. Elle distrait et oriente l'attention vers l'extérieur.

Variantes de l'orange

La couleur orange partage un grand nombre des qualités du rouge. Sa forme pure n'est pas la plus attrayante, mais ses teintes (pêche, saumon) et ses ombres (brun) sont fort agréables. En règle générale, les teintes d'orange (le pêche) conviennent parfaitement aux intérieurs des hôpitaux et des résidences, des usines et des écoles. La couleur est chaude, moins primaire que le rouge, et présente par conséquent un charme plus «vivable». La couleur suscite l'appétit et convient parfaitement aux services alimentaires. Dans les endroits où elle se reflétera sur la peau, elle produit une luminosité agréable et flatteuse.

Le jaune

Le jaune aurait un effet favorable sur le métabolisme humain. Dans de nombreuses études de l'action biologique de la lumière, cependant, le jaune s'est révélé neutre (de même que le jaune-vert). À cause de la très haute visibilité du jaune, cette couleur joue un rôle de premier plan dans le domaine de la sécurité. Elle est très bien perçue par l'œil, et paraît vive et incandescente.

Dans le conditionnement par la couleur, le jaune paraîtra plus vif que le blanc. Il est donc tout indiqué dans les endroits qui manquent d'éclairage ou d'accès à la lumière du jour.

Les verts

Le jaune-vert est en général neutre du point de vue biologique. Les verts et les bleu-vert, cependant, sont apaisants et tendent à réduire la tension musculaire et nerveuse. Du point de vue psychologique, le vert représente le retrait par rapport au stimulus. Il crée donc l'environnement idéal pour les tâches sédentaires nécessitant une bonne concentration ou un état méditatif.

Les bleu-vert s'écartent totalement des couleurs primaires et sont à la fois agréables et conviviaux. Les mêmes vertus s'appliquent au pêche et les deux couleurs se marient très bien. Comme le bleu-vert convient au teint, c'est une couleur d'arrière-plan tout à fait flatteuse.

La signification du bleu

Le bleu a des qualités antithétiques à celles du rouge. Il semble retarder la croissance des plantes, réduire l'activité hormonale et ralentir la cicatrisation. Ses effets sur l'organisme humain sont de réduire la tension artérielle, de ralentir le pouls, bien que ces manifestations puissent être renversées au bout d'un moment.

Sous l'influence du bleu, le temps est sous-estimé et les poids sont jugés plus légers. Comme la couleur a un point de saturation naturellement bas, elle peut être utilisée sous toutes ses formes: pâle, foncée, pure, grisâtre. À cause de son caractère primaire, cependant, elle devient morne lorsqu'elle est appliquée sur une trop grande surface. Si les bleus conviennent tout à fait aux résidences, ils n'ont pas beaucoup d'attrait dans les bureaux, les usines, les écoles et les hôpitaux sauf dans des lieux secondaires et même alors, uniquement dans des tons foncés et intermédiaires. (Le bleu pâle semble «irriter» l'œil humain et donner une apparence floue aux objets environnants.)

Parce que le bleu est une couleur difficile à focaliser, il vaut mieux ne pas l'utiliser comme source de lumière ni l'appliquer dans les lieux où il faut pouvoir fixer son attention. Cependant, le bleu est spontanément associé à la lumière tamisée, son effet est paisible et relaxant et sa couleur est très appréciée partout dans le monde.

Le mauve, le gris, le blanc et le noir

Le mauve étant un mélange de rouge et de bleu, c'est-à-dire des deux extrêmes du spectre, son caractère biologique est plus ou moins neutre. Cette couleur ne convient pas aux grandes surfaces, car elle est difficile à focaliser. De toutes les couleurs, cependant, le mauve est celle qui a le plus d'attrait esthétique.

Le blanc est la couleur de l'équilibre parfait, et son effet est clair et naturel. Le noir est négatif; le gris est passif. Ces trois couleurs ont un effet émotionnellement neutre et ont peu d'applications psychothérapeutiques, sauf dans les situations où la négation est l'expression désirée.

MONOTONIE CONTRE VARIÉTÉ

Tout comme les couleurs chaudes excitent et les couleurs froides apaisent, la luminosité a un pouvoir de stimulation et l'obscurité un pouvoir de relaxation. Le changement, la variation, le mouvement sont tous essentiels en ce qui concerne la couleur. En fait, aucun des sens humains – y compris la vue – ne peut réagir de façon permanente à un stimulus fixe. Les sensations humaines vont et viennent, sans doute parce que l'expérience est mouvante. L'œil, comme tout autre organe du corps, est dans un état constant de fluctuation. Des modifications du diamètre de la pupille se produisent même lorsque la luminosité est constante. Les images sur la rétine (ou les sonorités perçues par l'oreille) semblent devenir plus ou moins intenses en dépit du fait qu'en réalité elles soient constantes.

Si le désordre et le chaos sont sources de perturbation mentale et émotionnelle, la monotonie perpétuelle a des effets encore pires. La théorie est toute personnelle à l'auteur, mais la superstition qui veut que les dessins bizarres et les couleurs criardes aient le pouvoir de «rendre fou» me semble moins vraie que celle qui attribue le même effet aux situations diamétralement opposées. C'est-à-dire que si l'être humain est forcé de travailler dans un bureau ou de vivre dans une maison où il ne voit rien d'autre que du blanc cassé ou du beige, sa bonne humeur et sa santé mentale en seront très certainement compromises. Un cirque a moins de chance de pousser à la névrose que le beige jaunâtre des gares de train!

C'est d'ailleurs dans cet esprit qu'après la Première Guerre mondiale, on a eu recours à des couleurs de très forte intensité organisées en contrastes frappants pour traiter les cas de traumatisme de guerre. Le principe invoqué était assez simple: dans certaines formes de maladie mentale, les sens semblent avoir un seuil plus bas et être plus facilement «énervés». Chez ces malheureux, la nervosité risque d'être aggravée par la monotonie et soulagée par l'excitation. Comme les couleurs vives peuvent s'accorder à l'intensité du tourment interne du malade, celui-ci y trouvera une source de distraction qui se révélera thérapeutique et apaisante.

IMPORTANCE DE L'ENCHAÎNEMENT

Lorsque toutes les données qui rendent compte de l'action physiologique et psychologique de la lumière visible sont prises en compte et soupesées, il semble raisonnable de conclure que la couleur aura son maximum de potentiel thérapeutique lorsqu'il y a enchaînement judicieux plutôt qu'uniformité. Le lecteur se souviendra que le rouge a pour effet immédiat de faire grimper la tension artérielle et le pouls *au-dessus* de leur niveau normal, mais qu'au bout d'un moment la réaction se renverse et la tension artérielle de même que le pouls tombent à des niveaux *inférieurs* à la normale. De même, le bruit semble provoquer une diminution de l'intensité apparente des rouges, mais cette impression est suivie au bout d'un moment par un renversement de la sensibilité.

Le bleu, quant à lui, ralentit le pouls, mais cette réaction donne lieu, au bout d'un moment, à un mouvement inverse d'accélération. La lumière tamisée tend aussi à accroître la sensibilité de l'œil au bleu.

La luminosité, le tapage et la stimulation des sens sont en général associés aux effets les plus actifs du rouge et des couleurs chaudes.

La pénombre, le calme et la relaxation des sens sont en général associés aux effets les plus actifs du bleu et des couleurs froides.

La neutralité se trouve dans la région du jaune et du jaune-vert.

Voici donc deux principes hypothétiques de la thérapie par la couleur:

Pour l'excitation, commencer par des couleurs chaudes, une lumière vive, des sonorités agréables mais plutôt fortes. La tension artérielle et le pouls devraient augmenter. Passer ensuite à une exposition *soudaine* à des couleurs froides, à une lumière moins intense et au silence. Puis rétablir soudain l'état premier ou encore exposer le patient au jaune pâle ou au blanc dans un contexte de lumière vive.

Pour la sédation, commencer par des couleurs froides, une lumière tamisée et un environnement plus ou moins silencieux. La tension artérielle et le pouls devraient fléchir. Procéder ensuite *graduellement* à une introduction de couleurs chaudes, de lumière vive et de sonorités modérées. Pour finir, restaurer graduellement l'état premier ou exposer le patient au jaune pâle ou au blanc dans un éclairage tamisé.

L'auteur tient à répéter que ces deux principes sont de pures suppositions fondées sur la logique plutôt que sur l'expérience clinique. Cependant, les effets inversés que produisent les couleurs devraient ainsi s'équilibrer mutuellement et entraîner un état d'animation ou de sédation prolongé plutôt que temporaire.

Lorsqu'un effet émotionnel puissant est attendu d'un enchaînement de couleurs – comme au cinéma, par exemple –, les bleus profonds devraient être remplacés abruptement par des rouges vifs pour obtenir l'excitation maximale. Cependant, les rouges vifs doivent être atténués ou fondus dans des couleurs plus douces et plus fraîches lorsque la mélancolie est l'état souhaité. Le rouge a un rythme rapide; le bleu et le vert sont plus «lents».

SPÉCIFICATIONS DE COULEUR

Hôpitaux

Dans les applications de couleur ayant des buts psychothérapeutiques, un certain nombre de trucs peuvent être utilisés avec succès. Le hall d'entrée ou l'aire de réception de l'hôpital, principalement fréquentés par les visiteurs, doivent être ornés de couleurs variées, froides et chaudes, le but étant d'éviter de créer une «ambiance» précise. Là où les couleurs sont nombreuses et contrastées, l'effet est agréable et réjouissant. Mais aussi, les réactions extrêmes, de joie ou de peine, seront tempérées. L'impression générale sera plus visuelle qu'émotionnelle. Des couleurs chaudes comme le pêche et le rose sont souhaitables à la maternité où les patientes ne sont pas gravement malades et où le désir de guérir est l'état d'esprit à cultiver.

Les couleurs fraîches comme le bleu, le vert et le gris conviennent aux malades chroniques qui doivent se faire à l'idée d'un séjour prolongé.

En chirurgie, les murs doivent être vert ou bleu-vert pour éliminer les effets d'éblouissement, reposer l'œil et servir de complément à la couleur rouge du sang et des tissus humains.

Le lavande, les jaunes et les jaune-vert doivent être évités, car ces couleurs ont quelque chose de «maladif» et créent des reflets désagréables qui donnent au teint une apparence livide.

Écoles

Les salles de classe de niveau élémentaire seront le mieux «conditionnées» par des tons chauds de jaune, de pêche et de rose. Ces couleurs stimulent les jeunes esprits et sont propices à des «activités déterminées par les émotions» pour citer Goldstein. Au niveau secondaire, les tons de vert, bleu-vert, bleu et gris sont recommandés pour éviter les distractions émotionnelles et favoriser la concentration de l'esprit.

La nature impulsive des enfants est essentiellement liée aux couleurs chaudes. La maturité est associée aux régions plus fraîches du spectre qui semblent mieux favoriser la réflexion.

Avions et navires

Lorsque la couleur vise à calmer la nervosité et les appréhensions, comme au cours des longs voyages en avion ou en paquebot, des tons modérément chauds comme le pêche conviendront le mieux aux aires de grande fréquentation.

D'abord une couleur chaude neutralisera l'effet de flou créé par les grandes étendues de bleu qui semblent troubler l'œil. Et les teintes plutôt chaudes, en étant modérément stimulantes, s'adapteront mieux à l'état d'esprit des passagers. Elles auront sur eux l'effet d'un «beau sourire» au lieu d'une «mine renfrognée».

Pour plus de variété et d'harmonie, on introduira du bleu-vert dans les tapis et les housses des sièges. Cette couleur complète bien le pêche. Après avoir été longuement fixées par l'œil, ces couleurs procurent une image rémanente rosée qui donne au monde environnant une teinte chaleureuse et agréable.

Résidences

Il est aussi possible d'aborder dans une perspective fonctionnelle l'agencement des couleurs de son foyer. Pour créer une ambiance conviviale, rien de mieux que d'utiliser des couleurs chaudes au salon. (Ou, si on désire une ambiance plus cérémonieuse, du bleu.) Le pêche, la plus appétissante des teintes, convient tout à fait à la salle à manger. La cuisine gagnera à baigner dans des tons frais de vert ou de turquoise, car ces couleurs tendent à faire paraître le temps plus court.

Le jaune convient aux pièces qui manquent de lumière naturelle comme le sous-sol ou la salle de jeu. Le boudoir ou la bibliothèque devraient être de couleur plus sombre – froide ou chaude – pour prévenir les distractions et favoriser la concentration. La salle de bain peut être rose, couleur qui se reflète bien sur la peau et lui donne une aura de luminosité. Toutes les couleurs conviennent aux chambres à coucher, mais on choisira de préférence une couleur pâle. Les contrastes prononcés et les motifs de grande taille favorisent les levers matinaux. Ceux qui préfèrent dormir le matin chercheront moins de contraste et des tons moins agressifs.

LA COULEUR ET LE SAVOIR MÉDICAL

Consciemment ou inconsciemment, l'homme a toujours eu confiance en l'efficacité de la couleur. Les grandes significations qu'il y attache sont manifestes dans tous les milieux où se déroule la vie humaine. Car les couleurs du spectre sont associées à toutes les étapes de l'histoire et de la civilisation.

La science réussit peut-être à substituer des protons et des électrons au rouge et au bleu, mais l'attrait de la couleur persiste. Ceux qui ont étudié la croissance des plantes, les effets biologiques de la couleur sur les êtres vivants des règnes inférieurs, sur le comportement des insectes et des animaux, ou encore les réactions physiologiques et psychologiques que la couleur suscite dans le corps humain savent qu'une véritable «magie» est à l'œuvre.

La couleur répond à un réel besoin dans la vie humaine. Elle peut être prescrite comme un médicament et ses effets seront prévisibles. Mais pour être en mesure de travailler d'une façon aussi intelligente, il faut comprendre parfaitement les qualités du spectre lumineux. Il ne suffit pas de croire aux vertus de la couleur; des travaux de recherche rigoureux doivent être réalisés afin de préciser la valeur thérapeutique de la couleur et de mettre au point des techniques d'utilisation judicieuse.

Le rôle intime que peut jouer la couleur prendra une dimension de plus en plus vitale à mesure que l'homme se détournera d'une attitude ésotérique ou purement esthétique pour adopter une approche plus rationnelle et clinique; lorsque les médecins renonceront à leurs préjugés et reconnaîtront que la couleur a des effets physiologiques et psychologiques bénéfiques qui peuvent être mis au service de l'être humain avec un réel profit.

Partie 5

Nouvelles découvertes en biologie et en psychologie

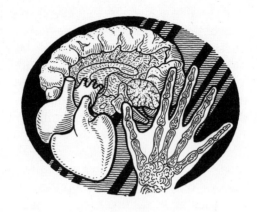

Chapitre 21

Nouvelles découvertes
en biologie et en psychologie[1]

Les médecins ont toujours, et avec raison, considéré avec méfiance toute prétention visant à accorder à la couleur un pouvoir thérapeutique. Dans la «gestalt» générale de la fonction visuelle, il est difficile de séparer les facteurs psychiques des facteurs physiques ou physiologiques. Si vous et moi (de même qu'un jeune chien) réagissons par la jubilation à une belle journée ensoleillée, cette réaction n'est pas nécessairement celle de tout le monde. Le rouge, qui vous plaît peut-être, peut rebuter quelqu'un d'autre. Et comme toute expérience de la couleur est principalement évaluée et jugée de façon hautement personnelle, il est difficile de recueillir à ce sujet des données objectives et dignes de foi.

---

1. Une partie des données utilisées dans ce chapitre a servi à la rédaction du texte intitulé «The Effects of Color on the Human Organism», publié par Faber Birren dans l'*American Journal of Occupational Therapy*, XIII, 3, 1959.

C'est pourquoi certains chercheurs font état de résultats positifs tandis que d'autres obtiennent des résultats négatifs en réalisant les mêmes expériences. La méthode expérimentale elle-même doit alors être soigneusement examinée. Car si les conditions psychologiques ou humaines d'une expérience conduisent au parti pris ou créent de l'interférence, la réaction physiologique risque d'être faussée. Bien des réactions normales s'évanouissent du seul fait d'avoir été portées à la conscience. Par exemple, la couleur rouge est-elle une couleur chaude? Elle l'est de manière globale et générale, si on en juge par la réaction inconsciente de la plupart d'entre nous. Mais s'il nous faut tout à coup expliquer cette particularité du rouge, nous en viendrons presque tous à la mettre en doute complètement.

Une chose est sûre: la lumière visible et la couleur ont des effets et des répercussions sur les êtres vivants. La vie végétale dépend presque entièrement de la lumière visible et est inhibée par l'infrarouge et l'ultraviolet. Si la médecine admet volontiers que les rayonnements qui se trouvent aux deux extrêmes du spectre visible (l'infrarouge et l'ultraviolet) puissent avoir des effets physiologiques et si elle consent à en faire un usage thérapeutique, les effets bénéfiques de la lumière visible sont en général niés ou laissés pour compte. Pourtant, il est bien difficile d'admettre que la lumière visible – qui a permis à la race humaine de prospérer et à laquelle l'œil humain est si parfaitement adapté – soit dépourvue du moindre effet.

Mais la raison et la logique ne remplacent pas les faits concrets. Une chose semble assez évidente: le mystère de la lumière visible, son importance physiologique et psychophysiologique, ont été cruellement négligés. Ainsi, pour ajouter quelques éléments à un dossier beaucoup trop mince, l'auteur se fait un plaisir de présenter ici quelques résultats d'expériences récentes.

Pour la rigueur de ses techniques de recherche et la quantité impressionnante de données qu'il a su rassembler, l'univers de la médecine et de la psychologie par la couleur doit beaucoup aux travaux récents de Robert Gerard. Dans une remarquable thèse de doctorat en psychologie, rédigée à l'université de la Californie à Los Angeles, Gerard a minutieusement passé en revue tout le domaine de la lumière, de la couleur et de leurs effets psychophysiologiques. Pour la première fois, peut-être, il a vérifié les réactions de l'organisme entier en faisant appel à des techniques avancées et modernes. S'appuyant sur l'expérience de ses prédécesseurs, il a mis au point de nouvelles techniques et a dégagé un certain nombre de données significatives.

Gerard s'est donné pour tâche de répondre à un certain nombre de questions: la réaction à la couleur est-elle différentielle? Autrement dit, les couleurs comme le rouge et le bleu suscitent-elles des sentiments et des émotions différentes? Produisent-elles des changements prévisibles dans les fonctions autonomes, l'activité du cerveau et les émotions subjectives? La réaction correspond-elle à l'énergie relative du stimulus coloré?

Pour ses expériences, Gerard utilisait des rayons de lumière rouge, bleue et blanche projetés sur un écran de diffusion. La luminosité et la pureté spectrale étaient équilibrées. Des mesures ont été faites de la tension artérielle, de la conductance palmaire (des électrodes fixées sur la paume de la main indiquaient le degré d'excitation du système nerveux autonome en rendant compte de la réaction des glandes sudoripares), du rythme de la respiration, du pouls, de l'activation musculaire, de la fréquence du battement des paupières, et des ondes cérébrales, ces dernières étant mesurées au moyen d'un électroencéphalogramme.

Les réactions affectives, fondées sur l'expérience personnelle, le jugement et le sentiment des sujets, ont aussi été notées. Ces réactions, soit dit en passant, étaient relativement conformes aux attentes. Du point de vue subjectif, le rouge était perçu comme source d'un certain malaise par les sujets les plus anxieux. D'ailleurs, plus leur état de tension chronique était élevé, plus le rouge avait d'effet physiologique sur eux. Le bleu avait l'effet contraire, et réussissait à apaiser les sujets anxieux. Du point de vue de la psychologie clinique, voilà peut-être un résultat intéressant, car il montre que le bleu peut avoir des effets efficaces comme tranquillisant dans les cas de tension et d'anxiété. Bref, le bleu procurait un sentiment de bien-être et de calme et des idées plus agréables tandis que le rouge suscitait plus de tension et d'excitation. Ces deux réactions pourraient offrir des perspectives intéressantes dans le domaine de la pratique clinique.

Sur le plan physiologique, les résultats de Gerard peuvent être résumés comme suit: la tension artérielle augmente, en règle générale, sous l'effet de la lumière rouge et diminue sous l'effet de la lumière bleue. En ce qui concerne la conductance palmaire, les deux couleurs produisent un effet de stimulation immédiat. Au bout d'un moment, cependant, l'excitation suscitée par le rouge est plus forte que dans le cas du bleu. «Le rythme respiratoire s'accélère pendant l'exposition à la lumière rouge, et diminue sous l'effet de la lumière bleue.» Dans le cas du pouls, aucune différence appréciable n'a pu être constatée entre les effets du rouge et du bleu. Le battement des paupières s'accélère sous l'effet de la lumière rouge et diminue sous l'effet de la lumière bleue.

Quant à l'activité corticale, on a pu constater que le cerveau réagissait de façon marquée au moment de l'introduction des trois rayons lumineux (rouge, bleu et blanc). Au bout d'un moment, cependant (jusqu'à 10 minutes), l'activité restait nettement plus forte sous l'effet du rouge que sous l'effet du bleu.

Il faut signaler, bien entendu, que dans le cas de la conductance palmaire et de l'activité corticale, tout stimulus produira des effets. Ce qui importe, dans le cas du rouge, c'est que la réaction suscitée était systématiquement plus vive que celle que provoquait le bleu, tant à l'apparition du stimulus qu'au bout d'un certain temps.

Gerard est extrêmement modeste dans l'interprétation de ses résultats. Il indique que l'activité psychophysiologique tend à s'accroître au même rythme que la longueur d'onde, du bleu au rouge et du stimulus faible au stimulus fort. La prudence de Gerard, en ce qui concerne les retombées de ses expériences, est louable. Il a travaillé avec des sujets normaux, et dans tous ses écrits, il réitère la nécessité de poursuivre plus loin la recherche. Les médecins sont parfaitement conscients du fait que la couleur, ayant une dimension émotionnelle très forte, peut très difficilement être abordée d'une façon strictement impartiale. Gerard le sait et a su conserver une admirable objectivité.

Dans ses effets, le bleu semble avoir des mérites particuliers. Gerard affirme dans sa thèse: «Les résultats obtenus au moyen de la lumière bleue indiquent qu'il y aurait peut-être intérêt à l'utiliser comme thérapie d'appoint pour le soulagement de certains états.»

Il pourrait agir comme tranquillisant ou agent de relaxation pour apaiser l'état psychophysiologique des grands anxieux, car cet effet était particulièrement marqué chez les sujets les plus anxieux.

Parce que le bleu réduit la tension artérielle, on pourrait peut-être l'utiliser dans le traitement de l'hypertension.

Le sentiment de détente et d'apaisement ressenti par les sujets indique que le bleu pourrait peut-être contribuer à soulager les spasmes musculaires et peut-être aussi le torticolis et les tremblements.

Parce qu'il réduit la fréquence du battement des paupières et est subjectivement ressenti comme apaisant, il pourrait présenter des avantages dans le traitement des irritations oculaires.

À cause de ses effets reposants, une lumière bleue tamisée pourrait «disposer au sommeil dans les cas d'insomnie».

Le bleu pourrait peut-être aussi contribuer au soulagement *subjectif* de la douleur étant donné l'action sédative qu'on lui reconnaît.

Dans les travaux de Gerard, la stimulation par le rouge et par le blanc produit des effets assez semblables. On pourrait en déduire que le rouge et les autres couleurs «chaudes» produisent des états généraux d'excitation. Le bleu et les autres couleurs «froides», cependant, auraient des effets plus spécifiques. Le rouge peut toutefois se montrer utile dans la stimulation des dépressifs et des neurasthéniques. Il peut contribuer à accroître le tonus musculaire et la tension artérielle chez les sujets hypotensifs. Si la lumière blanche est physiologiquement stimulante, elle peut se révéler monotone sur le plan psychologique. Autrement dit, la stimulation à elle seule ne suffit pas. L'ennui que suscite le blanc peut devenir irritant et causer un certain nombre de réactions physiologiques. L'excitation provoquée par le rouge, par contre, semble être associée à l'agressivité, au sexe, à la peur des blessures. La réaction du système nerveux autonome est peut-être la même, mais du point de vue subjectif, il y a tout un univers de différence.

Il faut, comme le répète Gerard, poursuivre la recherche sur les effets différentiels de la couleur, de l'orange et du jaune autant que du rouge, de même que du vert et du violet autant que du bleu.

Passons maintenant aux travaux récents de John Ott, tels qu'il les décrit dans son livre intitulé *My Ivory Cellar* (1958). Ott est le plus célèbre chronophotographe des États-Unis. Un grand nombre de ses découvertes sont absolument phénoménales et ses techniques de chronophotographie font aujourd'hui leur entrée dans le

monde de la recherche médicale. «Le principe de la chronophotographie est très simple. C'est l'inverse du cinéma au ralenti, que la
plupart des gens connaissent mieux. Au lieu de ralentir le mouvement, nous l'accélérons considérablement de manière à pouvoir
assister en quelques secondes à l'épanouissement d'une fleur ou
à la croissance complète d'une plante.» Le lecteur qui a pu voir ces
effets spectaculaires à la télévision ou dans le film de Walt Disney
Secrets of Life a fait connaissance avec le grand talent et les compé-
tences de John Ott.

Grâce à la chronophotographie, Ott a pu faire danser des pri-
mevères sur un air de valse et des lys tigrés sur des rythmes de
jazz. Il y est parvenu en contrôlant de près la luminosité et le degré
d'humidité dans lesquels ses plantes s'épanouissaient.

Bien qu'il soit généralement reconnu que la lumière visible
favorise la croissance des plantes tandis que l'ultraviolet et l'infrarouge ont peu d'effet, Ott a constaté que l'ultraviolet était nécessaire, par exemple, à la croissance normale du maïs et au mûris-
sement des pommes. Il confirme l'importance de la longueur du
jour dans le contrôle de la floraison de plantes comme le chrysanthème et le poinsettia, pratique aujourd'hui courante chez les pro-
ducteurs commerciaux.

Et qu'en est-il des effets des différentes longueurs d'onde de
la lumière? Dans le cas du liseron, une fleur qui fleurit la nuit, Ott
a découvert que la lumière rouge était nuisible et qu'en plaçant
des filtres bleus sur ses projecteurs, il pouvait supprimer le rouge
et encourager ainsi la floraison.

Dans le cas de la citrouille, qui produit des fleurs mâles et
femelles, les effets différentiels de la couleur sont très prononcés.
La lumière fluorescente, légèrement teintée de couleur chaude,
produit des fleurs mâles et fait s'étioler les fleurs femelles. Ott en
conclut: «Qu'il soit possible de faire apparaître des fleurs mâles
ou des fleurs femelles en contrôlant de légères variations dans la
couleur de la luminosité ouvre des perspectives de recherche très
intéressantes.»

Chez les animaux aussi, la longueur du jour a beaucoup d'importance. L'hermine, dont la fourrure tourne au blanc l'hiver (lorsque
les jours sont plus courts), peut être rendue blanche en plein été
en contrôlant la durée de son exposition à la lumière. Le vison

peut aussi obtenir son pelage d'hiver dès le mois de juillet ou à n'importe quel autre moment de l'année, par l'emploi de techniques semblables.

Ott signale le cas de chinchillas d'élevage qui semblaient insister pour avoir des rejetons mâles lorsque la lumière à laquelle ils étaient exposés provenait d'ampoules incandescentes ordinaires, et des rejetons femelles lorsque des ampoules bleutées, plus proches de la lumière du jour, étaient utilisées. Selon lui, de tels résultats montrent que le sexe de la progéniture peut être influencé jusqu'à fort tard pendant la grossesse.

Quant aux oiseaux: «On sait maintenant qu'en prolongeant la durée de la nuit on provoque chez les oiseaux des transformations glandulaires qui les poussent à entreprendre leur migration saisonnière.» On sait que dans l'élevage des poules pondeuses, on prolonge la durée d'illumination pour stimuler la production des œufs. «Au début, on croyait que la lumière n'avait pour effet que de tenir les poules éveillées pendant plus longtemps, mais la recherche plus récente a montré que la production accrue était due à l'effet de la lumière sur l'hypophyse de la poule.»

Le biologiste anglais, Sir Solly Zuckerman, a constaté la présence d'une virilité plus vigoureuse chez les oiseaux des villes par comparaison à celle de leurs cousins des campagnes. Zuckerman raconte: «Je me rappelle qu'à la fin des années vingt ou trente, Rowan est venu ici de Colombie-Britannique pour étudier les effets de la lumière, et plus particulièrement celle des grands panneaux publicitaires illuminés, sur les étourneaux de Trafalgar Square et de Piccadilly Circus. Comme groupe témoin, il utilisait des étourneaux capturés dans un bois près d'Oxford. Un soir sur deux, il allait capturer des oiseaux à Oxford et à Londres. Il a constaté que les oiseaux capturés à Londres – au cours d'excursions pour le moins périlleuses sur les parapets de la National Gallery, si ma mémoire est exacte – avaient des organes reproducteurs actifs à une époque où ceux des oiseaux de campagne sont complètement atrophiés et non fonctionnels.»

Bien qu'une partie des travaux de Ott soient du domaine de l'hypothèse et que ses théories aient besoin, pour être prouvées, de recherches supplémentaires, on est frappé par les riches potentialités de cette approche.

Parmi les autres résultats publiés au cours des 10 dernières années, signalons ceux de A. Kelner. Le monde médical s'est dit impressionné par sa découverte du pouvoir de la lumière visible de renverser ou de stopper les effets néfastes de l'ultraviolet. Deux autres chercheurs, A. F. Rieck et S. D. Carlson, ont montré que les taux de mortalité provoqués chez les souris albinos par une exposition radicale à l'ultraviolet pouvaient être considérablement réduits lorsque la lumière visible était utilisée comme palliatif. Dans ce qu'on appelle l'épilepsie photogénique, une lumière rouge clignotante risque, plus que toute autre couleur, de provoquer des ondes cérébrales radicales. C. Van Buskirk affirme que dans bien des cas, le fait de porter des lunettes qui suppriment la région rouge du spectre suffit à réduire la fréquence des crises, même après cessation de la médication.

Pendant de nombreuses années, mon travail a consisté à organiser des agencements de couleur pour des clients de milieux très divers. Je me suis tenu au courant des travaux de recherche sur la couleur réalisés dans le monde médical comme dans celui de l'ophtalmologie et de la psychologie, et je me suis efforcé de mettre en pratique certaines théories scientifiques. Dans toutes mes activités, je m'en suis tenu à une approche strictement scientifique afin d'éviter les opinions purement spéculatives qui accablent souvent ceux qui travaillent dans le domaine hautement émotif (et souvent occulte) de la couleur. En m'appuyant sur des travaux de recherche rigoureux et sur une longue expérience pratique, je tire les conclusions suivantes quant à l'utilisation de la couleur dans la vie de tous les jours:

1. La couleur et la lumière ont ce qu'on pourrait appeler un effet centrifuge – c'est-à-dire qui pousse hors de soi vers le monde environnant. Le corps placé dans un lieu fortement éclairé et entouré de couleurs chaudes et lumineuses (jaune, pêche, rose) tend à orienter son attention vers l'extérieur. L'activité générale est accrue, de même que le sentiment d'éveil et d'intérêt pour le monde environnant. Une telle ambiance est propice à l'effort musculaire, à l'action et à la bonne humeur. Elle convient donc bien aux usines, aux écoles, aux résidences et, en règle générale, aux lieux où

des tâches manuelles doivent être exécutées ou dans lesquels on s'adonne à la pratique des sports.

2. Mais la couleur et la lumière peuvent aussi avoir un effet centripète – c'est-à-dire qui éloigne du monde extérieur pour revenir vers soi. Dans un contexte plus moelleux, aux couleurs plus fraîches (gris, bleu, vert, turquoise) et où la luminosité est moins intense, les distractions sont moins nombreuses et il devient possible de mieux se centrer sur des tâches visuelles ou mentales exigeantes. Le recueillement est ainsi favorisé. Voilà le contexte qui convient le mieux aux occupations sédentaires qui exigent beaucoup des yeux ou du cerveau: travail de bureau, salle d'étude, montage de précision.

3. Les pratiques judicieuses indiquées en 1 et 2 plus haut ne sont malheureusement pas toujours observées. Les ingénieurs en éclairage, par exemple, abordent souvent les milieux humains du seul point de vue de l'intensité lumineuse ou de la luminosité. Voilà des éléments dont l'importance est indiscutable, mais si aucune attention n'est accordée à la couleur, il ne sera pas possible de créer un environnement vraiment idéal. Il arrive aujourd'hui qu'on prescrive un fort éclairage *général* dans des endroits où des tâches visuelles exigeantes doivent être exécutées. S'il est vrai qu'il faut beaucoup de lumière pour bien voir, l'organisme trouvera néanmoins très désagréable de se trouver dans un milieu où tout son environnement est éclatant de lumière. Car l'éclat distrait de la tâche, et peut empêcher la concentration et la bonne adaptation visuelle. Si un éclairage *général* intense est requis, le milieu environnant doit être atténué par l'usage de la couleur. Mieux encore, on mettra en place un éclairage général modéré auquel on ajoutera des sources de lumière bien localisées, orientées directement sur la tâche à accomplir. L'attention sera ainsi correctement centrée et les distractions du champ visuel seront éliminées. Pour illustrer ce propos, pensons au mouvement réflexe qui nous fait fermer les yeux lorsque nous avons à résoudre un problème complexe; nous cherchons ainsi à éliminer complètement les intrusions du monde environnant.

4. Dans le domaine psychologique, l'expérience acquise dans les écoles et les hôpitaux permet d'envisager d'autres stratégies de couleur. Les extravertis, les «nerveux», et les jeunes enfants trouveront à se détendre dans un milieu haut en couleur. La raison en est simple: l'excitation visuelle (et émotionnelle) de l'environnement «se mariera» à l'état d'esprit de ces sujets et les mettra à l'aise. Tout effort visant à les pacifier en recourant à la couleur ou à tout autre moyen n'aura pour effet que de «comprimer» leurs émotions jusqu'au point d'éclatement.

5. En revanche, les personnes intérieurement intégrées préféreront un environnement plus calme – qui leur procurera la quiétude à laquelle elles aspirent. Un être paisible à qui on impose de porter une robe rouge ou une cravate rouge risque de ne pas réagir comme prévu. Une telle affirmation risque de créer chez lui de la timidité et de la gêne. En cas de trouble mental, cependant, le comportement inverse peut se révéler nécessaire. Une personne habitée par le désir immodéré de porter du rouge sang – ce qui risque de la conduire à des comportements violents – aurait peut-être tout intérêt à être exposée au bleu afin de neutraliser son tempérament. Le mélancolique, qui ne tolère que le beige, aurait sans doute besoin d'être exposé à du rouge afin d'en être animé, tant sur le plan physiologique que sur le plan psychique.

Ainsi va la recherche dans le domaine de la couleur, et peut-être se poursuivra-t-elle indéfiniment. S'il devient possible de combiner le purement physique et biologique à des aspects radicalement émotionnels et psychiques, alors l'avenir de l'homme s'annonce très certainement radieux.

Bibliographie

Au total, plusieurs centaines de livres, d'articles et de rapports ont été consultés au fil des ans pour la rédaction de ce livre. Dans bien des cas, cependant, si peu y avait été puisé qu'il ne semblait pas utile de les inclure dans cette bibliographie, On trouvera donc dans la liste ci-dessous uniquement les ouvrages qui ont été consultés avec le plus de profit. Ceux-là sont d'une importance réelle et constituent une riche source de renseignements sur les aspects psychologiques et thérapeutiques de la couleur.

Abbott, Arthur G., *The Color of Life*, New York, McGraw-Hill Book Company, Inc., 1947.

Allen, Frank et Manuel Schwartz, «The Effect of Stimulation of the Senses of Vision, Hearing, Taste, and Smell Upon the Sensibility of the Organs of Vision», *Journal of General Physiology*, 20 septembre 1940.

Babbitt, Edwin D., *The Principles of Light and Color*, publié à compte d'auteur, East Orange, N. J., 1896.

Bagnall, Oscar, *The Origin and Properties of the Human Aura*, New York, E. P. Dutton & Co., Inc., 1937.

Barthley, S. Howard, «Visual Sensation and Its Dependence on the Neurophysiology of the Optic Pathway», voir Klüver, *Visual Mechanisms*.

Birren, Faber, «Color and Psychotherapy», *Modern Hospital*, août-septembre 1946.

Birren, Faber, *Functional Color*, New York, Crimson Press, 1937.

Birren, Faber, «The Ophthalmic Aspects of Illumination, Brightness and Color», *Transactions of the American Academy of Ophthalmology and Otolaryngology*, mai-juin 1948.

Birren, Faber, «The Specification of Illumination and Color in Industry», *Transactions of the American Academy of Ophthalmology and Otolaryngology*, janvier-février 1947.

Birren, Faber, *The Story of Color*, Westport, Conn., Crimson Press, 1941.

Bissonnette, T. H., «Experimental Modification of Breeding Cycles in Goats», *Physiological Zoology*, juillet 1941.

Bissonnette, T. H. et A. G. Csech, «Modified Sexual Photoperiodicity in Cottontail Rabbits», *Biological Bulletin*, décembre 1939.

Bissonnette, T. H. et A. P. R. Wadlund, «Spermatogenesis in Sturnus Vulgaris: Refractory Period and Acceleration in Relation to Wave Length and Rate of Increase of Light Ration», *Journal of Morphology and Physiology*, décembre 1931.

Blum, Harold Francis, *Photodynamic Action and Diseases Caused by Light*, New York, Reinhold Publishing Corporation, 1941.

Boring, Edwin G., *Sensation and Perception in the History of Experimental Psychology*, New York, Appleton-Century-Crofts, Inc., 1942.

Bragg, Sir William, *The Universe of Light*, New York, The Macmillan Company, 1934.

Brombach, T. A., *Visual Fields*, Fall River, Mass., Distinguished Service Foundation of Optometry, 1936.

Bucke, Richard Maurice, *Cosmic Consciousness*, New Hyde Park, N.Y., University Books, Inc., 1961.

Budge, E. A. Wallis, *Amulets and Talismans*, New Hyde Park, N.Y., University Books, Inc., 1961.

Celsus on Medicine, London, C. Cox, 1831.

Detwiler, Samuel R., *Vertebrate Photoreceptors*, New York, The Macmillan Company, 1943.

Deutsch, Felix, «Psycho-Physical Reactions of the Vascular System to Influence of Light and to Impression Gained Through Light», *Folia Clinica Orientalia*, vol. I, fasc. 3 et 4, 1937.

Duggar, Benjamin M. (réd.), *Biological Effects of Radiation*, New York, McGraw-Hill Book Company, Inc., 1936.

Eaves, A. Osborne, *The Colour Cure*, London, Philip Wellby, 1901.

Ellinger, Friedrich, *The Biologic Fundamentals of Radiation Therapy*, New York, Elsevier Publishing Co. Inc., 1941.

Emery, Marguerite, «Color Therapy», *Occupational Therapy and Rehabilitation*, février 1942.

Evans, Ralph M., An Introduction to Color, New York, John Wiley & Sons, Inc., 1948.

Eysenck, H. J., «A Critical and Experimental Study of Colour Preferences», American Journal of Psychology, juillet 1941.

Farnsworth, Dean, «Investigation on Corrective Training of Color Blindness», publication 472, New York, National Society for the Prevention of Blindness, 1947.

Fergusson, James, A History of Architecture in All Countries, London, John Murray, 1893.

Ferree, C. E. et Gertrude Rand, «Lighting and the Hygiene of the Eye», Archives of Ophthalmology, juillet 1929.

Ferree, C. E. et Gertrude Rand, «Lighting in its Relation to the Eye», Proceedings of the American Philosophical Society, vol. LVII, n° 5, 1918.

Frazer, J. G., The Golden Bough, London, Macmillan & Company, Ltd., 1911. En français: Le Rameau d'or.

Galton, Francis, Inquiries into Human Faculty, London, Macmillan & Company, Ltd., 1883.

Gellhorn, E., «Anoxia in Relation to the Visual System». Voir Klüver, Visual Mechanisms.

Goethe's Theory of Colours, traduit par Charles Eastlake, London, John Murray, 1840.

Goldstein, Kurt, The Organism, New York, American Book Company, 1939.

Goldstein, Kurt, «Some Experimental Observations Concerning the Influence of Color on the Function of the Organism», Occupational Therapy and Rehabilitation, juin 1942.

Gruner, O. Cameron, A Treatise on the Canon of Medicine of Avicenna, London, Luzac & Co., 1930.

Guilford, J. P., «The Affective Value of Color as a Function of Hue, Tint, and Chroma», Journal of Experimental Psychology, juin 1934.

Guilford, J. P., «A Study in Psychodynamics», Psychometrika, mars 1939.

Haggard, Howard W., Devils, Drugs and Doctors, New York, Harper & Brothers, 1929.

Hall, Manly P.. An Encyclopedic Outline of Masonic, Hermetic, Qabbalistic and Rosicrucian Symbolical Philosophy, San Francisco, H. S. Crocker Co., 1928.

Hall, Percy, *Ultra-Violet Rays in the Treatment and Cure of Disease*, St. Louis, The C. V. Mosby Company, Medical Publishers, 1928.

Hardy, LeGrand H. et Gertrude Rand, «Elementary Illumination for the Ophthalmologist», *Archives of Ophthalmology*, janvier 1945.

Harmon, D. B., «Lighting and Child Development», *Illuminating Engineering*, avril 1945.

Harmon, D. B., «Lighting and the Eye», *Illuminating Engineering*, septembre 1944.

Hartmann, Franz, *Magic, White and Black*, New York, Metaphysical Publishing Co., 1890.

Hecht, Selig et Yun Hsia, «Dark Adaptation Following Light Adaptation to Red and White Lights», *Journal of the Optical Society of America*, avril 1945.

Helson, Harry, «Fundamental Problems in Color Vision. I. The Principle Governing Changes in Hue, Saturation, and Lightness of Non-Selective Samples in Chromatic Illumination», *Journal of Experimental Psychology*, novembre 1938.

Helson, Harry, «Fundamental Problems in Color Vision. II. Hue, Lightness and Saturation of Selective Samples in Chromatic Illumination», *Journal of Experimental Psychology*, janvier 1940.

Hessey, J. Dodson, *Colour in the Treatment of Disease*, London, Rider & Co.

Hill, Justina, *Germs and Man*, New York, G. P. Putnam's Sons, 1940.

Howat, R. Douglas, *Elements of Chromotherapy*, London, Actinic Press, 1938.

«Influence of Lighting, Eyesight, and Environment Upon Work Production», Compte rendu d'une étude de deux ans réalisée conjointement par la Public Buildings Administration et le U.S. Public Health Service, Washington, 1947.

Iredell, C. E., *Colour and Cancer*, London, H. K. Lewis & Co., 1930.

Jaensch, E. R., *Eidetic Imagery*, London, Kegan Paul, Trench, Trubner & Co., 1930.

Jayne, Walter Addison, *The Healing Gods of Ancient Civilizations*, New Haven, Yale University Press, 1925.

Jeans, Sir James, *The Mysterious Universe*, New York, The Macmillan Company, 1932.

Johnston, Earl S., *Sun Rays and Plant Life*, 1936. Publication du Smithsonian Institution.

Judd, Deane B., Color Vision, *Medical Physics*, Chicago, Year Book Publishers, Inc., 1944.

Judd, Deane B., Facts of Color-Blindness, *Journal of the Optical Society of America*, juin 1943.

Judd, Deane B., «Hue, Saturation, and Lightness of Surface Colors with Chromatic Illumination,» Research Paper RP1285, National Bureau of Standards, 1940.

Kandinsky, Wassily, *The Art of Spiritual Harmony*, Boston, Houghton Mifflin Company, 1914.

Karwoski, Theodore F. et Henry S. Odbert, *Color-Music, Psychological Monographs*, Vol.50, no 2, 1938, Columbus Ohio State University.

Katz, David, *The World of Colour*, London, Kegan Paul, Trench, Trubner & Co., 1935.

Kilner, Walter J., *The Human Atmosphere*, New York, Rebman Co., 1911.

Klüver, Heinrich (réd.), *Visual Mechanisms*, Lancaster, Pa., Cattell and Company, Incorporated, 1942.

Kovacs, Richard, *Electrotherapy and Light Therapy*, Philadelphia, Lea & Febiger, 1935.

Krause, A. C., «The Photochemistry of Visual Purple», voir Klüver, *Visual Mechanisms*.

Kravkov, S. V., «Color Vision and Autonomic Nervous System», *Journal of the Optical Society of America*, juin 1942.

Kravkov, S. V. et L. P. Galochkina, «Effect of a Constant Current on Vision», *Journal of the Optical Society of America*, mars 1947.

Kuhn, Hedwig S., *Industrial Ophthalmology*, St. Louis, The C. V. Mosby Company, Medical Publishers, 1944.

Leadbeater, C. W., *The Astral Plane*, London, Theosophical Publishing Society, 1905.

Leadbeater, C. W., *Man Visible and Invisible*, London, Theosophical Publishing Society, 1920.

Lévi, Éliphas, *Histoire de la magie*, Paris, Germer Baillière, 1860.

Logan, H. L., «Anatomy of Visual Efficiency», *Illuminating Engineering*, décembre 1941.

Logan, H. L., «Light for Living», *Illuminating Engineering*, mars 1947.

Luckiesh, M., «Brightness Engineering», *Illuminating Engineering*, février 1944.

Luckiesh, M., *Light, Vision and Seeing*, New York, D. Van Nostrand Company, Inc., 1944.

Luckiesh, M., *The Science of Seeing*, New York, D. Van Nostrand Company, Inc., 1937.

Luckiesh, M. et A. H. Taylor, «A Summary of Researches in Seeing at Low Brightness Levels», *Illuminating Engineering*, avril 1943.

Lutz, Frank E., «Invisible Colors of Flowers and Butterflies», *Natural History*, novembre-décembre 1933.

Maier, N. R. F. et T. C. Schneirla, *Principles of Animal Psychology*, New York, McGraw-Hill Book Company, Inc., 1935.

Menju, Kotaro, «Effect of the Visible Light upon the Secretion of Milk», *Japanese Journal of Obstetrics and Gynecology*, juin 1940.

Mosse, Eric P., «Color Therapy», *Occupational Therapy and Rehabilitation*, février 1942.

Ostwald, Wilhelm, *Colour Science*, London, Winsor & Newton Limited, 1931.

Panchadasi, Swami, *The Human Aura*, Chicago, Yoga Publication Society, 1915.

Pancoast, S., *Blue and Red Light*, Philadelphie, J. M. Stoddart & Co., 1877.

Papyrus Ebers, traduit en anglais par W. Bryan, London, Geoffrey Bles, Ltd., 1930.

Pleasanton A. J., *Blue and Sun-Lights*, Claxton, Philadelphie, Remsen & Haffelfinger, 1876.

Podolsky, Edward, *The Doctor Prescribes Colors*, New York, National Library Press, 1938.

Polyak, S. L., *The Retina*, Chicago, University of Chicago Press, 1941.

Porter, L. C. et G. F. Prideaux, «War on Insect Invaders», *Magazine of Light*, 25 avril 1942.

Prescott, Blake Daniels, «The Psychological Analysis of Light and Color», *Occupational Therapy and Rehabilitation*, juin 1942.

Pressey, Sidney L., «The Influence of Color upon Mental and Motor Efficiency», *American Journal of Psychology*, juillet 1921.

Read, John, *Prelude to Chemistry*, New York, The Macmillan Company, 1937.

Redgrove, H. Stanley, *Alchemy: Ancient and Modern*, London, William Rider & Son, 1922.

Reeder, J. E., Jr., «The Psychogenic Color Field», *American Journal of Ophthalmology*, avril 1944.

Rickers-Ovsiankina, Maria, «Some Theoretical Considerations Regarding the Rorschach Method,» Rorschach Research Exchange, avril 1943.

Rubin, Herbert E. et Elias Katz, «Auroratone Films for the Treatment of Psychotic Depressions in an Army General Hospital», Journal of Clinical Psychology, octobre 1946.

Sander, C. G., Colour in Health and Disease, London, C. W. Daniel Co., 1926.

Simonson, Ernst et Josef Brozek, «Effects of Illumination Level on Visual Performance and Fatigue», Journal of the Optical Society of America, avril 1948.

Singer, Charles, From Magic to Medicine, London, Ernest Benn, Ltd., 1928.

Sloan, Raymond P., Hospital Color and Decoration, Chicago, Physicians' Record Co., 1944.

Solandt, D. Y. et C. H. Best, «Night Vision», Canadian Medical Association Journal, juillet 1943.

Southall, James P. C., Introduction to Physiological Optics, New York, Oxford University Press, 1937.

Tassman, I. S., The Eye Manifestations of Internal Diseases, St. Louis, The C. V. Mosby Company, Medical Publishers, 1946.

Thomson, J. Arthur, The Outline of Science, New York, G. P. Putnam's Sons, 1937.

Townsend, Charles Haskins, Records of Changes in Color Among Fishes, New York, New York Zoological Society, 1930.

Vollmer, Herman, «Studies in Biological Effect of Colored Light», Archives of Physical Therapy, avril 1938.

Waite, Arthur Edward, The Book of Ceremonial Magic, New Hyde Park, N. Y., University Books, Inc., 1961.

Waite, Arthur Edward, The Hermetic and Alchemical Writings of Paracelsus, London, James Elliot & Co., 1894.

Waite, Arthur Edward, The Occult Sciences, New York, E. P. Dutton & Co., Inc., 1923.

Waite, Arthur Edward, The Secret Tradition in Alchemy, London, Kegan Paul, Trench, Trubner & Co., 1926.

Wald, George, «Visual System and the Vitamin A.» voir Klüver, Visual Mechanisms.

Walls, G. L., «The Basis of Night Vision», Illuminating Engineering, février 1944.

Walls, G. L., *The Vertebrate Eye*, Bloomfield Hills, Mich., Cranbrook Press, 1942.

Walls, G.L., «The Visual Cells and Their History», voir Klüver, *Visual Mechanisms*.

Werner, Heinz, *Comparative Psychology of Mental Development*, Chicago, Follett Publishing Company, 1948.

White, George Starr, *The Story of the Human Aura*, publié à compte d'auteur, Los Angeles, 1928.

Williams, C. A. S., *Outlines of Chinese Symbolism*, Peiping, China, Customs College Press, 1931.

Wolfram, E., *The Occult Causes of Disease*, London, Rider & Co., 1930.

Woolley, C. Leonard, *Ur of the Chaldees*, New York, Charles Scribner's Sons, 1930. En français: *Ur en Chaldée*, Payot, 1949.

Wright, W. D., *The Measurement of Colour*, London, Adam Hilger, Ltd., 1944.

Wright, W. D., *Researches on Normal and Defective Colour Vision*, St. Louis, The C. V. Mosby Company, Medical Publishers, 1947.

Yogo, Eizo, «The Effect of the Visible Light upon the Vegetative Nervous System», *Japanese Journal of Obstetrics and Gynecology*, juin 1940.

Bibliographie supplémentaire
pour l'édition révisée

Birren, Faber, *Selling Color to People*, New Hyde Park, N. Y., University Books, Inc., 1956.

Budge, E. A. Wallis, *The Book of the Dead*, New Hyde Park, N. Y., University Books, Inc., 1960.

Budge, E. A. Wallis, *Osiris: The Egyptian Religion of Resurrection*, New Hyde Park, N. Y., University Books, Inc., 1961.

Deck of 78 Tarot Cards, en quatre couleurs, New Hyde Park, N. Y., University Books, Inc., 1960.

Gerard, Robert, *Differential Effects of Colored Lights on Psychophysiological Functions*, thèse de doctorat, Los Angeles, U. of Calif., 1957.

Gerard, Robert, «Color and Emotional Arousal», *American Psychologist*, juillet 1958.

Grillot de Givry, Emile, *A Pictorial Anthology of Witchcraft, Magic and Alchemy*, New Hyde Park, N. Y., University Books, Inc., 1958.

Kelner, A., «Revival by Light», *Scientific American*, mai 1951.

Mead, G. R. S., *Fragments of a Faith Forgotten*, New Hyde Park, N.Y., University Books, Inc., 1960.

Ott, John, *My Ivory Cellar*, Chicago, Twentieth Century Press, 1958.

Rieck, A. F. et Carlson, S. D., «Photorecovery from the Effects of Ultra-violet Radiation in the Albino Mouse», *J. Cell & Comparative Physiology*, 46, 1955.

Tyrrell, G. N. M., *Science and Psychical Phenomena and Apparitions*, New Hyde Park, N. Y., University Books, Inc., 1961.

Van Buskirk, C. *et al*, «The Effect of Different Modalities of Light on the Activation of the EEG», *EEG Clin. Neurophysiology*, 4, 1952.

Table des matières

Partie 4. LA DIMENSION VISUELLE

Partie 5. NOUVELLES DÉCOUVERTES
EN BIOLOGIE ET EN PSYCHOLOGIE

imprimerie gagné ltée

IMPRIMÉ AU CANADA